유태인의 돈버는 법과
중국인의 돈버는 법

후지다덴 외 2인 / 허억 편역

지성문화사

유태인의 돈버는 법과
중국인의 돈버는 법

후지다 덴 외 2인／허 억 편역

가장 큰 죄악과 가장 나쁜 범죄는 가난이다.
G.B.쇼

돈이 필요할 때 돈을 벌 수 있는 길

당신은 돈이 필요하지 않습니까? 돈이 필요없다고 생각하시는 사람은 이 책을 읽지 마십시오. 정말 돈이 필요하다고 생각하시는 분, 돈벌어 성공하고 싶은 분은 유태인의 상술과 중국인의 상술을 몸소 익혀 실천하십시오. 그러면 반드시 돈이 따르는 사람이 될 것입니다. 멋진 남자에게 멋진 여자가 따르듯이 유태인의 상술과 중국인의 상술을 완전히 익히면 당신은 돈에 관해서는 멋진 사람이 될 것입니다.

현재 각종 처세학이나 경영학 서적이 수없이 나와 있으나 '이렇게 하면 반드시 돈을 벌 수 있다'는 돈벌이 법칙에 대한 책은 별로 나와 있지 않습니다.

그래서 이 책은 일본의 학자이며 유태 상술을 몸소 실천한 긴자의 상인인 후지다 덴이 저술한 《유태인의 상술》과 일본의 언론인인 시라가미 요시오와 오카모도 류조우가 저술한 《중국인의 상술》을 편역하여서 세계 경제를 주름잡는 유태인과 중국인의 상술을 엮었습니다.

이 책은 경제학이나 경영학적 이론적인 서적이 아니라 실지로 돈벌이를 하는 방법을 기술한 책입니다.

《유태인 상술》의 저자인 후지다 덴은 대학 학창시절에 자신의 힘으로 학비를 벌지 않으면 안 되었습니다. 그런 생활을 통해 유태 상술을 배우고 졸업 후 무역상을 경영하여 실제로 돈 벌이를 해왔습니다. 즉 이 책의 내용 중 유태인의 상술은 저자가 관념적이고 이론적인 경영 이론에서 쓴 책이 아니라 '일본 긴자의 유태인'이란 명성으로 자타가 공인한 상인이 직접 쓴 내용입니다.

그러므로 이 책은 '이렇게 하면 반드시 돈을 벌 수 있다'는 지침서인 것입니다.

유태인이나 중국인이나 돈을 번다는 목적에 있어서는 공통점이 있으나 돈을 버는 상술에 있어서는 서로 다른 점이 있습니다. 즉 유태 상술에서는 '박리다매란 어리석은 상술'이라고 합니다. 즉 많이 팔면 많이 벌어야 한다는 것이 그들의 지론입니다. 그러나 중국 상술은 끈질기게 기다리는 상술입니다. 그리고 유태 상술은 매사가 명확한 사고방식인데 비해 중국 상술은 합리주의적 가치 판단이 우선합니다.

이렇게 유태 상술과 중국 상술은 그들이 걸어온 몇 천 년의 역사적 배경의 차이가 있습니다.

그래서 편역자는 이 중 어느 것이 나쁘고 어느 것이 좋다고 하지는 않겠습니다. 독자 제현께서 스스로 판단하여 좋은 것을 취하고, 또 그것을 실천한다면 좋은 결과가 있을 것입니다.

중국인들의 동업조합인 팡(帮)의 집단 의식구조를 분석해보면 동향 동족을 위하는 의리에 대한 사고방식을 알 수 있습니다. 어떤 역경에도 끈질기게 버텨온 중국 민족과 유태 민족, 그들이 5천 년간 버티면서 세계 경제를 주름잡는 비결은 과연 무엇인가 라는 것을 알게 되면 그 속에 돈을 벌 수 있는 비결이 숨어 있습니다.

　편역자가 이 책에서 유태 상술이라 한 것은 '불교 상술', '그리스도교 상술' 등이 따로 있는 것이 아니라 유태인과 중국인의 5천 년의 민족 역사를 통해 지녀온 상술을 뜻하는 것입니다.

　끝으로 이 책을 읽은 독자 제현께서는 이 상술을 꼭 실천하여 부자가 되리라 믿어 의심치 않는 바입니다.

編譯者 허 억

차례

차례

차례

차례

차례

제1부

유태인 상술

금전은 비료 같은 것이다.
살포하지 않으면 소용이 없다. —베이컨—
부정하게 번 돈은 오래가지 못한다.
작은 비용을 삼가라. 작은 구멍이 큰 배를
가라앉힌다. —프랭클린—

이것이 유태 상술이다

78대 22의 우주 법칙

유태의 상술에는 법칙이 있다. 그 법칙을 뒷받침하는 것은
우주의 대법칙이다. 사람이 제아무리 몸부림쳐도 결코 굽힐 수
없는 것이 우주의 대법칙이다. 유태인의 상술이 이 대법칙에서
벗어나지 않는 한, 유태인들은 절대 손해를 보지 않는다.

유태인 상술의 기초가 되는 '78대 22의 법칙'이 있다. 엄밀히
말하면 78 : 22에는 플러스 마이너스 1의 오차가 있으므로 때로
는 79대 21이 되기도 하고, 78.5대 21.5가 될 때도 있다.

예를 들어 정사각형과 그 안에 있는 원의 관계를 생각해보
자. 정사각형의 면적을 100이라 하면 그 정사각형에 내접하는
원의 면적은 약 78이 되고 나머지 면적은 약 22가 된다. 한 변
이 10센티인 정사각형을 그리고 시험삼아 계속해보면 곧 알 수
있다.

이와같이 정사각형에 내접하는 원과 정사각형의 나머지 면적의 비는 78대 22의 법칙에 일치하는 것이다.

또한 공기의 성분이 질소 78에 산소 등이 22의 비율로 이루어져 있는 것은 너무나 잘 알려져 있다. 사람의 몸도 수분이 78, 다른 물질이 22의 비율로 이루어졌다.

이 78대 22의 법칙은 사람의 힘으로는 도저히 어떻게 할 수 없는 대자연의 우주 법칙이다.

인간이 인위적으로 질소 60에 산소 등 40인 공기를 만들어 냈다고 하자. 이 속에서 인간은 도저히 생활해나가지 못할 것이다. 또 인체의 수분이 60이 되면 인간은 죽어버리고 만다. 그러니 '78대 22의 법칙'은 결코 '75대 25'나 '60대 40'으로는 되지 않는 절대 불변하는 진리의 법칙인 것이다.

돈벌이에도 78대 22의 법칙이 적용되고 있다

이 법칙을 기초로 유태 상술은 성립되어 있다.

세상에는 돈을 꾸어주고 싶어하는 사람과 돈을 빌려 쓰고 싶어하는 사람이 있는데, 그 중에는 꾸어주고 싶어하는 사람이 단연코 많다.

일반적으로는 빌려 쓰고 싶어하는 사람이 많은 것 같지만 사실은 반대이다. 은행은 많은 사람들로부터 돈을 빌려서 일부 사람들에게 빌려주고 있다. 만일 꾸어 쓰고 싶어하는 사람이 많으면 은행은 당장 파산하고 만다.

샐러리맨 가운데도 돈을 벌면 빌려준다는 사람이 압도적으로 많을 것이다. 맨션 투자 같은 속임수 금융에 걸려드는 사람이 많은 것도 꾸어 쓰고 싶다는 사람보다 빌려주고 싶다는 사람의 편이 많다는 증거다. 다시 말해서 유태인식으로 말하면 이 세상은 빌려주고 싶다는 사람 78과 꾸어 쓰고 싶어하는 사람 22의 비율로 성립되어 있는 것이다.

이와같이 돈을 빌려주고 싶어하는 사람과 꾸어 쓰고 싶어하는 사람과의 사이에도 이 78대 22의 법칙은 존재하는 것이다.

나도 전에 78대 22의 법칙을 활용하여 여러 번 돈벌이를 한 사실이 있다.

돈벌이는 부자들 상대로

매년 세무서가 연소득 1천만 엔 이상 되는 사람들의 이름을 발표하는데, 나는 이 계층 사람들이 우리 회사의 단골 손님이라고 생각하고 있다. 이들을 상대로 장사하면 분명히 큰돈을 벌 수가 있다.

일반 대중에 비해 부자들이 수는 적으나 그들이 가지고 있는 돈은 압도적으로 많다. 다시 말해서 일반 대중이 가지고 있는 돈을 22라 하면 부자가 가지고 있는 돈은 78이 된다. 즉 78을 상대로 장사하는 편이 큰 돈벌이가 되는 것이다.

멋진 성공, 다이아몬드 팔기 작전

1969년 12월, 나는 대매출 시즌에 도쿄의 A백화점에 찾아가 다이아몬드를 팔 수 있게 해줄 것을 부탁했다. A백화점은 난처한 표정을 지었다.

"후지다(藤田) 씨, 그건 무리입니다. 지금은 연말 시즌이에

요. 부자들을 상대한다지만 이 불황에 아무리 부자라도 다이아
몬드에 관심을 갖겠습니까?"
라고 하며 거절하는 것이었다. 그러나 나는 물러서지 않았다.
나의 끈질긴 요구에 A백화점은 마침내 그 산하에 있는 한적한
B백화점의 한 모퉁이를 제공할 테니 해보라고 허락해주었다.
B점포는 다른 점포에 비해 위치도 나쁘고, 손님들 수준도 낮
았다. 조건은 나쁘지만 나는 기꺼이 받아들였다.

곧 뉴욕의 다이아몬드상(商)에 연락하여 적당히 자른 다이아
몬드를 주문하여 연말 대매출에 내놓았는데, 이것이 불티나게
팔려나갔다.

겨우 하루만의 장사였지만, 그 하루에 3백만 엔어치 팔리면
최상의 성적일 것이라는 주위 사람들의 말을 비웃듯이, 5천만
엔의 매상고를 기록했다. 그 여세를 몰아 연말 연시에 걸쳐,
나는 깅키 지방(近畿地方)과 시고쿠(四國)에서도 다이아몬드를
팔았는데 어느 점포나 5천만 엔의 매상을 올렸다.

결국 A백화점도 머리를 숙이고 판매장을 제공했다. 그런데
이미 도쿄 지역에서는 B백화점에서 한 번 매출했으니, A백화
점은 판매장을 제공하면서도 자신 없는 표정이었다.

"그저 하루에 1천만 엔 정도만 팔리면 됩니다."
이런 말을 하는 백화점측에 나는 호언장담했다.
"아니, 그 기간중에 3억 엔 정도는 매상을 올려보겠습니다."

노린 것은 약간의 사치품

이리하여 1970년 12월, A백화점에서 다이아몬드를 매출했다.
그 결과 1천만 엔이 아니라 1억 2천만 엔어치의 다이아몬드가

매진되었다.

또한 1971년 2월에는 세일 기간중, 매상고가 3억 엔을 돌파했고, 시고쿠에서도 2억 엔을 돌파했다.

다이아몬드라는 상품에 대한 백화점측의 생각은 승용차의 경우로 말하면 외제품인 캐딜락이나 링컨처럼 호화로운 상품으로 생각하고 있었는데, 나는 약간의 사치품으로 보았던 것이다. 다시 말해서 서민층이라도 손이 닿을 수 있는 고급품이라고 보았던 것이 대성공을 거둔 원인이라고 생각하고 있다.

약간 여유가 있는 사람이라면 반드시 욕심을 내고, 또 현실적으로 손을 내밀 수 있는 물건, 나는 그런 상품이야말로 다이아몬드라고 믿었는데, 정말 부자들은 정가대로 기분 좋게 사주었던 것이다.

숫자를 생활화하라

내가 처음에 78대 22의 법칙을 들고 나온 것은 유태 상술에는 법칙이 있다는 것을 말하고 싶었던 때문이며, 또한 이 법칙에서 알 수 있듯이 유태인은 숫자에 밝다는 것을 강조하고 싶었기 때문이다.

상인이 숫자에 밝지 않으면 안 되는 것은 당연하지만 특히 유태인의 숫자에 대한 개념은 특기할 만하다. 유태인은 생활에 숫자를 끌어들여 일상생활의 일부로 삼고 있다.

예를 들어 일본인은 '오늘은 무척 덥다.' 혹은 '좀 추워진 것 같다.' 하고 표현하는데, 유태인은 더위나 추위도 정확하게 숫자로 환산한다. '오늘은 화씨 80도다.', '지금은 화씨 60도다.'

라는 식이다.

숫자에 익숙해지는 것이 유태 상술의 기초이며 돈벌이의 기본이다. 만일 돈을 벌고 싶다면 언제나 생활 속에 숫자를 끌어들여 익숙해지는 일이 중요하다. 장사할 때만 숫자를 들고 나온다면 이미 늦다.

유태인은 반드시 가방 속에 대수계산자[對數計算尺]를 가지고 있다. 그들은 숫자에는 자신을 가지고 있다.

"원칙(법칙)을 벗어나면 돈벌이는 할 수 없다. 돈을 벌고 싶지 않으면 어떤 짓을 하든 상관없다. 그러나 돈을 벌고 싶으면 결코 원칙을 벗어나면 안 된다."

유태인은 자신있게 이렇게 말한다.

과연 유태 상술의 원칙에 틀림은 없는 것일까.

"그것이 틀리지 않았다는 것은 유태 5천 년의 역사가 증명하고 있다."

유태인은 항상 이렇게 말하며 가슴을 편다.

세계를 지배하는 유태인들

2차대전 후, 일본의 경제 성장은 실로 놀라운 것이다. 그런데 일본을 이렇게 성장하게 해준 사람이 유태인이다. 유태인 수입업자(輸入業者)가 일본으로부터 물품을 구입해주었기 때문에 일본에 달러가 모여들어 유복하게 된 것이다.

유태인이라 해도 꼭 이스라엘인을 말하는 것은 아니다. 국적은 모두 다르다. 미국인도 있고 소련인도 있다. 갈색피부를 가진 시리아인도 있다. 국적은 다르지만 유태인은 날카로운 매부리코와 2천 년간 박해받은 역사를 가진 민족이다. 그 유태 민족은 오늘날 세계의 지배자로서 군림하고 있다 해도 과언이 아니다.

예수 그리스도를 비롯하여 세계 굴지의 재벌 로스차일드, 천재 화가 피카소, 위대한 과학자 아인슈타인, 제2차세계대전 당시의 미국 대통령 루즈벨트 등 모두 유태인이다. 그러나 나에게 그보다 더욱 중대한 사실은 구미 각국의 명성있는 상인들의 대부분이 유태인이라는 사실이다.

나는 무역업자로서 구미(歐美)에서 장사하려면 싫든 좋든간에 유태인과 거래하지 않으면 안 된다. 유태 상인이 세계를 지배하고 있기 때문이다.

더러운 돈, 깨끗한 돈이 따로 없다

동양인은 돈벌이를 할 때도 그 돈의 출처에 대해 까다롭다. 물장사나 호텔 등으로 번 돈은 더러운 돈, 착실히 일하여 모은 것만이 깨끗한 돈이라고 생각하기를 좋아한다. 나는 이보다 멍청한 일은 다시없다고 생각한다.

라면 장사로 번 돈에 '이 돈은 라면 장사를 해서 번 돈입니다'라고는 절대 씌어 있지 않다. 술집 마담 주머니의 천 엔짜리에도 '이것은 취객한테서 받아낸 돈입니다'라고는 씌어 있지 않다.

돈에는 출신 성분이나 이력서가 붙어 있지 않다. 다시 말해서 돈에 더러운 돈은 없다는 것이다.

＊돈이란 남에게 행복하게 보이는 온갖 것을 준다. ―H. 레니에―

현금주의에 철저하라

유태인은 현금주의에 철저하다. 유태 상술은 '천재지변이나 인간들에 의한 재난으로부터 생명이나 생활을 보장하는 것은 현금밖에 없다'고 하고 있다.

유태인은 은행조차도 신용하려 하지 않는다. 오직 현금 제일 주의이다. 상거래를 하고 있는 상대까지도 현금주의로 평가 한다.

"저 사람은 오늘 현찰을 얼마나 가지고 있나?"

"저 회사는 현금으로 계산하면 얼마 정도가 될까?"

평가는 모두 현금으로 하고 있다. 1년 후에 상대방이 억만장 자가 될 것을 확신해도 내일 당장 그 사람에게 무슨 일이 일어 나지 않는다는 보장은 없다. 인간도 사회도 자연도 매일 변하 는 것이 유태교 신의 섭리이며, 유태인들의 신념이기도 하다. 변하지 않는 것은 현금뿐인 것이다.

이자를 바라는 은행예금은 손해다

유태인들이 은행 예금까지도 신용하지 않는 데는 원인이 있다. 은행에 예금하면 확실히 이자가 붙는다. 그러나 그 사이 에 물가도 상승하여 화폐 가치가 떨어져간다. 그리고 만약 본 인이 사망하면 상속세로 많은 세금을 국가에서 가져가버리는 것이다.

아무리 많은 재산이라도 3대만 상속하면 바닥이 드러난다는 것이 세법상의 원칙이다. 이것은 어느 국가에나 공통되어 있는 것 같다.

그렇다면 재산은 현금으로 보유하고 있는 편이 유산 상속세로 빼앗기지 않는 방법이다. 이와같이 유산 상속세 하나를 보더라도, 은행 예금은 마지막에는 손해라는 결론이 나온다.

한편 현금은 이자가 붙지 않아 불어나지 않는다. 그러나 은행예금과 같은 증거가 되지는 않기 때문에 유산 상속세로 빼앗길 염려는 없다. 그러니 불어나지 않는 대신 결코 줄어드는 일도 없다. 유태인에게 있어 현금이 줄어들지 않는다는 것은 손해보지 않는다는 가장 초보적인 기본과 통하는 것이다.

입과 여자를 노려라

"유태인 상술에 있어 상품은 두 가지이다. 그것은 여자와 입을 상대로 하는 것이다."

나는 20년 가까운 무역상 생활에서 유태인으로부터 수차 이 말을 들었었다.

유태인의 말을 들어보면 이것은 유태 상술 4천 년의 공리(公理)라는 것이다.

공리에 대해 약간의 설명을 하면 다음과 같다고 한다.

유태인의 역사는 구약성서 이래 1994년까지는 5754년이 된다. 유태 5,700여 년의 역사가 가르치는 바에 의하면 남자는 일해서 돈을 벌고, 여자는 남자가 벌어온 돈으로 생활해나가야 되는 것이다.

상술이란 것은 남의 돈을 끌어들이는 것이므로 동서고금을 막론하고 돈을 벌려면 여자를 공격하여 여자가 가지고 있는 돈을 뜯어내라고 했다. 이것이 유태 상술의 공리이다. '여자를 노려라'는 유태 상술의 기본이기도 하다.

상재(商才)가 남보다 뛰어났다고 생각하는 사람은 여자를 상대해 장사하면 꼭 성공한다. 반대로 남자를 상대로 장사해서 돈을 끌어들이려면 여자를 상대로 하는 것보다 10배 이상 어렵다. 왜냐하면 원래 남자는 돈을 가지고 있지 않기 때문이다.

사실이 그렇다. 여자를 상대로 하는 장사는 쉽다.

요염하게 빛나는 다이아몬드, 화려한 드레스, 반지나 브로치, 그리고 목걸이 등의 액세서리, 고급 핸드백, 이런 상품들 그 어느 것이나 많은 이윤을 가지고 상인(商人)을 기다리고 있다. 상인들은 이것을 피해 지나칠 수 없다.

여성용품으로는 손쉽게 돈을 벌 수 있는데, 어느 정도의 재능이 있어야 한다. 상품의 선택으로부터 세일즈에 이르기까지 상재(商才)가 뒤따라야 한다.

그러나 유태 상술에 있어 제2의 입을 대상으로 하는 장사는 보통 사람이라도 할 수 있다. 입을 대상으로 하는 장사란, 즉 먹는 장사를 말한다.

예를 들면 청과물상(靑果物商), 어물상(魚物商), 주류점(酒類店), 건물점(乾物店), 미곡상, 과자상 등등이 그렇고, 이 식품들을 가공하여 판매하는 음식점, 바, 카바레, 클럽 등도 그렇다. 입에 넣는 것이라면 무엇이라도 상관없다. 입에 넣는 것을 취급하는 장사는 반드시 돈을 벌 수 있는 장사다.

이 장사가 벌이가 된다는 것은 과학적으로도 증명될 수 있다.

먹은 것은 반드시 소화되어 배설된다. 1개에 50엔 하는 아이스크림도, 한 접시에 1천 엔 하는 비프스테이크도 몇 시간 후에는 배설된다. 다시 말해서 입에 들어간 상품은 곧 소모되어 몇 시간 후에는 다음 상품이 필요하게 된다.

이러한 상품은 달리 찾아볼 수 없다. 토요일이나 일요일에도 단 하루의 휴식이 없이 벌어들이는 것은 이자가 붙는 은행예금과 '입에 넣는 상품'뿐이다. 따라서 확실히 돈을 벌 수 있다.

그러나 입에 넣는 상품은 여성용 상품만큼 손쉽게 돈벌이되기가 어렵다. 유태 상술에서 여성용 물품을 제1의 상품으로, 입에 넣는 상품을 제2의 상품으로 하는 이유도 여기에 있다.

유태인과 상재(商才)를 가졌다는 화교(華僑)들 중에, 이 제2의 상품을 취급하는 사람이 많다. 유태 상인이 화교보다도 상재를 지녔다고 말하는 것은 유태 상인의 대부분이 제1의 상품을 취급하고 있기 때문이다.

외국어는 판단의 기초이다

상거래에 있어서 가장 중요한 것은 판단이 정확하고 신속해야 한다는 것이다. 유태인과 장사해보면 판단이 빠르고 정확한데에 놀라게 된다.

유태인은 전세계를 상대해서 그런지, 적어도 2개 국어는 유창하게 하고 있다. 자기 나라 말로 사물을 생각하면서 동시에 외국어로도 생각할 수 있다는 것은 각기 다른 각도로 폭넓게 이해할 수 있는 것이며, 국제적 상인으로서는 매우 유리한 위치를 차지하게 된다. 그래서 자기 나라 말밖에 못하는 사람보다 훨씬 정확한 판단을 할 수 있다.

예를 들어 유태인들이 잘 사용하는 영어에 '니블러(nibbler)'

라는 단어가 있다. 이것은 'nibble'이라는 동사에서 유래된 단어인데, 낚시질할 때 물고기가 미끼를 툭툭 건드려보는 상태를 말한다. 물고기는 'nibble'의 상태에서 재빨리 미끼만 따먹고 도망치는 경우와 낚시에 걸려드는 경우가 있다. 이 미끼만 따먹고 도망쳐버리는 수법을 쓰는 상인을 니블러라고 하는데, 일본어에는 이 말에 해당되는 단어가 없다.

　그래서 일본어밖에 모르는 상인은 이 말을 이해하지 못하여 보기 좋게 니블러에게 미끼만 먹혀버리고 만다. 이것을 반대로 생각하면 그러한 일본인은 니블러는 될 수 없다는 말이 된다. 유태 상인 중에는 이러한 니블러가 제법 많아 통역을 가운데에 두고 상담(商談)을 진행하다가는 그들의 미끼가 될 뿐이다.

　　국제상인의 첫번째 관문은 영어

　또한 일본어밖에 모르면 그 사람의 생각은 기껏해야 유교 정신이 아니면 불교 정신을 기반으로 해서 생각할 수밖에 없다고 할 수 있다. 그래서 유교나 불교에 전혀 소양(素養)이 없는 상대에게 의사 소통이 잘 안 되고 심할 경우에는 응대 방법조차 몰라 허수아비 신세가 되고 만다. 이래서는 상담이 제대로 성립될 까닭이 없다.

　돈벌이를 하려면 적어도 영어 정도는 자유롭게 구사할 수 있어야 한다.

＊사람들은 자신의 두뇌나 마음을 키우기 위한 것보다도 몇 천배나 더 많이, 부를 얻기 위해 마음을 쓰고 있다. 그렇지만 우리들의 행복을 위해 도움이 되는 것은 의심할 바 없이 인간이 밖에 가지고 있는 것보다도 안에 가지고 있는 것이다. ―쇼펜하워―

암산에 능하라

유태인은 암산의 천재다. 암산이 빠른 데 그들의 판단이 신속하다는 비밀이 숨겨져 있다.

어느 유태인을 일본의 트랜지스터 라디오 공장에 안내했을 때의 이야기이다. 한동안 말없이 여자 직공들의 작업하는 모습을 바라보던 유태인이 이윽고 공장 안내원에게 질문을 던졌다.

"여공들의 1시간당 임금은 얼마입니까?"

안내원은 당황하여 계산하기 시작했다.

"그녀들의 평균 급료가 25,000엔이니까, 한 달 작업일수를 25일로 하여 하루에 1,000엔, 하루 8시간 노동이니까 1,000엔을 8로 나누면 125엔, 125엔을 달러가 아닌 센트로 환산하면······."

이 계산의 답이 나오기까지 2,3분은 걸렸다. 그런데 그 유태인은 월급이 25,000엔이란 말을 듣자마자 곧 '1시간에 35센트' 하고 답을 냈다. 공장 안내원이 답을 낼 무렵에는 이미 여자 직공수와 생산 능력, 그리고 원료비 등으로부터 트랜지스터 라디오 1대당 자기의 이익까지 계산을 끝냈다. 암산이 빠르기 때문에 유태인은 항상 신속한 판단을 내릴 수 있는 것이다.

무슨 일이든 반드시 메모하라

유태인은 중요한 일은 어떤 장소에서나 반드시 메모한다. 이 메모가 그들의 판단에 얼마나 도움을 주고 있는지 모른다.

메모한다고 해도 유태인은 언제나 메모지를 손에 들고 걸어다니는 것은 아니다. 유태인은 메모지로 빈 담뱃갑을 사용한다. 그들은 담배를 사면 알맹이는 곧 담뱃갑에 옮겨넣고 빈 종이 담뱃갑을 넣어둔다. 상담(商談)을 진행하다가 메모해둘 필요가 있으면 빈 담뱃갑 뒷면에 메모한다. 이 메모가 나중에 메모장에 정리되는 것이다. 빈 담뱃갑에 메모함으로써 유태인은 애매한 일이 발생하는 것을 막는다. 신속하고 정확하게 판단을 내려도 가장 중요한 일시(日時), 금액, 납기(納期) 등이 애매해서는 안 되기 때문이다.

우리는 중요한 것을 적당히 슬쩍 넘어가버리는 나쁜 습관이 있다.

"납품기일이 아마 ○월 ○일이지요? 아니 ×일이던가요?"

이렇게 변명해봤자 이미 때는 늦었다. 계약파기(契約破棄), 채무 불이행에 관계되는 손해 배상 청구—이런 방향으로 사태가 진전될 수도 있다.

유태 상술에는 애매함이란 없으며 착각도 있을 수 없다. 사소한 일이라도 꼭 메모해두어야 한다.

잡학에 도통하라

유태인과 상대해보면 곧 알 수 있지만, 그들은 '잡학박사(雜學博士)'이다. 더욱이 적당하고 얕은 지식을 가진 게 아니라 박학(博學)하다. 유태인과 식사를 함께 하며 대화를 해보면 그들이 정치, 경제, 역사, 스포츠 등 모든 분야에 걸쳐 지식이 풍부한 데에 놀란다.

유태인은 상거래(商去來)에는 관계가 없다고 생각되는 것들도 매우 많이 알고 있다.

이런 풍부한 지식이 유태인의 화제를 풍부하게 하고 인생을 여유있게 하고 있음은 두말할 필요가 없다. 그리고 그런 지식이 상인으로서 정확한 판단을 내릴 때 큰 도움이 되는 것도 분명하다. 잡학에 뒷받침된 넓은 시야(視野), 그 시야 위에 서서 유태인은 정확한 판단을 하는 것이다.

'상인은 주판만 놓을 수 있으면 된다.'는 동양식 사고방식이 얼마나 시야가 좁은 사고방식인가는 새삼 강조할 필요가 없다.

사물을 한 각도에서밖에 볼 수 없는 인간은 상인으로서도 실격이다.

오늘의 싸움을 내일까지 미루지 말라

유태 상인은 상담하는 자리에서 항상 싱글벙글한다. 맑은 아침에는 물론 굿모닝이고, 비바람치는 아침에라도 싱글벙글하면서 굿모닝이다.

그런데 막상 상담에 들어가면 대부분 난항(難航)을 면하지 못한다.

유태인은 특히 금전이 따르는 결정에는 잔소리가 많고 세밀하다. 마진(margin)의 1푼 1리, 계약서의 아무것도 아닌 양식에도 입에 거품을 물고, 때로는 심한 언쟁도 한다.

유태인은 적당주의를 절대 인정치 않는다. 의견이 다르면 어느 쪽 의견이 타당한가 철저히 의논한다. 격론이 지나쳐 서로 욕지거리를 할 경우도 많다. 상담이 하루에 원만히 성립되는 일은 없는데, 특히 첫날은 거의 없다. 첫날은 싸움으로 끝나는 것이 보통이다.

나도 이제까지 유태인과 몇 번이나 싸우고 헤어졌는지 모른다. 이런 경우 우리는 거의 거래를 단념할 생각을 한다. 단념할 생각은 하지 않아도 싸움한 기분을 쉽게 잊어버리지 못하여 상당한 냉각 기간을 갖지 않으면 상대방의 얼굴을 정면으로 쳐다보지 못한다.

그러나 유태인은 싸우고 헤어진 그 다음날 아무렇지도 않은 듯한 태도로 싱글벙글 웃으면서 '굿모닝'하며 찾아온다.

이편으로서는 어제 싸움의 홍분이 아직 가시지 않은 상태여서 당황해 한다. 어쨌든 뜻하지 않았던 충격일 것이다.

'뭐가 굿모닝이야, 이 양코배기같으니. 어제 일을 설마 잊어버리진 않았겠지? 이 엉터리 녀석!'

이렇게 한바탕 하고 싶은 기분을 꾹 참고 애써 냉정을 되찾으려 하며 손을 내민다. 그러나 마음의 동요는 어쩔 수가 없어 안정을 찾지 못한다.

이렇게 되면 7할 정도는 적의 술책에 빠진 거나 다름없다.

적은 이편의 동요를 꿰뚫어보고, 싱글벙글 웃으면서 주도권을 잡고 상대해온다.

얼빠진 정신으로 응전하다가 정신차렸을 때는 이미 적이 마음먹은 조건에 그대로 승인해버린 경우가 되고 만다.

인내를 뒷받침하는 논리

유태인의 말을 들어보면 다음과 같다.

"인간의 세포(細胞)는 시시각각으로 변하여 날마다 새로워진다. 그러니 어제 싸움했을 때의 당신의 세포는, 오늘 아침에는 이미 새 세포로 바뀌어져 있다. 배가 불렀을 때와 배가 고팠을 때의 사람의 생각은 다르다. 나는 당신의 세포가 바뀌는 것을 기다리고 있었다."

유태인은 2천 년 동안 박해받은 역사 속에서 얻은 인내의 교훈을 결코 헛되이 하지 않는다. 인내하면서 취할 것은 취한다는 유태 상술을 만들어낸 것이다.

"사람은 변한다. 사람이 변하면 사회도 변한다. 사회가 변하면 유태인은 반드시 살아난다."

이것은 유태인이 2천 년 동안의 인내 속에서 얻은 낙관주의(樂觀主義)이며, 유태인의 역사 속에서 생겨난 민족정신이다.

미련을 버려라

유태인은 상대방의 마음이 달라질 때까지 끈기 있게 참는 반면 수지타산이 맞지 않는다는 것을 알면 단 반 년도 참지 않고 손을 떼고 만다.

유태인은 어느 장사에 자금과 노동력을 투입하기로 결심하면 그는 1개월 후, 2개월 후, 3개월 후의 세 가지 계획이 현실과 실적 사이에 적지않이 차이가 있어도 불안스러운 표정이나 동요는 전혀 보이지 않는다. 그들은 더욱더 자금과 노동력을 쏟아넣는다.

2개월이 지났는데도 역시 전과 마찬가지로 계획과 실적 사이에 거리가 있어도, 유태인은 더한층 투자를 아끼지 않는다.

문제는 3개월째의 실적이다. 여기서도 계획대로 일이 진행되지 않았을 때는 장래 그 장사가 호전될 전망이 서지 않는 한, 더 이상 미련을 두지 않고 단념하고 만다. 손을 뺀다는 것은 그

때까지 투입한 자금과 인적 노력을 일체 방치해버린다는 것을 뜻한다. 그런데도 유태인은 태연하다. 손을 뗴었기 때문에 골칫거리가 없어졌다고 오히려 시원스러운 표정을 짓는다.

유태인은 최악의 경우를 생각해 3개월 동안 투입할 자금을 미리부터 계산해둔다. 그 허용 한도내의 예산으로 승부를 겨루었기 때문에 실패하더라도 후회하지 않는다.

그러나 우리는 이와 같은 경우 큰일난다.

"여기까지 끌고 왔으니 좀더 분발하지 않고서야……."

"지금 여기서 그만두면 3개월의 고생은 허사가 된다."

그때까지 투자한 돈과 노력이 아깝기 때문에 자신을 못 가지면서도 장사를 계속한다. 그리고 결국은 깊이 빠져 재기 불능의 타격을 받고 만다.

우리는 끈기 있게 참으면서 노력을 계속하는 것이 성공을 위한 최대의 요인이라 굳게 믿는데, 그래서는 유태 상술과는 상대가 안 된다. 2천 년에 걸친 박해를 참고 견뎌나온 유태 민족은 걸핏하면 화를 내는 우리보다 훨씬 참을성이 강한 민족이다. 그 유태인이 3개월밖에 기다리지 않는 것이다.

미련을 두지 말고 깨끗이 단념하는 상술—이것을 교훈삼아야 한다.

팔리는 회사를 만들어라

유태인은 3개월이 경과하여 돈벌이가 되지 않는다는 것이 확실해지면 깨끗이 그 장사를 단념할 정도이니, 자신의 피와 땀의 결정으로 이룩한 회사도 멜로드라마적인 감상은 품지 않는다. 장사에 감상은 금물이라는 것을 유태 상인이라면 충분히 알고 있다. 유태인이 믿는 것은 3개월간의 숫자뿐이며, 인간적인 감상은 주판에는 전혀 제외된다. 돈벌이할 생각으로 장사하려거든 타산적(打算的)인 합리주의에 철저해야 한다.

유태인은 자기가 경영하고 있는 회사까지도 돈을 벌기 위해서는 서슴없이 팔아버린다. 유태 상술에서는, 자기 회사조차 훌륭한 상품으로 생각한다.

유태인이 조그만 공장으로부터 시작하여 고생을 거듭한 결과, 겨우 업계에서 손꼽히는 회사로 육성시킬 자기 회사를 지금이 가장 좋은 기회라는 듯 팔아버린 예를 나는 수없이 보고 들었다. 순조롭게 이익을 올릴 때야말로 그 회사가 비싼 값으로 팔릴 기회라는 것이 유태 상술의 계산이다. 유태인은 좋은 성적을 올리는 회사를 만들어 즐거워하고 회사를 팔아 돈을 벌어서 즐거워한다.

유태식 회사관(會社觀)이란 자기 회사를 비싼 값으로 팔아넘기는 것이다. 회사는 애정의 대상이 아니고 이익을 내기 위한 상품에 지나지 않는다는 것이 유태인이 가진 냉정한 회사관인 것이다.

그들은 자기 생명을 걸면서까지 벌리지 않는 회사를 지킨다는 따위의 바보스러운 짓은 절대 하지 않는다. 유태 상술의 금언에 '사무실에서 죽어라'라는 말이 있는데, 이것은 죽을 때까지 벌어라는 뜻으로서, 회사를 사수하라는 뜻은 조금도 포함되어 있지 않다.

＊나는 언젠가 대단히 욕심 많은 사람을 알고 있었는데, 그는 언제나 "잔돈을 조심하라. 왜냐하면 큰돈은 저절로 조심할 것이기 때문에."라고 말했다. ―체스터필드―

계약이란 신과의 약속

유태인은 '계약의 민족'이라는 말을 듣고 있다. 그런 만큼 유태 상술의 근본은 계약에 있다. 유태인은 일단 계약한 것은 무슨 일이 있어도 절대 어기지 않는다. 그래서 상대방에게도 계약 이행을 엄격하게 따진다. 계약에는 적당이 결코 용납되지 않는다.

유태인이 계약의 민족이라는 말을 듣고 있듯이 그들이 믿는 유태교는 계약의 종교라 불리고, 〈구약 성서〉는 신과 이스라엘 백성과의 계약의 책이라는 말을 듣고 있다.

"인간이 존재하는 것은 신과 존재의 계약을 하고 살고 있기 때문이다."

유태인은 이렇게 믿고 있다.

유태인이 계약을 어기지 않는 것은 신과 계약을 맺었기 때문이고, 신과 맺은 약속이니 어길 수가 없는 것이다.

"인간끼리의 계약도 신과의 계약과 마찬가지로 어겨서는 안된다."

유태인은 이렇게 말하고 있다. 그러니 채무 불이행이라는 말은 유태 상인에게는 있을 수 없다. 그들은 상대방의 채무 불이행에 대해서는 심하게 그 책임을 추궁하고 용서 없이 손해 배상을 요구한다.

일본인이 유태인으로부터 좀처럼 신용을 얻지 못하는 것은 계약을 지키지 않기 때문이다.

---

*가진 사람이 그 부를 자랑해도 그가 부를 어떻게 사용하는가를 알기까지는 그를 칭찬해서는 안 된다. —소크라테스—

계약서도 상품이다

유태 상인은 돈을 벌 수 있으면 자기 회사도 팔아버릴 정도이니 신과 약속한 계약서도 예사로 팔아버린다. 유태 상술에서는 회사나 계약서도 상품으로 간주해버린다. 믿기 어려운 일이지만 계약서 사는 것을 전문으로 삼는 유태인도 있다. 계약서를 사서 계약서를 판 사람을 대신하여 이익을 얻는 장사다. 물론 사들인 계약서는 신용 있는 상인의 것에 한한다.

이와같이 계약서를 사서 안전하게 이익을 올리는 장사를 '팩터(factor)'라고 한다.

'팩터'라는 장사는 일본에는 없고 적당히 번역할 말도 없다. 일반적으로 영어의 'factor'는 '중개인', '대리상(代理商)' 등으로 번역하는데, 어느 것이나 적절한 번역이라고는 할 수 없다.

무역상(貿易商)은 크든 작든 이 팩터와 접촉하고 있다. 일본의 대상사(大商社)들도 예외는 아니다. 특히 해외에 파견된 상사의 직원들은 전부라고 해도 좋을 정도로 팩터와 관계를 맺고 있다.

유태인 팩터는 내 회사에도 찾아온다.

"안녕하십니까, 후지다 씨. 지금 뭣하고 있습니까?"

"이제 막 뉴욕의 고급 부인화상(高級婦人靴商)과 10만 달러어치의 수입 계약을 맺었습니다."

"오오, 잘됐군요! 그 권리 나에게 양도할 수 없습니까? 2할의 '마진'을 현금으로 지불하겠습니다."

팩터는 장삿속이 빠르다. 이쪽도 주판을 놓아 2할의 마진이 괜찮다는 생각이 들면 권리를 판다. 팩터는 계약서를 손에 넣자 뉴욕의 화상(靴商)에게 달려가서,

"미스터 후지다의 모든 권리는 앞으로 나에게 있다."
라고 선언한다. 나는 현금으로 2할의 마진을 받고, 팩터는 고급 부인화로 한밑천 잡게 된다.

세금 낼 것만큼 더 받아라

유태인은 절대 세금을 속이지 않는다. 세금은 국가와의 계약에 의한 것이다. 계약은 무슨 일이 있어도 지키는 유태인에게 있어서 탈세는 나라에 대한 계약 위반이 된다. 일본 상인들이 흔히 회계 전문가를 고용해 세금을 속이지만 유태인은 그런 짓은 절대 하지 않는다.

박해 속에서 살아온 유태인은 세금을 납부하겠다는 약속으로 그 나라 국적을 부여받았다고 생각한다. 그들은 세금에 대해서는 정확하다.

그러나 무턱대고 세금을 빼앗기는 유태인은 아니다. 세금을 내도 타산이 맞는 장사를 한다. 즉 세금을 미리 공제해놓고 장사하는 것이다.

"50만 엔의 이익이 있었다."

이런 경우, 일본에서는 그 이익에 세금이 포함되어 있다. 그러나 유태인이 말하는 이익은 세금을 뺀 다음의 이익인 것이다.

"이 거래에서 나는 10만 달러의 이익을 보고 싶다."

이렇게 유태인이 말할 때, 그 10만 달러에는 세금이 포함되어 있지 않다. 세금이 이익의 50%라 가정하면, 그 거래에서 유태인은 20만 달러의 이익을 노리고 있는 것이다.

시간도 상품, 시간을 훔치지 말라

유태 상술에 시간을 훔치지 말라는 말이 있다. 이 격언은 돈 벌이에 관계되는 말이라기보다는 유태 상술의 에티켓을 설명한 말이라는 편이 알맞다.

시간을 훔치지 말라란 단 1분 1초라도 남의 시간을 빼앗아서는 안 된다는 것을 경고하는 말이다.

유태인은 말 그대로 '시간은 돈이다'라고 생각한다. 하루 8시간인 근무 시간에 그들은 항상 1초에 얼마라는 생각으로 일하고 있다. 타이피스트도 퇴근 시간이 되면, 나머지 10자 정도만 치면 서류가 완결된다는 것을 알면서도 그대로 퇴근해버린다. '시간은 돈이다'라는 생각에 철저한 그들은 시간을 도둑 맞는 것은 돈을 도둑맞는 것과 마찬가지라고 생각하고 있다.

가령 월수 20만 불의 유태인이 있다고 하면, 그는 하루에 8천 불, 1시간에 1천 불을 벌고 있는 셈이 된다. 1분간에는 17불에 약간 미달하는 셈이다. 그러니 근무 시간중에는 단 1분간이라도 낭비할 수가 없다. 그의 경우, 일에 5분을 낭비하면 현금 85불을 도둑맞는 것과 마찬가지이다.

불시에 찾아온 손님은 도둑

어느 유명한 백화점의 유능한 젊은 선전부원이 있다. 그는 시장 조사와 시찰 여행(視察旅行)을 겸하여 뉴욕에 들른 일이 있다. 그때 그는 남는 시간을 적절하게 활용하려는 생각에서 유태인이 경영하는 유명한 한 백화점을 찾았다.

그는 그곳 선전부 주임을 만나려고 했다.

선전부 주임을 면회하고 싶다고 요청하자, 접수계 아가씨는 상냥히 웃으면서 되묻는 것이었다.

"약속 시간은 몇 시입니까?"

이 선전부원은 당황하여 눈을 껌벅거리다가, 자기는 일본의 백화점 직원으로 뉴욕에 시찰하러 왔다는 사실을 말하고 꼭 이곳 선전부 주임을 뵙고 싶으니 주선해 달라고 요청했다.

"미안합니다만……."

그는 보기 좋게 거절당하고 말았다.

이 선전부원의 자발적인 동업자 방문은 일본에서면 크게 칭찬받을 만한 일이다.

예고도 없이 면회를 신청하는 일은 비상식적인 일이지만, 일본에서라면 틀림없이 요새 젊은 사람치고는 매우 열의가 있는 사람이라고 칭찬받을망정 몰상식하다고 하지는 않았을 것이다.

그러나 '시간을 훔치지 말라'를 신조로 삼는 유태인에게는 그러한 엉터리는 통용되지 않는다.

시간 약속이 없는 방문에는 절대 응하지 않는다는 것이 그들의 신조다.

"잠깐 이 근처에 들린김에……."

"가끔 찾아뵙지 않으면 죄송한 생각이 들어서……."

별로 중요한 일도 없이 불의에 찾아오는 손님을 유태인들은 방해물로밖에 생각지 않는다.

'사람을 보면 도둑으로 생각하라'는 일본의 격언이 있는데, 유태 상술에서는 불의의 손님은 도둑으로 생각하라는 사고를 가지고 있다.

*돈이 큰소리 칠 때에는 진리가 침묵한다. ―영국의 속담―

시간 약속을 하라

그래서 상담(商談)에 가장 중요한 것은 'ㅇ월 ㅇ일 ㅇ시부터 ㅇ분간'이라는 면회 시간 약속이다.

면회 시간이 30분에서 10분으로 단축됐을 때에는, 상대가 30분을 소비할 만한 가치가 없는 한 10분 정도에 알맞는 용건을 가져온 것으로 생각한다고 알면 된다.

10분간이라면 그래도 긴 편이다. 유태 상인은 보통 면회 시간을 5분 또는 1분으로 지정해오기도 한다. 그런 만큼 약속 시간에 늦은 것은 물론, 약속한 시간이 지나는 것도 허용되지 않는다. 상대의 사무실에 들어가면 인사말은 간단히 끝내고 곧바로 상담(商談)으로 들어가는 것이 예의이다.

"헬로, 굿모닝! 참 좋은 날씨입니다. 완전히 가을이 되어 날씨가 좋아졌습니다. 그런데 당신의 고향은……? 하하 ××입니까. 이것 참 이상한 인연입니다. 거기에 제 형님의 며느리의 동생이 살고 있는데……."

이래서는 일은 틀려버린다. 유태 상인의 말을 빌면 '상담이란 급행열차가 서로 엇갈리는 순간을 이용하여 만나는 것과 같다'라고 한다. 서로 1분 1초를 다투는 것을 잊을 정도라면 유태인의 상대가 될 수 없다.

미결 서류는 상인의 수치

유태인은 출근하면 1시간 정도는 딕테이트(dictate)라고 해서 전날 퇴근후부터 아침 출근 시간 사이에 온 상거래(商去來) 편지의 회신을 타이프한다.

"지금은 딕테이트 시간이니까……."라는 말은 유태인 사이에서는 누구도 면회사절이라는 의미의 공인용어(共認用語)이다. 딕테이트 시간이 끝나면 그때부터 그날의 일에 들어간다. 딕테이트 시간엔 어떤 일이 있어도 유태 상인을 면회하는 것이 불가능하다.

유태인이 딕테이트 시간을 소중히 여기는 원인은 그들이 즉석즉결(即席即決)을 신조로 하여, 전날의 일을 다음날로 넘기는 것을 수치로 생각하기 때문이다.

유능한 유태인의 책상에는 미결(未決)서류는 없다. 그 사람이 유능한지 어떤지는 책상 위를 보면 알 수 있다는 것이다.

우리의 사무실에서는 높은 사람이 되면 될수록 미결서류가 쌓이고 기결서류 상자가 텅텅 비어 있는 광경과는 아주 대조적이다.

나의 유태 상술

억울하면 돈을 벌어라

내가 유태인에게 흥미를 가진 것은 1949년, 연합군총사령부 (聯合軍總司令部-G. H. Q)서 아르바이트 통역을 하게 되면서부터 였다.

G. H. Q에서 일하면서 나는 이상한 사람들에게 주목하게 되었다. 장교도 아닌데 자동차를 타고 다니며 장교보다 더 호화로운 생활을 하고 있는 사병들이 있었다.

"일개 졸병인 처지에 어떻게 저런 생활을 할 수 있을까?"

나는 호화스럽게 생활하고 있는 그 사병들을 관찰하기 시작했다. 이상한 일은, 그 사람들은 같은 백인이면서 군내(軍內)에서 따돌림당하고 있다는 사실이다.

"쥬우!"

사병들은 사뭇 증오하면서 내뱉듯한 말투로 이들을 부른다.

쥬우(Jew)는 영어로 유태인이라는 단어이다.

재미있는 것은 대부분의 GI들은 유태인을 경멸하면서 유태인에게 머리를 들지 못한다는 것이었다. 유태인 GI는 놀기 좋아하는 전우(戰友)들에게 돈을 빌려주고 호된 이자를 받는데다가, 월급날에는 사정없이 받아들인다. GI들이 유태인에게 머리를 들지 못하는 까닭도 거기에 있었다.

무시당하면서도 유태인은 아무렇지도 않아 보였다. 도리어 그러한 치들에게도 돈을 꿔주어, 금전으로 그들을 복수하고 있는 것이다.

차별을 받으면서 불평 한 마디 없이 강하게 살아가는 유태인에게 어느새 나는 친근감마저 갖게 되었다.

그래서 유태인을 무시하기는커녕 내 편에서 그들을 가까이 했다.

유태 상술과 고리대금

G. H. Q에서 나와 친해진 최초의 유태인은 윌킨슨이라는 중사(中士)였다. 윌킨슨도 월급날 전에 무일푼이 된 동료에게 높은 이자로 돈을 빌려주고 있었다.

빌려준 돈은 월급날이 되면 가차없이 받아냈다. 받아내기 어려울 때에는 배급 물자를 빌려준 돈의 담보나 이자로 받아낸다. 받아낸 배급 물자는 곧 비싼 값으로 팔아버린다. 그런 사나이이므로 윌킨슨의 주머니에는 언제나 현금 뭉치로 가득차 있었다.

미군(美軍) 중사의 월급이 당시 월 10만 엔 정도였다고 생각된다. 그러나 윌킨슨은 70만 엔씩이나 하는 차를 두 대나 사들이고 장교라도 아무나 둘 수 없었던 예쁜 여비서를 두고, 휴일엔 차에 태워 유유히 드라이브를 한다. 계급은 중사지만 생활은 G. H. Q의 고급 장교 이상이었다.

나는 윌킨슨의 하는 것을 주의 깊게 관찰했다. 그리고 유태인이 돈으로 주위 사람들을 지배해가는 과정을 머리에 새겨넣었다.

나는 부지불식간에 유태 상인 밑에서 견습생으로 들어가고 있었던 것이다.

유태 상술 실습시절

윌킨슨 중사는 군에서 받는 월급만으로는 그처럼 호화로운 생활을 할 수 없었다. 그런 생활을 할 수 있었던 것은 이자놀이를 했기 때문이다. 사이드 비즈니스를 하지 않는 한, 여분(餘分)의 돈이 들어올 까닭이 없다.

그래서 나도 G. H. Q에 있는 유태인과 짜고 부업을 시작했다. 월급 1만 엔에 불만은 없었지만, 수입이 많아서 싫은 사람은 없다.

내 인상은 얼핏 중국인을 닮았다. 선글라스를 쓰고 진주군(進駐軍) 복장을 하면 틀림없이 중국계(中國系) 2세이다.

나는 부업을 할 때는 중국계 2세 미스터 진(珍)으로 행세했다.

G. H. Q에는 윌킨슨 중사 이외에도 유태인이 몇 사람 있었는데, 나는 그들과 차례로 친해져, 그들의 가장 신뢰하는 단짝 미스터 진으로서 중용(重用)되었다.

　미스터 진으로서 그들의 돈벌이 일에 가담하면서, 나는 유태 상술의 교육을 받았던 것이다.

타이밍이 승부를 결정한다

　1951년 나는 대학을 졸업하고 곧 후지다 상점(藤田商店)이란 간판을 걸었다.

　내가 처음 눈을 돌린 것은, 한국동란(韓國動亂)의 휴전으로 창고에 쌓여 있는 흙 넣는 포대였다. 흙 포대를 갖고 있는 회사는 창고로만 들어갈 뿐이어서 인수자(引受者)가 나타나면 거저라도 줄 것이라 생각했다. 나는 흙 포대를 갖고 있는 회사를 찾아가 인수를 제안했다. 나에게는 그것을 처분할 방법이 있었다.

　내가 흙 포대에 붙인 가격은 공짜였다. 그런데 흙 포대를 가진 회사는 난색을 보였다.

　"한 개에 5엔이라도, 좋지만 거저는……."

　나는 5엔씩에 사기로 했다. 흙 포대는 12만 개로 총액 60만 엔이 들었다.

　상담이 성립되자, 나는 곧 당시 식민지가 내란 상태에 빠져 있던 모국(某國)의 대사관을 찾았다. 그 나라에선 무기이든 흙 포대이든 필요할 것이라고 생각했기 때문이다.

　생각했던 대로, 그 대사관은 12만 개의 흙 포대에 대해서 크게 관심을 나타냈다. 대사 자신이 무릎을 내밀면서 견본을 보고 싶다고 했다. 나는 곧 견본을 대사관에 가지고 갔다. 상담은 즉시 성립되었다. 대사관은 헐값이 아닌, 정당한 가격으로 사갔다.

그로부터 1주일도 안 되어 내란이 끝나, 결국 흙 포대는 일본에서 선적되지 않았다.

나는 시간차(時間差)로 장사에서 이긴 것이다. 타이밍이 조금만 늦었어도 흙 포대는 아무 소용이 없었을 것이다.

상인(商人)으로서 타이밍은 생명이라 할 수 있다. 타이밍을 잡는 방법 여하로 크게 벌 수도 있고, 큰 손해를 보게 되기도 한다.

큰 손해를 보더라도 계약은 지켜라

국내외의 동업자는 나를 '긴자의 유태인'이라고 부른다. 나는 그렇게 불리는 것에 매우 만족하고, 나 자신도 서슴없이 그렇게 말했다. 나는 유태 상술을 따르고, 유태 상술을 나의 상술로 하고 있다. 일본인인 것을 부정하는 것이 아니라, 도리어 일본인인 것을 자랑으로 알고 있으나, 상인으로서는 유태 상술을 따르고 있다.

각국의 유태인마저도 나를 긴자의 유태인이라고 부르며, 비(非)유태인, 즉 이방인에 대한 태도와는 달리, 동지처럼 대해 준다.

세계 각국에서 무역의 실권을 쥐고 있는 사람은 모두 유태인이다. 내가 무역상으로서 각지의 무역상과 거래하는 데 있어 긴자의 유태인이라는 타이틀이 얼마나 도움이 되는지 모른다.

물론 이렇게 되기까지는 유태인으로부터 짓밟히고 놀림감이 된 적이 수없이 많았다. 그러나 나는 옛부터 유태인이 견디어

온 것처럼 참아왔다. 그리고 가장 고통스러운 어떤 사건에 부닥쳐 견디어냈을 때, 유태인으로부터 긴자의 유태인이라고 불리게 되었던 것이다.

내가 긴자의 유태인으로서 세계 유태인에게서 신용을 얻게 해준 사건을 여기에 쓰지 않으면 안 될 것 같다.

아메리칸 오일로부터 '나이프'와 '포크' 대량 주문

1968년, 나는 아메리칸 오일로부터 나이프와 포크 3백만 개를 주문받았다. 납기는 6월 1일, 시카고에 납품한다는 조건이다. 나는 곧 기후현 세키 시(岐阜縣關市)의 업자에게 제조를 부탁했다.

아메리칸 오일이란 회사는 스텐다드 석유의 모회사(母會社)로 유태계 자본의 회사이다.

원래가 석유회사인 아메리칸 오일이 석유와 관계없는 나이프와 포크를 발주(發注)해온 것은, 미국내에서 진행되고 있는 유통혁명(流通革命) 때문이었다.

전에는 물품을 파는 백화점이 왕좌(王座)를 차지하고 있었다. 그 왕좌에 도전하여 소비자를 끌어들인 것이 슈퍼마켓이며 디스카운트 하우스이다. 또한 여기에 끼여든 것이 크레디트 카드(credit card)이다. 백화점을 먹어버린 슈퍼와 값은 같으나 그것을 월부로 해준다.

이 크레디트 카드에 진출한 것이 석유 자본이다. 아메리칸 오일에는 카드 이용자 1,400만 명이 등록되고, 그 중 700만 명이 매일 카드를 이용하고 있다.

아메리칸 오일은 카드 이용자를 위해 대량의 싼 상품이 필요했던 것이다.

슈퍼 특징은 현금 장사고 크레디트는 월부이다. 현금주의의 유태인에 의해 지배되고 있는 석유회사가 월부에 진출하는 것은 불합리해 보이지만, 여기에는 숨겨진 것이 있다. 즉 카드 이용자에게 물품을 판 단계에서, 대금(代金)은 은행에서 현금으로 받아낸다. 월부 수금은 은행이 해주기 때문에 현금주의의 공식이 살아 있는 것이다.

납기에 맞춰라!

설명이 좀 길었지만 나이프와 포크 제조업자는 세키 시(關市)에 모여 있다. 업자들은 프라이드를 가지고 있다.

"좋습니다. 후지다 씨, 여기는 일본의 중심이오. 세키 시로부터 동쪽을 간토(關東)라고 하고 서쪽을 간사이(關西)라고 한다오. 도쿄가 일본의 중심이라고 생각한다면 큰 잘못이라니까."

이같이 말한다.

'그렇다면 납기에 틀림은 없을 테지.'

나는 그렇게 생각하고 있었다.

나의 계산은 9월 1일에 시카고에 도착되게 하자면 8월 1일에 요코하마(橫濱)에서 출항시키면 그런대로 맞게 될 것이라 생각했다. 주문받은 때에는 시간이 충분하였다. 그런데 도중에 거듭 다짐을 위해 진행 상황을 보려고 갔던 나는 가슴이 덜컥 내려앉고 말았다. 조금도 일은 진척이 없었다.

"모내기에 바빠서 할 수 없었소."

하며 아무렇지도 않은 표정으로 말했다.

48

화가 치밀어 야단을 치니까,

"언제까지 납품하겠다고는 했지만 조금 늦는 건 상식이오. 빨리 하라지만 그건 무리오."

도무지 말이 안 통하였다. 상대가 유태인이라고 말했지만 그들은 유태인을 잘 몰랐다.

"좀 늦는다고 말해두면 되지 그렇게 큰일나지 않을 것 아니겠소."

보잉 707의 '전세료' 일천만 엔

8월 1일에 요코하마에서 출항케 하려면 7월 중순경에는 세키시에서 출하(出荷)해야 기일에 맞을 것인데, 8월 27일경까지 걸릴 것이라 한다. 8월 27일에 완성된 물품을 9월 1일에 납품하자면 비행기밖에 없다. 시카고와 도쿄 사이를 보잉 707기를 전세내면 약 3만 달러가 든다. 나이프와 포크 3백만 개의 대금으로는 도저히 타산을 맞출 수가 없다.

그러나 나는 무리해서 비행기를 전세냈다. 유태인이 지배하는 아메리칸 오일과 약속한 이상 손해가 나도 납기에 맞추고 싶었다. 한 번이라도 계약을 어기면 유태인은 절대 신용하지 않는다. 제품이 늦은 것은 나의 책임이 아니지만 유태인은 변명을 절대로 듣지 않는다. 그들은 언제나 노 엑스프러네이션〔說明無用〕인 것이다.

나는 비행기로 3만 달러를 손해보아도 유태인의 신용을 잃는 것은 피하고 싶었다.

나는 판 아메리카 항공의 보잉 707을 전세냈다. 판 아메리칸은 실속파 회사로서 10일 전까지 현금으로 전세료(傳貰料)를 지불하지 않으면 비행기를 보내지 않으므로 그렇게 했다. 다행히도 나는 이 전세기로 주문품을 무사히 납품할 수 있었다.

　아아, 또다시!

　내가 비행기를 전세내서까지 납기를 지켰다는 사실은 상대방에게도 알려졌다. 이것이 일본이라면 대단한 미담(美談)으로, 주문한 편에서는 감격하여 비행기 전세료를 책임지겠다고 제안할는지도 모르지만 상대는 유태인이다.

　"납기에 맞았다. OK다. 비행기를 전세냈다는 것은 들었다. 굿."

　그뿐이었다. 그런데 비행기를 전세내서까지 납기에 맞도록 한 것은 매우 잘한 일이었다. 다음 1969년 아메리칸 오일로부터 다시 나이프와 포크 6백만 개의 주문이 온 것이다.

　6백만 개쯤 되면 세키 시(關市) 유사 이래의 처음인 대량 주문이다. 시중(市中)이 아메리칸 오일의 주문 일색(一色)이었다. 그런데 이것이 또다시 늦어버렸다. 납기는 9월 1일로 전년과 마찬가지였다. 선적(船積)해야 할 7월 중순까지 도저히 맞출 수 없게 되었다. 나는 또다시 비행기를 전세냈다. 아메리칸 오일은 예에 따라,

　"납기내에 도착했다. OK다."

라고 말할 뿐이었다.

　나는 아무래도 더 이상 참을 수 없어 세키 시내의 업자들을 모아놓고 비행기 전세료를 일부 부담하는 것이 어떠냐고 했다. 업자들은 다소의 책임을 느끼고 있었던지,

　"좋습니다."

이렇게 말하고 20만 엔을 부담하겠다고 제의해왔다. 2백만 엔이 아니다. 겨우 20만 엔이었다.

나는 어안이 벙벙하여 입을 벌리고 있었다.

이래서 유태 상인의 자격을 얻다

두 번에 걸친 비행기 전세로 나는 큰 손해를 봤다. 그러나 그 비행기 전세료로 나는 도저히 살 수 없는 유태인의 신용을 얻은 것이다.

"저놈은 약속을 지키는 일본인이다."

이런 정보는 순식간에 세계 각지의 유태인에게 전해졌다. '긴자(銀座)의 유태인'이라는 말 속에는 긴자에서 약속을 지키는 유일한 상인이라는 뜻이 다분히 포함돼 있는 것이다.

나의 유태 상술은 유태인에게 신용을 얻는 일로부터 시작했다.

악덕 상인은 대통령에게 직소하라

외국의 국제무역상 가운데 유태 상인의 범주에 들지 않는 악덕 상인도 있다. 그 전형적인 예가 만세쟁이*인데, 나는 언젠가 만세쟁이에게 걸려 그들을 상대로 철저하게 싸워 이긴 일이 있다. 이 싸움은 내가 상인으로 사느냐 죽느냐 하는 나의 모든 것을 건 싸움이라 말해도 좋다. 나는 그 싸움에서 이겼기 때문

---

*만세(萬歲)쟁이 ; 파산, 또는 망하기 직전의 회사를 터무니없을 정도의 헐값으로 매입하는 사람을 일컫는 말.

에 오늘날 긴자의 유태인으로서 유태인의 신용을 얻기까지에 이른 것이다.

악덕 유태 상인과의 싸움의 전모는 이렇다.

1961년 12월 20일, 전부터 나와 거래가 있던 뉴욕의 베스트 오브 도쿄사(社)의 지배인인 마린 로빈 씨가 일본에 왔다. 상담은 트랜지스터 라디오 3천 대와 트랜지스터 전축 5백 대의 매입이었다. 조건은 트랜지스터 전축은 상표를 'NOAM'으로 하고 라디오와 전축의 선적은 다음해인 1962년 2월 5일, 나의 구전(口錢)은 3퍼센트라는 세 가지였다.

만세쟁이가 만든 함정에

나는 마음이 내키지 않았다. 먼저 선적까지의 기간이 짧고, 상식적으로 구전은 보통 5퍼센트였으나 3퍼센트는 너무 적다는 두 가지 이유에서였다. 그러나 상대인 베스트 오브 도쿄사는 뉴욕에서도 유수(有數)의 트랜지스터 제품 수입 상사이다. 길게 생각한다면 거래해서 손해볼 상대는 아닐 것이다. 나는 그렇게 생각하고 마지못해 승낙했다. 그리고 주문품을 야마다 전기산업(山田電氣産業)에 발주했다.

그 무렵 트랜지스터 전축은 단가가 35달러였다. 그런데 로빈 씨는 야마다 전기산업 사장인 야마다(山田金五) 씨를 직접 설득해 30달러로 값을 내렸다. 그래도 약속대로 야마다 전기산업은 생산을 개시했다.

베스트 오브 도쿄사로부터는 그해 12월 31일에 신용장이 왔는데, 주문품의 상품이 'NOAM'이어야 할 것이 어떻게 된 셈인지 'YAECON'으로 바뀌었다. 'YAECON'은 야마다 전기산업의 상품명이다. 그때 생산중인 물품에는 베스트 오브 도쿄사의 당초의 주문대로 'NOAM' 상표를 붙이고 있었다.

나는 거듭 뉴욕에 전화를 걸어 신용장의 'YAECON'을 'NOAM'으로 변경하도록 요청했다. 신용장의 기재(記載)와 다른 제품은 수출할 수 없기 때문이다. 베스트 오브 도쿄사로부터는 아무런 연락도 오지 않았다.

야마다 전기산업에서는 그 사이 연말연시(年末年始)도 없이 생산을 계속해 겨우 납기 전인 1월 24일에는 수출 검사도 끝내고 선적만을 기다리게 되었다. 그런데 그것을 기다리기나 했다는 듯이 1월 29일 뉴욕으로부터 캔슬(Cancel—계약 해제) 전보가 왔다.

"아차! 놈들은 만세쟁이였구나."

이렇게 생각했으나 일은 이미 다 틀린 것이다.

'NOAM'이라는 묘한 이름의 상표를 붙인 상품은 그 상표가 있기 때문에 미국의 다른 수입 상사에 인수시킬 수도 없는 것이다.

나는 베스트 오브 도쿄사를 상대로 제품을 인수하든가 'NOAM' 상표의 대체료(代替料)를 지불하도록 교섭을 시작했는데, 가슴속은 터질 것같이 분노로 불타고 있었다. 만세쟁이의 표적(標的)이 됐다는 것은, 악덕 상인에게 얕잡혀 보인 것 이외에 아무것도 아니기 때문이었다.

"좋다. 그쪽에서 그러면 나는 케네디 대통령에게 편지로 직소(直訴)하겠다."

나는 이렇게 결심했다. 얕잡혀 보이고도 그대로 가만히 있을 수 없었다.

그런데 대통령에게는 여섯 사람의 비서가 있다. 비서의 손에

서 중단되어서는 안 된다. 케네디 대통령에게 편지를 쓰는 이
상, 대통령이 직접 읽도록 하지 않으면 아무 소용도 없다. 나
는 그때까지 얻은 영어 지식을 짜내어 쓰고서는 찢고, 찢고서
는 다시 쓰고, 사흘이나 걸려 겨우 읽을 만한 편지를 썼다.

케네디 대통령에게 보내는 직소장

2월 20일, 나는 그 편지를 부쳤다.
그때의 편지 내용은 다음과 같다.

미합중국 대통령
J. F. 케네디 각하
　각국의 자유스러운, 그리고 민주적 무역의 옹호자이며 또한
미국민의 대표이신 귀하께 본장(本狀)을 올리는 영광을 감사 드
립니다.
　귀하는 현대 세계에 있어서의 지도적 정치가입니다. 그런 까
닭에 귀국민에게는 일상적인 일이라 할지라도, 타국민에게는
배덕적(背德的)인 만행(蠻行)이 되어, 곤란한 손해를 발생케 하
는 일을 귀국민이 하여, 그 때문에 곤란을 당한 타국민이 있
어, 그것을 구제해줄 수 있는 훌륭한 민주주의의 현현자(顯現
者)로서의 귀하에게 이하의 사실을 앙원(仰願)하는 바입니다.
　우리들은 바로 20년 전, 귀하가 솔로몬 해역(海域)에서 악전
고투하시던 때의 귀하보다도 더 곤란한 정황(情況)에 있으며,
구원을 필요로 하는 입장에 놓였습니다. 그것도 미국민에 의해
서, 아무런 책임도 없음에도 불구하고 그러한 고경(苦境)에 처
해 있습니다.

사태는 극히 간단하며 복잡한 것은 없습니다. 베스트 오브 도쿄사로부터 당사(當社)는 트랜지스터 라디오 3천 대 및 트랜지스터 전축 5백 대, 합계 26,600달러어치의 주문을 받아 신용장을 수령(受領)했음에도 불구하고, 아무런 이유도 없이 주문을 취소당했기 때문에 큰 손해를 입었습니다. 만약 미국민이 일본인으로부터 이러한 일을 당했다면 어떻게 되겠습니까. 일본인은 반드시 철추(鐵槌)를 맞게 될 것입니다. 당사는 베스트 오브 도쿄사의 지정상표(指定商標) 대체료(大替料) 2,044달러 50센트를 청구했습니다만 아무런 성의있는 회답도 받지 못했습니다.

본건처럼 법률상 명백한 일방적 계약 불이행에는 문명 사회에서는 법률로 싸워야만 할 것입니다. 그런데 당사는 비용(費用) 문제로 불가능합니다.

대통령 각하, 만약 귀하가 불행한 국제 전쟁의 하나의 원인으로서, 사소한 사항의 축적이 크나큰 국민 상호간의 증오심이라는 악마 같은 에네르기로 변화해간다는 사실을 아신다면 베스트 오브 도쿄사에 지급 해결하도록 권고해주시기 바랍니다.

대통령 각하, 공사다망하시리라 생각됩니다만 소생을 위해 일 분간의 시간을 주십시오. LW4~9166으로 전화하셔서 베스트 오브 도쿄 사장에게 일본인은 소나 말과 같은 동물이 아니며 피가 흐르고 있는 인간이니 성의를 가지고 해결하도록 권고해주시기 바랍니다.

대통령 각하, 긴 시간과 막대한 돈을 들이지 않고 정의를 이룩할 수 있게 하는 기관이 귀하에게 있다면 지급 교시(敎示)해주시기 바랍니다.

대통령 각하, 나의 우인(友人) 4,500명의 젊은 일본인이 몸에 폭탄을 짊어지고 귀국의 군함에 돌격하여 죽어갔습니다. 저 악

몽과 같은 가미가제 특공대(神風特攻隊)의 일원(一員)으로서 그 사람들의 죽음을 의미 없이 할 수는 없습니다. 어떤 적은 일일지라도 국제간에 원한의 원인이 되는 것을 우리들은 양심을 가지고 해결하려고 합니다.

대통령 각하, 제2차세계대전의 용사인 귀하에게 본건의 해결 촉진을 앙망하는 바입니다.

후지다 덴(藤田 田)

나는 이 편지를 한 통은 케네디 대통령에게, 또 한 통은 도쿄의 미국 대사관에 부쳤다. 반드시 비서가 대통령에게 보이리라는 자신은 있었으나, 회답은 오지 않을지도 모른다고 생각했다.

한편 그 동안 2월 3일, 야마다 전기산업은 나에게 내용증명(內容證明)의 편지로 제품의 인수를 요구해왔다.

나도 상인이다. 이 제품을 전매(轉賣)하는 방법이 있다는 것은 충분히 알고 있다. 그러나 그렇게 되면 문제가 어물어물 되고 만다.

나는 유태 상인에게 걸려 그대로 조롱만 받고 물러설 생각은 없었다. 더욱 이번 일의 책임은 일방적으로 캔슬해온 베스트 오브 도쿄사에 있고, 내가 뒤를 닦아줄 의무는 없다.

3월 중순 야마다 전기산업은 9,500만 엔의 부채를 안고 도산(倒産)했다. 만세쟁이의 책략 때문에 정말로 만세를 부른 것이다.

---

*죄악이 따르지 않는 부는, 오직 부자유가 없는 사람들만이 사는 세계에서만 가능할 것이다. 우리의 이 세계와 같이, 한 사람의 부자가 있기 위해서 몇 백 명의 거지가 생기지 않으면 안 되는 곳에서는, 그러한 부란 있을 수 없다.

악덕 상인 드디어 '녹아웃'

야마다 전기산업의 도산 직후, 그러니까 케네디 대통령에게 직소장을 발송한 후 꼭 한 달이 지났다. 3월 20일, 나는 미대사관으로 차를 몰았다. 마중한 담당관은 나에게 케네디 대통령으로부터 온 독수리 마크가 찍혀 있는 공문서(公文書)를 보여주었다.

"케네디 대통령이 상무장관(商務長官)을 통하여 당신으로부터 직소가 있었던 일을 해결하도록 라이샤워 대사에게 지시가 있었습니다."

나는 이긴 것이다. 담당관은 아주 미안하다는 표정이었다.

"이 사건은 정말 미국의 상인쪽이 나빴습니다. 정부로서는 사건에 개입할 수는 없으나 업자에게 권고하여, 따르지 않으면 해외 여행을 금지시키는 조치를 하겠습니다. 일본인은 이런 사건의 경우, 아무 말도 못하고 속으로 앓기만 하는 경향인데, 이후 얼마든지 제소해주기 바랍니다."

무역상(貿易商)이 해외 여행을 금지당하면 이는 곧 사형을 언도받은 것이나 마찬가지다. 만세쟁이는 정부의 권고에 따르지 않을 도리가 없다.

"다만……."

담당관은 말을 보탰다.

"얼마든지 제소해주시되, 대통령에게 직소만은 삼가주셨으면 좋겠습니다."

"아아, 그렇습니까. 고맙습니다. 그러면 앞으로 직소하지는 않겠습니다."라고 한 것은 나의 외교사령(外交辭令)이고, 만세쟁이나 악덕 상인이 또 장난을 치면 몇 번이고 대통령에게 직소할 테다 라고 나는 생각했다.

"비행기를 전세내면서까지 납기에 맞춘 후지다, 대통령에게 직소한 최초의 일본 유태인 후지다……."

이 두 사건을 통해 나는 유태 상인으로부터 재평가받게 되고, 진짜 신용을 얻게 되었다.

한 수 앞을 보라

내가 유태 상인 조지 드라카 씨로부터 납인형관(蠟人形舘)의 흥행권(興行權)을 사서 '도쿄 타워' 안에 납인형관을 열 계획을 세웠을 때 주위의 모든 사람이 반대했다.

"일본인은 움직이지 않는 인형 같은 것을 보러 올 리 없으니, 비싼 권리금을 지불하면서까지 납인형관을 한다는 것은 무리이다."

모두 이렇게 말하면서 납인형 흥행은 실패할 것이라고 충고했다.

"처음 3개월은 적자를 각오해야지요?"

그렇게 말하는 사람도 있었다.

"나는 납인형관으로 일본 흥행업계의 구태의연한 의식을 깨고 싶다. 다시 말해서 지금까지 일본에서는 움직이며 돌아다니는 사람은 무대 위의 배우이고, 관객은 의자에 앉아 조용히 보고만 있다. 그러나 이제부터는 관객이 움직이고 무대 위는 고정이 되는 것이다. 움직이지 않는 납인형의 주위를 관객이 자유로이 움직이면서 보게 한다. 더욱이 그 인형은 역사상의 인물이 살아 있었을 때의 그대로를 재현하여 진열한다. 관객은 감동을 느끼면서 히어로들의 곁에까지 가까이 걸어가 마음대로

볼 수 있다. 이 새로운 계획은 반드시 성공한다. 적자를 각오
하다니 천만의 말씀, 처음부터 흑자를 올려 보이겠다."

나는 자신이 있었다. 승산이 있었던 것이다.

관객을 걷게 하라

무대가 정(靜)이고 관객이 움직이라는 것은 비단 흥행뿐만이
아니다. 이를테면 장사에 있어서도 지금까지의 방법은, 상점은
물품을 진열하고 그 물품을 파는 점원을 두어 손님을 물품 앞
에 세워놓고 물품을 파는 것이다. 그 결과 인건비가 많이 들 수
밖에 없다. 그러나 손님이 물품 앞을 지나가면서 자유로이 선
택할 수 있는 슈퍼식으로 하는 편이 손님의 회전율(回轉率)이
빠르고 인건비도 싸게 들어 이익이 크다는 것을 알게 되었다.

손님이 움직인다. 이것이야말로 현대의 템포에 맞는 상술인
것이다. 나는 한 수 앞을 그렇게 읽었다.

나의 생각은 바로 맞았다. 납인형은 대호평을 받아 오늘날까
지 계속되고 있다. 손님은 슈퍼에서 물건을 사듯이 납인형의
주위를 돌면서 좋아했다.

절대로 에누리 없는 장사

자신있는 상품은 절대 에누리해주지 말라

유태 상인은 어떤 물품을 비싸게 파는 것에 대해 모든 자료
를 이용하여 비싸게 파는 것이 어째서 적당한가를 설명한다.

통계 자료, 팸플릿 등 모든 것이 비싸게 파는 데 이용된다. 나의 사무실에도 유태인이 매일 보내주는 그런 자료가 쌓여 있다.

유태인은 그렇게 자료를 보내놓고는,

"보내드린 자료로 소비자를 교육하시오."

라고 말한다. 그리고 절대로,

"할인해드리지요."

라는 말은 없다. 상품에 자신이 없으니까 할인해준다고 한다. 유태 상인의 할인해줄 바엔 팔지 않는다는 배짱은 자신에 바탕을 둔 것이다. 좋은 상품이니까 싸게 팔 수 없다. 싸게 팔지 않으니까 이익이 크다. 유태 상술이 돈을 버는 비결도 여기에 있다.

박리다매 상술

유태 상술과 오사카 상술

일본의 대표적인 상술은 오사카 상술(大阪商術)이다. 그 이름난 상술을 자랑으로 한 오사카 상술도 유태 상술 앞에서는 거의 상술이라 하기조차 곤란한 유치한 것에 불과하다.

오사카 상술은 박리다매(薄利多賣)의 상술이다. 박리다매로 꼬박꼬박 끈기있게 버는 것이 오사카 상인이다.

그런데 유태인에게는 박리다매라는 것은 이해가 되지 않는다.

"많이 팔아 박리(薄利)를 얻는다니 그게 무슨 말인가. 많이 판다면 많이 벌어야지."

유태인은 반드시 이렇게 말한다.

"많이 팔아 박리라니, 후지다가 말하는 오사카 상인은 바보가 아닌가. 바보임에 틀림없어."

나는 유태와 오사카 역사를 비교해보았다. 오사카는 2천 년, 유태는 5천 년이다. 배 이상 유태의 역사가 길다. 유태가 3천 년 이상이나 역사의 시간을 새기고 있을 때, 일본은 아직 글자조차 없었다. 유태 상인이 오사카 상인의 박리다매 상술을 바보라고 비웃는 것은 당연하다.

덤핑 판매경쟁은 죽음의 길

동업자끼리 박리다매의 경쟁을 해서 쌍방이 파산하는 예는 얼마든지 있다. 다른 가게보다 조금 싸게 하여 조금 많이 팔겠다는 기분은 알 수 있으나, 조금이라도 싸게 팔겠다는 생각하기에 앞서 왜 조금이라도 이익을 더 얻어야겠다고 생각하지 않는 것일까. 메이커나 상사(商社)는 이익이 박하면 언제 파산할지 모르는데, 게다가 박리경쟁(薄利競爭)으로 서로의 목을 조이는 것은 바보스럽기 이를 데 없는 상술이다.

유행은 부자에게서

내가 액세서리류(類) 수입에 손을 대지 않았더라면 일본의 액세서리 유행은 20년은 뒤졌을 것이라고 말할 수 있다.

나는 액세서리를 수입할 때 흰 피부, 파란 눈, 금발(金髮)을 대상으로 한 것은 일절 손대지 않았다. 고급 핸드백이니까 수입하면 반드시 팔린다는 법은 없다. 내 흉내를 내어 액세서리 수입에 뛰어들어 실패한 업자가 많다.

그들이 수입한 것은 팔리지 않고, 내가 수입한 것이 팔리는 까닭은 무엇인가. 그것은 내가 황색 피부와 검은 머리에 어울리는 것 이외는 수입하지 않았기 때문이다.

여기에는 물론 유태 상인의 적절한 어드바이스가 있었다.

"내가 없었더라면 액세서리의 .유행이 20년은 늦었을 것이다."

이렇게 단언하는 것도 그만한 자신이 있기 때문이다.

부자들이 달려드는 미끼

어떤 상품을 유행하도록 하는 데는 요령이 필요하다. 유행에는 부자들에게서 시작되는 것과, 대중 속에서 일어나는 것이 있다. 이 두 가지 유행을 비교하면 부자들 사이에서 일어난 유행이 오래간다. 훌라후프라든가 아메리칸 크래카와 같이 대중 사이에서 폭발적으로 일어나는 유행은 곧 사라진다.

부자들 사이에서 유행한 것이 대중에게까지 흘러드는 데에 대체로 2년쯤 걸린다는 것은, 부자들 사이에 어떤 액세서리를 유행시키면 2년간은 그 상품으로 장사할 수 있다는 것이 된다.

부자들 사이에 유행시킬 상품으로서, 그들이 고급 외래품에 약하다는 것은 통역 시절의 경험으로 잘 알고 있다. 부자일수록 외래품 콤플렉스가 많은 것이다.

품질은 오히려 국산품이 좋은 것을 알면서도 일본인은 몇 배나 비싼 값인 외래품을 사려고 한다. 다시 말해 우리들이 비싼 값을 매겨도 일본인은 기꺼이 산다.

이런 돈벌이처럼 고마운 장사는 없다.

목표는 동경 심리

인간은 누구나 자기보다도 한 계단 위로 보고, 그런 생활을 해보고 싶어한다.

부자나 상류계급은 대중이 동경하는 목표이다.

돈방석에 앉는다는 말이 있는데, 사람들은 자기보다 지위가 낮고 재산도 없는 사람에게는 결코 동경(憧憬)의 감정 같은 것은 갖지 않는다. 돈이 모든 것은 아니어도 상류 계급의 유행품 (流行品)에 미치는 영향력은 부정할 수 없다. 상류 계급을 동경하는 경향은 특히 여자들에게 강하지만 남자들에게도 '상류취향(上流趣向)', 디럭스 취향, 귀족 취향 등이 많다.

이런 심리를 이용하여, 먼저 제1급 계층인 부자들에게 어떤 고급 수입 액세서리를 유행시킨다. 그 계층을 동경하고 있는 그 다음 계층 사람들이 제1계층의 2배가 된다면 그 사람들이 겨우 그 유행품을 손에 넣을 때, 상품은 당초의 2배가 팔렸다는 것이 된다.

그리고 또 그 다음 계층에 유행이 닥치게 되었을 때는 상품의 매출은 4배로 는다.

이와같이 해서 고급품은 점점 대중에게로 흘러가게 되는데, 그 기간은 거의 2년이 걸린다.

물론 유행이 대중화됨에 따라 값도 내려가지만 그때에 이미 내 회사는 그 상품에서 손을 떼고 있었다.

과거 30년을 통해 내 회사는 수입한 외래품의 재고를 둔 예가 한 번도 없다.

그러니 바겐 세일 같은 것을 한 적이 한 번도 없다.

부자들 사이에 유행시키는 것을 장사로 하고 있는 이상, 재고도, 바겐 세일도 나와는 관계가 없다. 부자를 상대로 하면 큰 이익도 얻어낼 수 있는 것이다.

희소가치는 돈버는 상품

큰 이익을 얻는 것은 희소가치(稀少價値)를 팔면 얼마든지 가능하다.

옛날 도요토미 히데요시(豊臣秀吉)에게 필리핀의 이상한 항아리를 가지고 와서 "이것은 영국의 보물입니다."하고 헌상한 오사카 상인이 있었다. 히데요시는 아주 귀중히 생각하여 싸움터에서 크게 공을 세운 부하에게 이 항아리를 주었다. 그 부하도 가보(家寶)로서 대대로 이 항아리를 전했는데, 도쿠가와(德川) 3백 년의 쇄국(鎖國)이 풀리고 보니 그 항아리가 서양의 변기(便器)인 것이다.

그 변기가 일본에서 영국의 보물로서 통해온 것은 당시의 일본에 같은 것 두 개가 존재하지 않았기 때문이다. 히데요시나 그 부하는 그 희소가치를 귀중히 생각한 것이다. 남이 가지고 있지 않은 것을 자기만이 가지고 있다는 것만큼 인간의 자존심을 만족케 하는 것은 없다.

무역상의 재미도 여기에 있다. 외국에서는 천 엔으로 살 수 있는 것이 일본에 가지고 오면 백만 엔의 값을 붙여도 팔리는 수가 있다. 그 물품에 희소가치가 있으면 있을수록 이익은 크다. 그런 물품을 싸게 수입하여 비싸게 파는 것이 우수한 수

입상이다. 또 반대로 외국으로 가지고 나가면 회소가치가 있는
것을 비싼 값으로 외국에 파는 것이 수완 있는 무역상이다.

문명의 차이를 이용하라

외래품이 비록 높은 값일지라도 잘 팔리는 데는 달리 또 다
른 이유가 있다.

오스트리아에는 액세서리 메이커가 약 3백 개 가량 있는데,
어떤 메이커도 다른 메이커의 제품을 모방한 적이 없다.

어느 메이커도 자기가 제조한 것을 자랑삼아, 몇 백 년 동안
독특한 제품을 만들어왔던 것이다. 일본처럼 재빠르게 남의 제
품을 흉내내는 일은 절대로 없다.

하나하나의 제품에 긴 역사의 무게가 쌓여 있다. 그 몇 백 년
혹은 몇 천 년 역사의 무게, 인지(人智)의 결정(結晶)이 만들어
낸 훌륭한 제품은, 높은 값을 붙여도 사람들이 사가게 되는 또
하나의 이유이다.

수입상은 오랜 문명과 새로운 문명과의 격차에 값을 매기고,
문명의 격차가 낳는 에네르기를 이익으로 하여 장사한다고 말
해도 좋다. 물론 격차가 크면 클수록 돈을 더 벌 수 있다.

유태 상술의 핵심

먹기 위해 일하고 일하기 위해 먹지 말라

"인생의 목적은 무엇이라고 생각하는가?"

이렇게 유태인에게 물으면, 극히 명쾌한 대답을 한다.

"돈을 버는 것."

이렇게 대답할 거라고 생각하면 큰 잘못이다.

"인생의 목적은 맛있는 것을 마음대로 먹을 수 있는 것이다."

유태인은 누구나 이렇게 대답한다.

"그렇다면 인간은 왜 일하는 것일까?"

이렇게 물으면 유태인은 이렇게 대답한다.

"인간은 먹기 위해 일하는 거야. 일하기 위한 에너지를 얻기 위해 먹는 것은 아니야."

같은 질문을 일본 샐러리맨들에게 해보면, 아마 정반대의 대답을 할 것이다. 일본인은 틀림없이 일하기 위해 먹는 민족이다.

먹기 위해 일한다고 대답할 만큼 유태인의 제일 큰 즐거움은 신사복 차림으로 최고급 레스토랑에서 호화로운 식사를 하는 것이다.

따라서 남에게 최고의 대접을 하거나 받는 것은 호화스러운 식사에의 초대이다.

만찬에의 초대는 유태인으로서 상대방에게 나타내는 최고의 대접인 것이다.

호화스러운 만찬은 유태인의 즐거움인 동시에 유태인의 금력지배(金力支配)의 상징이기도 하다.

유태인은 약 2천 년간에 걸쳐 박해를 받으며 살아왔다.

하지만 그들은 유태교에 있어서 선민(選民)이라는 긍지를 가슴속 깊이 간직해왔다.

언젠가는 자기들 앞에 이교도(異敎徒)들을 굴복시키고야 말겠다고 맹세해왔던 것이다.

그리하여 유태인이 무기로서 손을 댄 것이 기독교로부터 천한 직업으로 내팽개쳐진 금융업과 상업이다.

그리고 지금의 유태인은 금력(金力)으로써 이교도들 위에 군림(君臨)하고 있다.

유태인에게 있어서는 그들의 금력을 과시하는 절호의 찬스가 사치스러운 만찬이 되는 것이다.

유태인은 만찬을 두 시간씩이나 들여 천천히 즐긴다. 먹는 일이야말로 인생의 목적이므로 짧은 시간에 인생의 목적을 입에다 퍼넣는 일은 절대로 하지 않는다. 유태인의 행복이란 인생의 목적인 호사스러운 만찬을 단란하게 취하는 것에 있다.

유태인은 그 행복을 누리기 위해 어떤 수단과 방법을 가리지 않고 돈을 벌어들이는 것이다.

식사 때 금지된 이야기

유태인은 앞에 쓴 것처럼 잡학박사이다. 충분한 시간을 소비하여 식사를 즐긴다. 풍부한 잡학을 구사하고 온갖 것들을 화제로 하여 식사를 즐긴다. 가족 이야기, 레저 이야기, 꽃 이야기 등 차례차례 수많은 화제가 등장한다.

그러나 모든 것을 화제로 하면서도 역시 금지된 것은 있다.

유태인은 음담(淫談)은 거의 안하므로 특히 금지된 것이라고 할 만한 것이 못 되고, 전쟁과 종교와 사업에 관한 이야기는 절대로 해서는 안 된다는 암암리의 규칙이 있다.

온 세계를 전전하면서 쫓겨다닌 유태인으로서 전쟁 이야기는 식사의 분위기를 침울하게 한다.

종교 이야기도 이교도와 대립할 뿐이다.

사업에 관한 이야기도 의견 대립을 초래하여 불쾌하게 된다.

그래서 유태인은 식사의 즐거움을 망가뜨리는 화제에는 결코 근접하지 않는 것이다. 유태인들은 기생(妓生)을 앉히고, 먹고 마시면서 사업에 관한 이야기를 하는 우리를 도저히 이해할 수 없는 것이다.

＊'부는 노동의 집적(集積)'이란 말은 진실이다. 그러나 어떤 사람은 노동에만 종사하고, 어떤 사람은 그 집적만을 소유하게 됨이 보통이다. 현명한 사람은 이를 부당한 분배라고 보고 있다. —톨스토이—

돈이 있어야 훌륭하고 돈이 없으면 못난 사람

유태인은 돈이 가치관의 기준이 된다. 유태인이 말하는 훌륭한 사람이란 호화로운 만찬을 밤마다 즐길 수 있는 사람이다. 즉 매일 밤 호화로운 저녁 식사를 하는 사람이 존경을 받는 것이다. 유태인들에겐 청빈(淸貧)을 달게 받는 학자 같은 사람은 훌륭한 사람도 아니고 존경받을 만한 사람도 아니다. 학문이나 지식이 제아무리 뛰어났다 해도 가난하면 경멸하고 낮게 본다.

돈을 많이 가지고 있어서 돈을 마음대로 쓸 수 있는 사람이 훌륭한 사람이라는 유태인의 특유한 가치관은 유태인에게 돈에 대한 집념을 맹렬히 불러일으킨다.

현금을 갖고 죽고 싶다

돈에 대한 유태인의 집념을 보여준 이야기가 있다.

어떤 유명한 유태인 부자가 임종 때 집안 식구들을 불러놓고 말했다.

"내 재산을 모두 현금으로 바꿔서 그것으로 가장 비싼 모포(毛布)와 침대를 준비하라. 남은 현금은 머리맡에 쌓고, 내가 죽거든 관 속에 넣어라. 모두 저 세상으로 갖고 가겠다."

집안 식구들은 그 말대로 모포와 침대와 현금을 준비했다. 부자는 사치스런 침대에 누워서 부드러운 모포를 감고 머리맡에 쌓인 현금 뭉치를 만족스럽게 바라보면서 죽었다.

그리고 막대한 현금은 그의 유언대로 시체와 같이 관 속에 넣었다.

바로 그 때 그의 친구가 뛰어왔다. 친구는 집안 식구들로부터 전재산을 유언에 따라 현금으로 해서 관에 넣었다는 이야기를 듣고는 주머니에서 수표책을 꺼내 줄줄 금액을 쓰고 사인한 다음 관 속에 넣고 현금을 전부 꺼냈다. 그런 후 죽은 친구의 어깨를 툭 쳤다.

"현금과 같은 액수의 수표이니 자네도 만족할 걸세."

아버지는 타인의 시초

1967년 가을, 나는 시카고의 데빗 샤피로 씨를 찾아뵌 적이 있다. 샤피로 씨는 유태인인데 고급 구두 메이커의 사장이다.

샤피로 씨의 집은 3만 평방미터나 되는 넓이였고, 잔디를 깐 정원에는 풀장도 있었다. 그 대지의 끝 바로 옆에 그의 제화공장(製靴工場)이 세 채 나란히 서 있었다.

나는 그날 샤피로 씨로부터 그의 집에서의 만찬에 초대받아 갔었다. 샤피로 씨는 제화직공(製靴職工)을 지낸 것이 드러날 정도의 거친 손으로 악수를 청하면서 나를 맞이했다. 그는 제일 먼저 제화공장으로 안내를 했다.

두 번째의 제화 검사 공장에 갔을 때였다. 샤피로 씨는 반제품(半製品) 구두의 밑창을 검사하는 청년의 어깨를 두드리면서 말을 붙였다.

"이봐 죠!"

청년은 뒤돌아보고 씨익 웃었다.

"오! 디브."

나는 놀랐다. 청년이 사장인 샤피로 씨를 '디브'라는 애칭(愛稱)으로 그냥 불러댔기 때문이다. 놀라고 있는 내게 샤피로 씨는 청년을 소개해주었다.

"나의 장남 죠셉입니다."

나는 죠셉과 악수하면서 심정이 복잡했다. 자기 아들에게 이름을 마구 불리면서도 이 태연한 샤피로 씨의 마음속을 짐작할 수 없었던 것이다.

나의 의문은 한 시간도 못 되서 금방 풀렸다. 샤피로 씨가 유태식 자녀 교육법을 세 살밖에 안 된 2남인 토미를 상대로 보여주었기 때문이다.

토미는 그때 열한 살 된 장녀 캐시양과 커다란 벽난로가 있는 응접실에서 뛰어다니며 놀고 있었다. 샤피로 씨는 뛰놀고 있는 토미를 번쩍 안아올려 벽난로 위에 세우고 손을 내밀었다.

"토미, 자, 파파한테로 뛰어내려 봐."

토미는 파파가 같이 놀아주는 게 기뻐, 활짝 웃으며 샤피로 씨의 팔로 뛰어내렸다. 그런데 토미가 뛰어내리는 순간, 샤피로 씨는 얼른 팔을 거두어들이고 말았다. 토미는 방바닥에 떨어져 큰 소리로 울음을 터뜨렸다.

나는 망연해져 샤피로 씨를 바라보았다. 샤피로 씨는 싱글싱글 웃으며 토미를 쳐다보고만 있었다.

토미는 울면서 맞은편 소파에 앉아 있는 엄마에게 뛰어갔다. 그러나 엄마도 생글생글 웃으면서,

"오! 짓궂은 파파."

하고 토미를 놀리듯 쳐다만 보고 있을 뿐이다.

샤피로 씨는 눈을 부라리고 이 광경을 바라보고 있는 내 옆에 앉아 정색한 얼굴을 하고서,

"이것이 유태인의 교육 방법입니다. 토미는 벽난로 위에서

혼자 뛰어내릴 능력이 없습니다. 그런데도 내 말을 믿고 뛰어 내렸습니다. 그래서 나는 일부러 손을 거두어버린 것입니다. 이것을 두 번, 세 번 반복을 하는 동안에 토미는 부친까지도 믿어서는 안 된다는 것을 스스로 깨닫게 될 것입니다. 부친일지라도 무조건 믿어서는 안 된다. 어디까지나 믿을 수 있는 것은 자신뿐이다 라는 것을 지금부터 가르치는 것입니다."
라고 말했다.

나는 샤피로 씨의 장남이 부친을 예의없이 불렀던 이유를 알게 되었다. 장남인 죠셉은 샤피로의 집에서는 한 사람의 완성된 인간으로서 인정되었던 것이다. 성인으로 인정되면 그에게는 부친과 꼭 같은 인권(人權)이 주어지게 되는 것이다.

부친이 부자인데도 죠셉이 공장에서 일하는 것도 그가 한 성인으로서 인정되었기 때문이다.

돈에 관한 교육은 어릴 때부터

샤피로 씨는 뒤이어 자녀에게 주는 용돈에 관해서 이야기해 주었다.

"정원(庭園)의 풀베기를 도우면 10달러, 아침 우유를 나르면 1달러, 신문을 사오면 2달러라는 식으로 일의 분량에 따라 금액을 정해줍니다. 어느 아이가 하든, 이 금액에는 변함이 없습니다. 동일노동(同一勞動), 동일임금(同一賃金)이니까요."

샤피로 씨는 이렇게 말하고 웃었다. 이를테면 샤피로 집안의 용돈은 월정(月定)도 아니고 주불(週拂)도 아니며, 또 형이니까 동생보다 많이 정해져 있지도 않다. 완전한 능력급(能力給)이며 비례급(比例給)이다.

우리들의 가정이라면 아마도 장남이 월 3천 엔이면 그 다음은 2천 엔, 셋째는 천 엔 하는 식으로 나이에 따라 용돈의 금액도 차이가 있을 것이다.

서구(西歐)의 노동자나 비즈니스맨이 능력급, 능률급에 철저하기 때문에 일이 같으면 20세의 청년이건 40세의 장년이건 같은 임금을 받는 것이 당연하다고 생각한다. 이와는 다르게 우리의 노동자나 비즈니스맨은 나이의 차이에 따른 임금에 집착하여 능력급, 능률급으로 바꾸려 하지 않는 것은 어릴 때부터의 금전 교육, 노동 교육의 차이에서 오는 것이라고 할 수 있다.

그 후 여러 곳에서 유태인의 가정을 방문했는데, 유태 상술은 어느 가정에서나 유아 교육 단계에서부터 가르치고 있었다.

부인도 믿지 말라

유태인은 사업을 할 경우, 피는 물보다 진하다고 하여 유태인 외에는 신용하지 않는다.

"유태인은 계약서가 있든지 없든지 한번 입에 올린 일은 지키니까 신용할 수 있으나 이방인(異邦人)은 계약을 잘 안 지켜서 신용을 안한다."

이것이 유태인의 사고방식이다.

만일 계약을 안 지키는 유태인이 있다면 그는 유태 사회에서 매장되고 만다. 이 매장된다는 것은 유태 상인으로서 사형을 언도받은 것과 같고, 두 번 다시 상인으로 살아가는 것은 용납 되지 않는다. 그런 계율(戒律)이 있으므로 유태인은 약속한 것은 절대 지킨다. 유태인이 아닌 이방인과 거래할 때 극히 엄격한 조건을 내세우는 것은 이 때문이다.

사업이나 상거래에 있어서 같은 유태인이면 '피는 물보다 진하다'라고 해서 신용하는 유태 상인도, 일이 금전 문제가 되면 더욱더 철저하게 된다. 같은 유태인 사이에서도 물론이며, 자기 부인까지도 신용하지 않는다.

나의 친구인 시카고에 있는 유태인 N변호사는 얼굴을 정색하고 이렇게 말한 적이 있다.

"마누라를 가지면 기필코 내 재산을 노리게 되어 나를 죽이고 재산을 손에 넣으려는 계획을 세울지도 모릅니다. 나는 생명과 재산을 희생하면서까지 결혼하고 싶은 생각은 없습니다."

부를 낳는 로스차일드가(家)의 가헌

N씨의 월수입은 50만 달러다. N씨는 한 달만 일하면 두 달은 휴가를 갖는 유유한 생활을 즐기고 있다. 한 척에 6만 달러나 하는 요트를 여섯 척이나 갖고 있어서, 아름다운 여자들을 데리고 세계의 바다를 제멋대로 돌아다닌다.

그런 N씨는 근면한 일본인을 놀려먹는 일이 무척 재미있는지 가끔 생각난 듯이 카리브 해 근처인 휴가 장소로부터 밤낮을 가리지 않고 젊은 여자의 교성(嬌聲)이 섞인 전화를 걸어온다.

"헬로! 미스터 후지다, 땀깨나 흘리면서 일하고 있군 그래. 나는 지금 카리브 해에 있다네, 미녀의 무릎을 베개로 삼고 소

금 바람에 기분 좋게 알몸을 내놓고 있지. 정말 멋진데……,
헤헤헤……."

이렇게 놀 때는 돈을 물처럼 낭비하는 N씨도 일할 때에는 딴
사람처럼 1달러, 1센트도 아까워한다. N씨가 상업상 일본에 왔
을 때, 나는 그의 상담하는 방식을 보고 좀더 거창하게 하는 것
이 좋을 텐데……, 하고 얼마나 가슴을 조였는지 모른다. 그렇
게 해 가슴에 넣은 돈을 남의 돈을 쓰는 것처럼 마구 써버린다.

그런 N씨를 보고 있노라면 '인간은 즐기기 위해 일하는 것
이다. 쾌락이야말로 지상(至上)의 삶의 보람이다.'라고 공언하
는 유태 상인의 늠름함을 새삼 느낀다.

그리고 미녀에 휩싸여 있으면서도 결코 결혼하려고 하지 않
는, 마누라까지도 믿을 수 없다는 유태인의 엄청난 금전제일주
의(金錢第一主義)를 느끼는 것이다.

N씨는 세계적인 유태 부자인 로스차일드가(家)의 친척이다.
그런 만큼 설령, 며느리나 사위일지라도 남에게 안심해서는 안
된다는 로스차일드가(家)의 가헌(家憲)을 충실히 지켜, 지금껏
독신으로 지내고 있는지도 모른다.

여자도 틀림없는 상품이다

N씨의 시카고 자택 바로 이웃이 〈플레이보이〉 잡지의 사장
휴 헤프너 씨의 집, 소문난 플레이보이 관(舘)이다. 미국에서
최고 인기있는 사진 잡지의 사장 겸 편집부장인 휴 헤프너 씨
도 역시 유태인이다.

그는 원래 신문 기자였다. 기자시절에 그는 자기 급료가 너

무 싸다고 판단하여 편집장에게 주급(週給)을 10달러 인상해줄 것을 요구했다.

"뭐라고? 너 같은 놈에게 그런 돈을 줄 수 없어."

편집장은 무시했다. 헤프너 씨는 그 자리에서 사표를 내던지고 신문사를 나왔다. 그에게 남은 것은 신문 기자시절에 얻은 취재와 편집의 전문 지식뿐이었다. 헤프너 씨는 돈을 긁어모아 글래머 처녀의 칼라 누드를 집어넣은 〈플레이보이〉 잡지를 발행했다. 이것이 미국인의 기길(氣質)에 적중했다. 목이 잘린 신문 기자는 순식간에 인기 잡지의 명편집장이며 대사장이 되었다.

〈플레이보이〉가 성공하자 헤프너 씨는 시카고에서 플레이보이 클럽을 열고 토끼의 귀와 꼬리를 붙인 바니 걸로 손님을 끌었다. 플레이보이 클럽도 신선하고 성적(性的) 매력이 넘치는 바니 걸로 인해서 역시 대성공, 세계 각지에 플레이보이 클럽의 지점이 속속 생겨났다.

현재 헤프너 씨는 플레이보이 관(舘)에서 20명의 처녀들에게 둘러쌓여 재미있게 살고 있다고 한다.

그 또한 독신이다.

생명과 재산을 걸고 마누라를 얻는 것보다 미녀를 적당히 바꾸고 있는 것이 더욱 좋은가 보다.

헤프너 씨의 경우는 여자를 상품으로 팔아서 성공하고 있다. 잡지도, 클럽도 모두 독신이었으므로 할 수 있었는지도 모른다.

*애정이 부족한 것과 금전이 부족한 것은 모든 고통의 근원이다.
　─디즈레일리─

짐작만으로 상대를 믿지 말라

나는 세계 각처의 유태 상인을 상대로 하고 있기 때문에 그들의 소개로 일본에 오는 가지각색의 유태인과 교제를 가졌다. 유태 상인의 소개로 찾아왔다고 해서 꼭 그가 유태 상인은 아니다. 오히려 상인이 아닌 유태인의 경우가 더 많다고 할 수 있다.

그러나 상인이 아니더라도 유태인은 모두 유태 상술의 기초는 터득하고 있다. 나는 상인이 아닌 유태인과 교제할 때마다 그런 사실을 절실히 느끼는 일이 많았다.

어느땐가 유태인 화가(畵家)가 나와 친한 유태 상인의 소개로 찾아온 적이 있었다. 나는 그 화가를 긴자(銀座)의 카바레에 데리고 갔다.

그 유태인 화가는 스케치북을 꺼내더니 떠들며 둘러앉아 있는 호스테스 중에서 한 사람을 데생하기 시작했다. 드디어 완성시켜 보여준 그림은 정말 잘 그렸다.

"정말 잘 그렸소."

내가 칭찬하니 화가는 나와 마주 앉은 자세로 다시 스케치북에 연필을 놀리기 시작했다. 가끔 내쪽으로 왼손을 내밀어 엄지손가락을 세워보곤 했다. 내 자리에서는 그가 그리고 있는 그림이 잘 안 보였지만 아마 나를 그리고 있는 모양이라고 생각했다.

그렇다면 그가 그리기 쉽게 해야지. 나는 약간 옆얼굴을 보이는 자세를 취하고 10분쯤 가만히 있었다.

"자, 됐소."

그가 연필을 놓자, 나는 한숨을 몰아 쉬었다.

그런데 그가 보여준 그림을 보고 나는 깜짝 놀랐다. 그의 스케치북에는 그 자신의 왼손 엄지손가락이 그려져 있었던 것이다.

"일부러 포즈까지 취해주었는데 나쁜 놈이군."

나는 투덜댔다. 화가는 그러한 나를 보고 유쾌하게 웃었다.

"미스터 후지다, 당신은 시카고에서까지 소문난 긴자의 유태인이오. 그래서 잠시 시험해본 것 뿐이오. 그런데 당신은 내가 어떤 그림을 그리는지 확인도 해보지 않고 자신이 그려지고 있다고 짐작해서 포즈까지 취해주었소. 그 선의(善意)는 아무튼 그래서는 아직도 안 되겠어요. 긴자의 유태인이라고 할 수 없는데."

나는 화가가 호스테스를 그려 보였기에 반드시 다음엔 나라고 지레짐작했던 것이다.

그러고 보면, 한 번 상거래가 잘되었던 상대일지라도 유태인은 다음 상거래 때에는 새로 거래를 시작하는 상대 이상으로는 절대 신용하려 들지 않았다. 거래의 상대는 그때마다 모두 처음인 것이다. 두 번째니까 첫 번째 때처럼 잘될 것이라고 짐작하여 상대를 신용했다면 아직도 유태 상술에 합격했다고 말할 수 없다.

순간 나는 내 눈앞에 앉아 있는 사람이 화가가 아니고 유태 상인이 아닌가 하고 착각할 정도였다.

이해가 될 때까지 질문할 것

우리는 외국 여행을 가면 안내인의 안내를 받아 명승고적(名勝古蹟)을 돌아본 것으로 만족하고 돌아온다. 이것은 다분히 학생 때의 수학여행 습관이 남아 있어서일 것이다. 즉 유치한 여행을 하고서도 좋아한다.

우리는 서구(西歐)를 돌아다녀봐도 영국인, 프랑스인, 미국인, 유태인 등을 한 번 봐서는 구별하지 못한다. 얼굴도 구별 못하면서 그 나라 국민의 생활을 이해한다는 것은 무척 힘들다. 그래서 슬슬 돌아보고 오게 되기 마련이다.

생선 가게에서는 생선 한 마리마다 생김새가 틀리다고 한다. 이 도미는 잘생겼다든가, 이것은 못난 놈이라든가 하는 것을 제대로 구별할 수 있다는 것이다. 나는 유태인과 20여 년에 걸친 교제로 유태인은 한눈에 알아볼 수 있게 되었다. 유태인은 독특한 날카로운 매부리코가 있다. 그 코로 구별할 수 있다.

우리가 백색 인종들을 제대로 구별하기가 힘들듯이 백색 인종도 한국인, 일본인, 중국인을 구별하기가 힘들다. 그런데 대부분의 백인종들은 우리들처럼 그것을 애써 식별하려고 하지 않는다. 그러나 유태인들은 다르다. 그들은 명승고적에 관해서는 그렇게 관심을 안 보이지만 다른 인종, 다른 민족의 생활이나 심리, 역사에 관해서는 전문가 이상의 호기심을 나타내어 그 민족의 바닥까지 알아내려고 든다.

철저한 이해 이후에 거래

이러한 호기심은 유태인의 긴 방랑과 박해의 역사로부터 온 다른 민족에의 경계심이며, 자기방위본능(自己防衛本能)에 의한 슬픈 습성인지도 모르지만, 이 유태인의 호기심이 유태 상술의 커다란 핵심이 되어 있다는 사실을 부정할 수 없다.

일본에 온 유태인이 나의 사무실로 찾아오면 반드시라고 할

만큼,

"후지다 씨, 자동차를 빌려주시오."

라고 한다.

"명승(名勝) 구경이라면 안내하지요."

"안내는 필요없습니다. 충분한 예비 지식을 가지고 왔으니까요."

차를 빌려주면 지도와 가이드 북만을 가지고 출발한다. 며칠 후 돌아오면 그때부터가 큰일이다. 차를 빌려준 데 대한 답례라고 나를 식사에 초대하고선, 내가 제대로 식사를 할 수 없을 정도로 질문 공세를 퍼붓는다.

"일본 남자들은 밖에서는 기모노(일본 옷)을 입지 않으면서 왜 가정에서는 기모노를 입죠?"

"왜 다비(일본 버선)의 색깔은 희죠? 흰색은 곧 지저분해지잖아요."

"왜 젓가락을 사용하죠? 스푼이 먹기 편리하잖아요. 젓가락은 일본인의 선조가 빈곤한 생활을 하던 시대의 유물이 아닌가요?"

질문, 질문, 질문—유태인은 자기가 이해할 수 있을 때까지 질문의 화살을 멈추지 않는다. 질문은 그때의 수치(羞恥)란 말은 해당하지 않는다. 이쪽이 무호한 지식밖에 없으면 큰 망신을 당하게 된다. 그들은 결코 웬만큼으론 만족을 못한다. 그러한 유태인의 성격은 거래에 있어서도 확실히 드러난다.

이해한 후에 드디어 거래를 하는 것이 유태 상술의 철칙이다.

---

*돈은 제6감(感) 같은 것이다. 그것이 없으면 다른 5감을 완전히 가동시킬 수가 없다. —S. 몸—

적을 알라

유태인은 우리의 비합리성을 발견하여 따지고 드는 일이 많다. 그들은 우리의 풍속, 전설, 취미를 잘 이해하지 못하기 때문에 터무니없는 질문을 늘어놓아 나를 골탕먹인다. 그러한 그들의 질문은 따지고 보면 인간은 합리적이고 쾌적한 생활을 해야 한다는 그들의 인생 철학으로부터 나온다.

그들은 세밀히 메모라도 해두듯이 여행한 나라 민족의 풍속과 습성을 8밀리 필름이나 슬라이드에 기록하여 보관한다. 그리하여 귀국하면 가족의 단란한 시간에 이러한 8밀리 필름을 영사(映寫)하여 즐기면서, 이국의 풍습을 가족에게 소개한다. 일본에 한 번도 와본 적이 없는 유태 상인의 아들이 일본에 대해서 무척 잘 알아서 오히려 이쪽이 당황하게 되는 일이 가끔 있는데, 그것은 몇 번이고 일본에 관한 필름을 봤기 때문이다.

"적을 알고 자기를 알면 백 번 싸워도 위험하지 않다."

유태인은 손자병법까지 먼저 알고 있는 것이다.

휴식의 계율을 지켜라

돈을 아끼지 않고 마음껏 먹으면 건강하게 된다. 이 건강이 유태 상인의 최고 밑천이다. 2천 년 동안이나 박해를 당하면서도 유태인의 피가 절대 끊어지지 않은 것은 유태 민족이 얼마나 건강을 중요시해왔는가의 한 표현이라고 볼 수 있다.

유태인은 금요일 밤부터 토요일 저녁까지 금주, 금연, 금욕으로 모든 욕망을 끊고 휴식을 취하면서 신에게 기도를 계속

한다. 이날 뉴욕의 자동차 교통량이 반으로 줄어들 정도로 유태인은 엄격하게 휴식의 계율을 지키고 있다.

24시간 충분히 휴식하고, 토요일 밤부터가 유태인의 위크엔드이다. 충분히 취했으니 이번에는 유유히 주말을 즐긴다.

일만 하면 끝내는 건강을 해쳐, 인생의 목적인 쾌락을 즐기지 못하게 된다는 것을 유태인은 오랜 역사를 통해 알고 있다.

일했으면 반드시 휴식해야 한다.

돈벌이는 사상도 초월한다

유태인은 전세계에 흩어져 있는 유태인끼리 언제나 긴밀한 연락을 취하고 있다. 일이 유태인과 관계되면 미국계 유태인도, 소련계 유태인도 동포이다. 런던도, 워싱턴도, 모스크바도 서로 연락되고 있다.

미국의 허리 윌스톤이라는 다이아몬드 연마상(研磨商)도 전세계의 유태인과 짜고 장사하고 있다.

스위스의 유태인은 중립국의 강점을 최대한으로 활용하여 소련의 유태인과도 결탁하고 있다. 스위스의 유태인을 활용하면 소련인과 미국인은 자유롭게 무역할 수 있다.

유태인의 세계에는 자본주의도 공산주의도 없다.

"예수도, 마르크스도 사람을 죽이라고 말하지는 않았어요. 어떻게 하면 인간이 행복하게 되는가 하는 생각의 차이가 있을 뿐이었어. 두 사람 다 유태인이니까 죽여라 하는 그런 나쁜 말은 하지 않아요."

이렇게 말한다. 그러므로 소련의 유태인과 미국의 유태인이

스위스의 유태인을 통하여 장사하는 것은 당연한 상식이다.

"소련 사람들과 거래해서 뭐가 나쁘다는 거지?"

유태인은 고개를 갸웃한다. 전세계를 상대로 장사하고 있는 유태인에게 있어서는 상대의 국적 같은 건 문제가 안 된다. 유태인이 유태인 이외의 사람과 거래할 때 일일이 독일인이라든가, 프랑스인이라든가 상대를 구별하여 부르지 않고 이방인(異邦人)으로 묶어버리는 것도 유태인이 국적 같은 건 전혀 염두에 두지 않기 때문이다.

돈벌이가 되는 상대라면 국적 같은 것을 따질 필요가 전혀 없다는 것이다.

수명 계산

상대의 국적 같은 것은 묻지 않다니, 아무튼 지독한 짓을 하는 사람이 유태 상인이라는 이미지가 따르게 된다.

유태 상술에 있어서 합법적이며 사람을 울리거나 못살게 구는 것이 목적이 아닌 이상, 돈을 지독하게 번다는 것은 절대 비난받을 행위가 아니며, 오히려 정당한 상행위인 것이다.

매점(買占)으로 값을 올려 돈을 버는 것도 훌륭한 상술이다. 값을 깎아서 터무니없이 내리는 것도 나쁜 짓은 아니며, 깎아 내려지는 장사를 하는 쪽이 비난을 당해야 마땅하다.

법률에 저촉되지 않고, 유태인의 교리에 따르고 있는 한, 돈을 벌기 위해서는 어떤 방법을 쓰더라도 그것은 할 수 없는 일인 것이다.

그만큼 돈벌이에 대해서는 엄격한 유태인이므로 당연히 자기의 수명은 계산하고 있다. 자기뿐만이 아니라 상대의 수명도 계산하고 있다.

"당신은 50세입니까? 그렇다면, 당신은 앞으로 10년이군 요."

보통으로 이런 말을 한다.

만약 우리가 그런 말을 들었다면 안색이 변해 재수없다고 몹시 화내겠지만, 유태인끼리는 그런 말을 보통으로 한다.

내가 시카고에서 만난 유태인 대부호(大富豪) 노인은 저택을 갖지 않고 아파트를 전세내어 살고 있었다.

"당신만큼 부자면, 이런 아파트 같은 데서 살지 않아도 얼마든지 집을 살 수 있을 텐데요."

나는 약간 어이없어했다.

"집 같은 건 있어도 소용이 없어. 어차피 앞으로 몇 년 안에 죽어버릴 테니까."

노인은 보통으로 이렇게 대답했다. 냉정히 자기의 수명을 계산하고 있는 것이다.

유태인이 나는 앞으로 5년이다 라고 말할 때는 5년 후에 사업에서 은퇴한다는 의미가 아니고, 5년 후에는 죽을 것이라는 의미이다.

시간을 만들어라

내가 일본 맥도날드사(社)의 사장이 되어 햄버거에 손을 댄 직후, 내게 유태인이 찾아왔다. 나는 점포 4개를 개점하고 이어 다음 점포 준비에 한창 바쁜 때였다.

"미스터 후지다, 지금 한가하지요."

유태인은 한가한 소리를 했다.

"농담 마십시오. 한가한 시간 같은 거 없습니다."

나는 약간 화가 치밀었다.

"아니, 미스터 후지다, 당신은 틀림없이 시간이 있어요."

"시간이 없단 말입니다."

"허허, 시간이 없다면서 어떻게 햄버거 가게를 4개나 개점하고도, 다음 가게를 낼 준비를 할 수 있다는 말이오. 당신이 그만큼 할 수 있다는 것은 결국 한가한 시간이 있기 때문이라고 생각하는데."

나는 아무 말도 못했다. 그러고 보니 유태인이 말한 그대로다.

유태인은 내게 싱긋 윙크를 했다.

"미스터 후지다, 한가한 시간이 없는 사람은 돈을 벌지 못합니다. 상인은 돈을 벌 생각이 들면, 먼저 한가한 시간을 만들어야만 됩니다."

전적으로 그렇다.

나의 유태인 어록(語錄)

인사치레 상술은 무시하라

나는 일정하게 액세서리 수입도 멈추지 않고, 백화점에 최고 급 핸드백도 도급(都給)하고 있다. 백화점과 그런 거래가 있으면 자연히 백화점에 나가보는 기회가 많다. 나는 백화점에 가면 매장으로 바로 가서 장사 의논을 마치고 곧장 돌아와버린다.

그런데 일본이라는 나라는 참으로 묘한 나라여서, 내가 매장에서 현장 사람들과 장사 이야기만 끝내고 그냥 빨리 돌아가는 것은 안 된다는 것이다.

"보세요, 후지다 씨. 오늘은 후지다 씨가 오신다고 해서, 저희 부장(部長)이 방에서 기다리고 계십니다. 잠깐 얼굴을 내밀어주지 않으시겠습니까?"

매장의 젊은이는 나를 보면 언제나 이렇게 말한다.

"하지만 이미 장사 이야기는 자네와 마쳤으니, 특별한 용건이 있으면 부장이 여기까지 오면 될 것 아닌가."

"아니, 특별히 용무가 있는 것은 아니고, 다음 번에 들여올 물품도 있고, 이를테면 인사라도 하는 것이……"

"그러면 또 다른 장사 이야기라도 있다는 건가?"

"아니, 그런 것은 아닙니다만, 후지다 씨가 매점까지 오셨으면서 부장에게는 얼굴도 내밀지 않았다면 부장의 기분이 나쁠 것 같아서……, 말하자면 인사나 하는 거지요."

이런 말들이 오간다.

나는 이것이 언짢다. 도대체 인사치레는 왜 필요한가. 부질없는 시간 낭비 이외의 아무것도 아니다. 그따위 것은 무시해버려야 한다.

만약 내가 매장 젊은이의 청을 받아들여 부장을 만나, 다음번에는 이런 핸드백을 들여놓겠으니 잘 부탁한다고 말한다면 부장은,

"잘 알았습니다."

라고는 절대로 말하지 않고 이렇게 말한다.

"그런가. 그러면 담당인 누구를 부를 테니 이야기해보게나."

아무것도 아니다. 이쪽은 부장 앞에서 되풀이해서 매장의 젊은이와 얼굴을 대해야 하고, 같은 이야기를 다시 되풀이하지 않으면 안 된다. 매장에서 한 번, 부장에게 한 번, 부장 앞에서 매장 담당자와 또 한 번 같은 이야기를 세 번이나 해야 한다. 마치 경찰에 잡힌 강도범처럼 같은 말을 반복해야만 된다.

이런 부질없는 짓을 하고 있는 것에 돈벌이에 너무 서툰 일본 상술의 독특한 낭비가 있다.

높은 양반들이야말로 일하라

내게 말을 시킨다면 백화점을 예로 드는 경우, 매장(賣場)의 젊은 이쪽은 바빠야 하고, 부장은 자기 방에 편안히 앉아 골프 잡지 같은 것을 읽으면서 콧구멍이나 후빈다는 것이 도대체 마땅치가 않다.

급료가 많은 쪽은 부장이 아닌가. 경험이 풍부한 쪽도 부장이다. 판단력이 나은 쪽도 부장이다. 그런 사람이 놀고 있다는 것은 기업의 커다란 손실이다.

유태인의 페이스에 말려들지 말라

유태인은 오래된 역사를 반드시 자랑한다. '유태 상술이 생겼을 무렵의 일본은 개국신화(開國神話) 시대가 아니었는가.'라고 말하고 싶은 눈치다.

하지만 나는 유태인에게 자랑만 늘어놓게 하지는 않는다.

"일본인은 2천 년 동안 살아온 국토(國土)를 가지고 있거든."

조금도 굽히지 않고 이렇게 말해준다.

"그것은 부럽게 생각한다."

유태인은 슬픈 얼굴을 한다. 나는 유태의 오래된 역사에는 경의를 표해도 유태인의 페이스에는 넘어가지 않도록 하고 있다.

*이 세상에서 가장 행복한 사람은 작은 재산을 가지고 족해 하는 사람이다. 위대한 사람과 야심이 많은 사람은 이런 점에서 가장 비참한 사람이다. 그들은 행복해지기 위해서 한없는 재산을 끌어모을 필요가 있기 때문이다. ―라 로슈푸코―

무기력의 원천인 회의주의

유태인과 만나 그들로부터 처음으로 지적된 나의 결점이 회의주의(懷疑主義)였다.

"우리들은 당신에게 유태의 공리(公理)를 가르치고 있소. 천년 이상 통용되고 있는 증명불요(證明不要)의 공리를 가르치고 있는 것이오. 솔직하게 받아들이는 것이 좋소. 남을 불신하려는 태도는 좋지만 남의 말은 죄다 의심하려 든다는 것은 행동의 에네르기를 억제하는 것 이외의 아무것도 아니오. 회의주의자는 결국 무기력에 빠져버리게 되오. 그래서 돈벌이는 도저히 할 수 없소."

유태인은 자주 이렇게 말했다.

일본인은 계약한 다음에도 상대를 의심하려 들지만 유태인은 계약한 상대는 전격적으로 믿는다. 그런 만큼 유태인은 계약이 해체되고 믿음을 배신당했을 때는 절대 우물우물 마무리하지 않는다. 철저하게 손해 배상을 청구해온다.

나도 회의주의적인 성격을 좀처럼 고칠 수 없어 그 때문에 꽤 손해를 보기도 했다.

이탈리아에 구두를 구입하러 가서 제품을 회의스럽게 보며, 이것저것 주문을 하다가 회교 상인으로부터 야단을 맞은 일도 있다.

"일본인은 구두를 신기 시작한 지 백 년도 채 못 되지 않나. 우리들은 2천 년이나 구두를 신었단 말야. 이러쿵저러쿵 잔소리는 그만하라구."

나는 아무 소리 못했다.

유태인은 계약 위반 때는 변명 무용(辯明無用)이라면서 위약

금을 받아먹는다.

우리들도 아무 소리 없이 돈만 벌면 된다. 침묵은 황금임을 기억하며 말이다.

공부하지 않는 자는 급료를 반환해라

영화(映畵)의 질이 낮아지고 있다지만, 나는 매달마다 한 번씩 전사원에게 강제적으로 영화를 보게 한다. 물론 회사에서 돈은 낸다. 다만 시시한 영화는 보여주지 않는다. 세계 유행의 첨단을 걷는 영화만 보인다. 그리고 오늘날 세계 사람들의 심리 상태는 어떤가, 왜 이런 영화가 만들어지는가 하는 것을 생각하도록 한다.

즉 영화 감상도 중요한 공부인 것이다. 아울러 웬만한 특별한 이유가 없는 한 영화 감상회에 불참하는 것은 금지하고 있다. 그래도 참석하지 않는 사원으로부터는 입장료는 손해봤으니 돈을 물어내라고 입장료 상당액을 받아내도록 하고 있다.

사장(社長)으로 있으면서, 공부하지 않는 사원으로부터는 가차없이 급료의 반환을 청해야 할 것이다.

최대한으로 활용해야 할 여자

내 회사 종업원의 절반은 여자 사원이다.

여자 사원이라고 해서 차(茶) 심부름만 시키지는 않는다. 남자 사원과 똑같이 상품 매입을 위한 해외 출장도 보낸다. 고참

은 물론 입사한 지 얼마 안 되는 여자 사원도 해외 출장을 보내
는 경우도 있다.

여자는 대부분 외국에 약하니까 해외 출장(海外出張)이라면
무조건 좋아하면서 훌쩍 날아간다. 저쪽의 유태인도 일본 여성
이라면 좋아하며 친절히 대해준다.

"그놈들이 우쭐하거든 마음껏 값을 깎아서 사와."

나는 이렇게 말하면서 배웅한다. 값을 깎을 대로 깎아서 사
오면 그만큼 돈을 버는 것이다.

여자 바이어(buyer)는 남자보다 훨씬 좋은 점이 많다.

우선 술을 마시지 않는다. 그 중에는 예외도 있지만 술을 좋
아하는 여자는 절대라고 할 수 있을 만큼 없으니, 술을 마셔서
실패했다는 일은 없다.

다음, 남자를 사지 않는다. 남자라는 것은 해외에 나가면 상
품 구입보다도 먼저 여자를 사고 싶어하기 때문에 아무래도 일
에 소홀해지기 마련이다. 여자는 해외에 나갔다 해서 남자에게
눈이 뒤집히는 일은 우선 없다.

셋째, 여자는 일에 충실하다. 해외 여행을 하게 해준 보스에
게는 더욱 충실하여 배신 같은 건 절대 않는다.

유태 상술에 있어서 여자는 최대의 고객이지만 동시에 최대
의 파트너이기도 하다. 최대한으로 활용해야 한다.

돈과 여자는 동일물

돈벌이가 서툰 사람은 일평생 돈과 인연이 없지만, 돈벌이를
잘하는 사람에게는, 인기있는 남자에게 여자가 옆걸음질로 달

려드는 것처럼, 돈이 옆걸음질을 하면서 들어온다.

일본인은 외국에 가면 돈을 주고 외국 여자를 사고 싶어 한다.

"백 달러 내면 좋은 여자가 오는가? 만약 백 달러로 별로 좋은 여자가 아니라면 2백 달러를 내도 좋아."

이런 말을 한다. 나는 정말 한심한 녀석이라고 생각한다. 돈을 주고 사는 여자치고 좋은 여자가 있을 까닭이 없다. 일본의 경우를 생각해보면 안다. 돈으로 사는 여자는 아무리 많은 돈을 주어도 신통한 게 없다. 그런데도 외국에 가면 돈만 많이 주면 좋은 여자가 올 것이라고 생각하는 것이 한심하다. 좋은 여자는 일본에서도, 외국에서도 공짜로 손에 넣을 수 있다.

공짜인 여자를 노리는 게 낫다. 다만 공짜 여자를 노리는데, 손짓으로는 아무리 해도 성공의 가능성이 없다. 여자를 꼬이는 데도, 어학(語學)에 뛰어나지 않으면 안 된다. 원숭이 말밖에 못 지껄인다면 원숭이가 양복을 걸친 것과 같다. 최소한 3개 국어를 못한다면 일본인이라고 할 수 없다. 그런 시대가 와야만 외국의 좋은 여자를 마음대로 손에 넣을 수 있다.

돈과 여자는 똑같다. 여자를 손에 넣는 요령으로 돈을 이쪽에서 뒤쫓지 말고 돈을 불러들인다. 그 요령을 몸에 익히면 이젠 다 된 것이다. 그렇게 되면 반드시 돈을 벌 수 있다.

정치가를 이용하라

로스차일드가(家)의 시조인 유태인 메이어 암셀 로스차일드는 유럽의 동란 때에 유럽에서 손꼽히는 금융자본가(金融資本

家)의 지위를 굳혔다.

그는 나폴레옹 전쟁 시대에 프랑스군의 최고 사령관을 매수하는가 하면 영국의 웰링턴 장군에게도 군자금을 대주었다. 물론 고리(高利)를 붙였다.

그 뒤로 로스차일드가는 나폴레옹, 메테르니히, 비스마르크 등 유럽의 영웅들을 이용하거나 때로는 그들에게 이용당하면서 번영에의 길을 걸어왔다.

돈벌이에 정치가나 이데올로기는 아무런 상관이 없다. 극단적으로 말하자면 이용할 수 있으면 이용만 하면 된다. 이용해서 흑자(黑字)가 있다면 애써 이용할 일이다.

정석을 알고 유태인을 상대하라

유태 상술에는 유태 상술 특유의 정석(定石)이 있다. '규약은 반드시 지켜라'는 것도 그 하나이고 '여자와 입을 노려라' 하는 것도 그 하나이다. 유태 상술을 자신의 것으로 하기 위해서는 이 책에 적은 정석을 충분히 소화하는 것이 중요하다.

유태 상술의 정석은 전세계에 통용되는 단 하나의 상술이다. 정석을 모르고 무역의 세계에 뛰어드는 것은 수영도 할 줄 모르면서 물 속으로 뛰어드는 것과 같다.

정석을 죄다 알고 난 후에 드디어 유태인을 상대로 대등하게 맞설 수 있다.

경쟁이 없는 곳에 번영은 없다. 유태인과 크게 경쟁하며 나가야만 되는 것이다.

＊지갑이 비고 난 뒤의 경제는 이미 늦다. —세네카—

유태인의 은어

유태인이 좋아하는 양심적인 상인

유태인에게는 유태인들끼리만 통하는 말이 있다.

유태인을 영어로 쥬우(Jew)라고 하는 데서 유태인과 거래하는 일본 상인은 유태 상인을 가리켜 이치규우라고들 한다.

이찌(1)과 규우(9)를 합쳐 쥬우(10)가 되는 데서 나온 은어(隱語)이다.

유태인들이 일본어를 모를거라 생각하고 그들 앞에서 예사로 이치규우라고들 한다.

그러나 유태인들은 어학(語學)의 천재이다. 적어도 3개 국어는 알고 있는 것이 유태인 자만(自慢)의 하나이니 이치규우가 무엇인가는 이미 알고 있다.

이치규우라고 하면 '유태인을 차별하는 구나.'하고 곧 마음을 읽어버린다.

유태 상인이 일본의 은어를 알고 있다면 일본인도 유태 상인의 은어를 알아야 승부를 거둘 수 있다.

'카이쿠우'…… 악질 유태인.

'씨니이'…… 카이쿠우보다 몇 배 악질인 유태인. 돈을 위해서는 수단을 가리지 않는다. '이봐, 그러면 당신 씨니이가 아닌가.'하면 상대는 눈을 부릅뜬다.

'간사마아하아'…… 씨니이, 카이쿠우와는 정반대의 뜻. 극히 양심적인 상인이라고나 할까. '당신은 간사마아하아이군.'하면 유태인은 참으로 좋아한다.

＊가난은 부르기만 하면 언제든지 온다. ―골드스미스―

일본의 유태 부호(富豪)

짐작 못할 스케일

1670년 일본의 고소득자 랭킹에서 고베(神戸)에 사는 유태인 데빗 가브리엘 사수운 씨가 11위를 차지했다.

사수운 씨의 소득은 연간 7억 4,976만 엔. 주차장(駐車場) 경영과 무역으로 올린 것이다.

주차장은 지상권(地上權)이 까다로운 일본에 있어서는 가장 적당한 장사로서, 시내의 요자(要地)를 대지 그대로 보존하는 최상의 방법이다. 거기다 날마다 돈이 들어온다. 유태인이 노릴 만한 좋은 장사이다.

이 사수운 씨는 사수운 일족의 우두머리격인 라모 사수운과는 종형제간인데, 일본의 유태인 가운데 극히 작은 존재에 불과하다.

일본에 있는 유태인 가운데 넘버원은 도쿄에 3천 평방미터의 호화 저택을 가진 사울 아이젠버그 씨라는 설도 있다. 그의 자산은 1억 달러라고도 하는데, 진위(眞僞)는 알 수 없다.

이 밖에도 사수운 씨보다 훨씬 부자인 제이크 박스의 코엔 씨와 같은 사람이 열 사람 정도 있다고 한다.

유태 상술과 햄버거

천하의 공도(公道)를 활용하여

1971년 7월 20일, 나는 미국 최대의 햄버거 연쇄점인 맥도날드사와 50대 50으로 자금을 내어 긴자(銀座)에 미쓰고시 백화점(三越百貨店) 1층에 '일본 맥도날드사' 햄버거 매점을 개장했다.

처음 백화점측의 계산상에는 햄버거의 하루 매상이 15만 엔이었고, 잘 팔리면 20만 엔 정도라고 예상했다.

나는 하루 4천 개로 예상했다. 1개 70엔이니까 4천 개는 32만 엔, 끝수를 떼어버리고 하루 30만 엔 정도 팔릴 것이라고 예상했다.

그런데 막상 뚜껑을 열고 나서 나는 깜짝 놀랐다. 하루 30만 엔이 아니라 100만 엔의 매상을 올린 것이다. 실제의 매상은 나의 예상을 훨씬 넘어선 것이다.

그것도 첫날뿐이 아니라 매일이었다.

넘치는 매상으로 능력의 한계를 나타낸 기계들

그 매상액의 굉장함을 자세히 적으면 이렇다.

햄버거 손님은 하루에 만 명 이상. 햄버거와 같이 팔리는 콜라가 하루 6천 병. 그때까지는 도쿄에서 코카콜라가 제일 많이 나가는 곳이 도요시마엥 유원지(豊島園遊園地)였는데 그것을 훨씬 초과해버린 것이다.

그로 인해 코오네리어스 400이라는 신형기계(新型機械)가 연기를 뿜으며 부서져버렸다. 출납계(出納係)에서는 스웨덴제(製)인 스웨이더라는 세계 제일 현금 계산기가 못 쓰게 되고 말았다.

미국에서 들여온 제빙기(製氷機)가 얼음을 얼릴 수 없게 되어 이것 역시 망가져버렸다. 쉐이크 머신도 망가졌다.

모든 기계가 몽땅 고장이 나버린 것이다. 몽둥이로 때린 것도 아니고 일부러 난폭하게 다룬 것도 아니다. 너무 많이 팔려서 기계가 능력의 한계를 넘어섰던 것이다.

연간 3억의 매상

스웨이더라는 현금 계산기는 고장이 안 나는 기계로 정평이 났다고 해서 들여놓았는데 개점되자마자 이 모양이 된 것이다. 수리하러 달려온 서비스 맨은 판매장을 보고 입이 커다랗게 벌어졌다.

"일본에서 제일 심하게 사용하는 곳이 슈퍼마켓인데 그곳에

서는 5초에 1회 쓰는데도 아무렇지 않았습니다. 그런데 여기서
는 2.5초에 1회 '덜컥덜컥 땡'하고 있습니다. 이렇게 사용하게
되면 고장이 나는 것이 당연합니다."

제빙기는 줄을 지어 몰려드는 손님 때문에 제빙실을 닫을 겨
를이 없어, 결국 못 쓰게 되어버렸다.

"이봐, 난 이렇게 뜨거운 코카콜라는 처음 마셔보는데……."
이런 놀림을 친구로부터 받은 것도 이 때였다.

대부분 50평방미터 정도의 레스토랑이면 1년 매상이 1,000만
엔에서 1,500만 엔 정도이다.

나는 이대로 간다면 연간 3억은 쉽게 올릴 수 있다고 계산하
고 있었다. 이것만으로도 얼마나 잘 팔렸는가를 알 수 있을 것
이다.

걷는 자의 천국 햄버거 레스토랑

이 정도 손님이 들끓으면 자리에 앉아서 먹을 수가 없다. 겨
우 50평방미터의 가게에 줄을 지어 살 사람이 넘친다. 다행히
미쓰고시 백화점 앞은 천하의 공도(公道)이다. 햄버거를 한 손
에 들고 미쓰고시로부터 밀려난 사람들은 이 공도에서 햄버거
를 먹는다. 특히 일요일 같은 날은 보행자 천국이 되어 긴자 미
쓰고시 백화점 앞 국도(國道) 1호선은 차가 다니지 않는다.

그러니 천하의 공도는 맥도날드의 햄버거 레스토랑으로 일변
된다. 일본 최고의 땅값을 지닌 긴자의 넓은 땅을 한푼의 권리
금도 없이 자기의 점포로 활용하고, 거기에 하루 매상액이 100
만 엔이고 보면 즐거움을 넘어서 춤이라도 추고 싶을 정도
였다.

나는 이런 가게를 전국에 5백 개쯤 만들 계산이다. 5백 점포가 된 날에는 일본의 레스토랑 지도는 크게 다른 색을 띠게 될 것이다. 생각만 해도 즐거워지는 일이다.

두뇌는 부드럽게 해두어라

내가 햄버거를 팔겠다는 말을 꺼냈을 때, 여러 사람들로부터 실로 가지각색의 조언을 받았다.

"일본인은 쌀과 생선을 먹는 국민이니, 빵과 고기로 만든 햄버거 같은 것은 팔리지 않아요."

처음부터 이렇게 말하면서 말리는 사람도 있었다.

"맛을 일본인에게 맞게 해야만 될걸."

이렇게 말해주는 사람도 있었다.

상품의 식별

하지만 나는 햄버거가 유태 상술에 있어서의 제2의 상품이라는 것을 잘 알고 있었고, 제2의 상품은 틀림없이 팔린다는 것도 확신하고 있었다.

해마다 쌀 소비량이 줄어들고 있다는 것도 숫자로 나타나 있었다. 시대는 변하고 있다. 쌀과 생선을 먹는 일본인에게도 빵과 고기의 햄버거는 반드시 팔린다는 자신이 있었다.

또 일본인이 즐기는 맛으로 바꾸는 것이 좋다고 하는 고마운 충고도 염두해두지 않았다. 서툴게 손댔다가 제대로 안 팔릴 경우엔 '네가 맛을 조종했기 때문이다.'라고 비난 받을 것이

뻔했다. 나는 맛도 변경하지 않겠다고 결정했다.

청소년 상대의 상술

나는 긴자 미쓰고시에서 개점하기로 하고, 곧 어느 백화점의 식품부장(食品部長)을 만났다. 그 식품부장은 나의 선배였다.

"이곳은 제가 전부터 눈독을 들였던 장소입니다. 여기서 햄버거를 팔게 해줄 수 없습니까?"

나는 이렇게 부탁했다.

"바보 같은 소리 그만하게. 햄버거 같은, 빵에 곰팡이 슨 것을 팔기 위해, 우리 귀중한 플로어를 빌려줄 수는 없네."

선배는 도무지 상대하려 들지 않았다.

그 선배가 새파랗게 질린 얼굴로 내게 달려온 것은 햄버거가 긴자에서 폭발적으로 팔리고 있다는 것을 알고 난 다음이었다.

"후지다 군, 어떻게 안 될까?"

"어떻게 할 수가 없군요. 저는 선배님께 거절당하고 금방 신쥬쿠 역전(新宿驛前)의 니코 백화점(二幸百貨店)에 부탁을 해서 그 안에 햄버거 가게를 열기로 결정했으니까요."

사실 니코에서는 1971년 9월 13일에 햄버거 판매장을 만들었는데, 여기에서도 젊은이 중심으로 팔리고 있다.

사족이지만 학생들이 들끓는 거리의 여러 군데에 가게를 내어, 모두 쾌조로 매상고를 올리고 있다.

'햄버거는 팔린다'라는 선견지명이 없었던 선배는 진 것이다. 그리고 그러한 선견지명은 고정 관념에 잡혀 있는 사람에게서는 절대로 나오지 않는다고 해도 좋다.

'일본인은 쌀을 먹는다'라는 고정 관념이 이 선배의 전망을 완전히 뒤엎어버렸던 것이다.

이에 반해 미쓰고시 백화점에는 선견지명이 있었다. 바다에서 나는 것인지, 산에서 나는 것인지 정체도 모르는 햄버거에 전통 있는 백화점의 처마를 빌려준 것은 마쓰다(松田) 사장 및 오카다(岡田) 전무의 역사에 남을 대영단(大英斷)이라고 해야 할 것이다. 또 미쓰고시는 햄버거를 팔게 됨으로써, 외국인들과 친한 백화점이 될 수 있었다.

두뇌 속은 언제나 부드럽게 해주고, 고정 관념 같은 것은 쓸어 없애는 것만이 선견지명에 연결되는 지름길이다.

선전은 미국인이

맥도날드의 햄버거는 후추에서 케첩에 이르기까지 오더 메이드의 제품이다. 하루 한 사람에게 필요한 쇠고기는 최저 40그램이라고 하는데, 우리 맥도날드는 여기에 5그램을 덤으로 하여 상급품 45그램들이의 햄버거를 제공하고 있다. 즉 하루에 필요한 양은 이것 하나로 충분하다.

미국인의 선전효과

그것을 잘 알고 있는 사람이 일본에 머무르고 있는 미국인들이다. 미국 사람들은 햄버거에 향수를 느낌인지 자주 가게에 들른다.

손님의 1할은 미국인이다.

그 미국인들은 오랜만에 먹게 된 햄버거에 몹시 기분이 좋아져서 옆에 있는 일본인을 아무나 붙잡고 맥도날드의 햄버거를 선전해준다.

"이 햄버거는 백 퍼센트 비프입니다. 맥도날드라고 하면 마음놓고 먹을 수 있는 가게지요. 미국 최대의 햄버거 메이커 제품이어서 맛이 제일 좋습니다."

나도 가게의 가장자리를 서성거리고 있다가, 미국 노인에게 붙잡혀 오랫동안 맥도날드의 햄버거에 대한 자랑 이야기를 들은 적도 있다.

미국인이 몰려오니까, 여기에 끌려 일본인이 몰려와 먹게 되었는지도 모른다. 아무튼 외국인의 자랑 덕분에 햄버거가 팔린다는 것은 고마운 일이다.

인간의 욕구를 노려라

70엔짜리 햄버거가 하루에 1만 개나 팔린다는 것은 팔리는 시간의 절정기가 없다는 것을 뜻한다. 보통 식당에 있어서는 식사 시간이라는 것이 있어, 그 때만 대혼란을 이룬다. 그러나 햄버거에는 그러한 굴곡이 없이 하루 종일 팔리고 있다. 즉 햄버거는 과자도 아니고 주식(主食)도 아닌 음식이면서, 동시에 과자이기도 하고 식사이기도 한 음식인 것이다.

근래에는 가족 동반으로 레스토랑 같은 곳에 가면 좀처럼 천엔 한 장으로는 제대로 먹을 수 없다. 그런데 맥도날드의 가게는 패밀리 레스토랑으로도 된다. 여기에도 햄버거가 폭발적으로 팔리는 까닭이 있다.

그리고 햄버거는, 본능적으로 무엇을 손에 쥐고 먹고 싶어하는 인간의 욕구를 충족시켜주는 음식이다. 자동차를 운전하면서 나이프나 포크를 사용할 수는 없다. 그러나 햄버거라면 손

에 쥐고 먹을 수 있다. 그러한 현대성을 가지고 있는 음식이기
도 하다.

팔리는 이유

얼마 전, 어떤 잡지의 기획에 따라 평론가인 오오기야 씨와
담화를 나누었는데 그는,

"사람들은 뭔가 신기하다는 생각으로 햄버거를 먹을 것입
니다."

라고 말씀하셨다.

"선생께서는 햄버거를 잡숴보셨습니까?"

"아직 못 먹어봤습니다."

"잡숴보지도 않고, 뭔가 신기하다는 생각 때문에 사먹을 것
이라고 말씀하시는 건 곤란합니다. 그처럼 맛있는 것은 어디에
도 없습니다. 단순히 신기하다는 이유 하나로 팔린다면, 팔리
는 날들은 사흘쯤이고, 나흘째부터는 손님이 점점 떨어질 것입
니다."

나는 이렇게 반론했다.

말하자면 정오쯤에는 OL들이 대량으로 사가는데, 아가씨들
은 깍쟁이여서 70엔이면 굉장히 싸다는 것을 알고 사러 오는
것이다. 남자들은 여기에 끌려올 뿐인데, 비싼지 싼지 도무지
짐작도 못한다.

나는 햄버거가 팔리는 것은 여러 가지 중요한 원인이 모두
플러스로 작용하기 때문이라고 생각하고 있다. 그리고 그와 동
시에 인간의 욕구를 정확하게 맞히고, 유태 상술의 정석(定石)
을 지키는 일이 그 얼마나 중요한가를 새삼스럽게 깨닫게

된다.

항상 여자와 입을 노려라

유태 상술에 있어 제1의 상품이 '여자', 제2의 상품이 '입'이라는 것은 거듭거듭 말해왔다.

햄버거는 직접적으로는 입을 노린 상품이다. 그 입도 여자의 입을 노린 상품이다. 나는 의식적으로 햄버거로 여자와 입을 노렸던 것이다. 유태 상술 4천 년의 공리(公理)가 여자와 입을 노려라고 가르치고 있는 이상, 정석을 지킨 나의 상술은 꼭 들어맞아야만 할 것이다.

결과적으로 앞에서 말한 것처럼 대단한 매상을 올렸다. 맥도날드 상술에 있어서는, 일단 만든 햄버거는 7분이 지나면 폐기해야 하는데, 만드는 대로 그 자리에서 팔리는 형편이니 폐기해야 될 햄버거가 있을 까닭이 없었다.

정석을 지키면 이처럼 번성할 수 있다는 것이다. 유태 4천 년의 공리는 상인인 이상 절대로 지킬 만한 것이다. 나는 새삼 그렇게 생각한다.

청결한 것을 팔아라

자기가 좋아하는 방식대로 장사를 시작하면 그 장사는 좀처럼 잘 안 된다.

예를 들어 고도구(古道具)를 좋아하는 사람이 골동품상(骨董品商)이 되거나, 칼을 좋아하는 남자가 도검상(刀劍商)이 되거나, 총을 좋아하는 사람이 총포상(銃砲商)이 되면 결코 장사는 성공할 수 없다. 대상이 좋아하는 것이라면 끌리는 동안에 장사는 망쳐버리기 쉽다.

진짜 상인은 싫어하는 것을 판다. 자기가 싫어하는 것이므로 어떻게 하면 팔 수 있을까를 열심히 생각하게 된다. 어떤 경우에는 필사적이 된다.

나는 전후세대(戰後世代)가 아니어서 아직도 주식(主食)은 쌀이다. 햄버거 같은 빵은 즐겨하지 않는다. 돌이켜 생각하면, 내가 햄버거를 팔겠다고 결심한 것은 햄버거를 좋아하지 않기 때문인 것이다. 햄버거야말로 나에게는 가장 적격한 상품이라고 생각된다.

나는 지금까지 여자들의 액세서리나 핸드백 등의 수입(輸入)에 주력을 기울였다. 백화점은 1층에 액세서리와 핸드백을 두어야 한다고 외치며, 전국에 걸쳐 360개나 되는 백화점의 1층에 액세서리와 핸드백 매점을 개설해왔다.

나는 남자이므로 액세서리를 몸에 부착하지도 않으며, 더구나 핸드백을 손에 들고 거리를 거닐 까닭이 없다. 그러니까 나는 그런 물품을 취급해온 것이다. 내가 남자이니, 여성용품은 상품으로서 냉정한 눈으로 볼 수 있기 때문이다.

손해보는 장사는 하지 마라

어떤 사장은 이렇게 말했다.

"아무리 봐도 이만한 것이 70엔이라니 믿기 어렵다. 1백 그램에 2백 엔이나 하는 고기이니 45그램 쓰더라도 90엔이 되지 않는가. 하하, 그러니까 처음에는 손해를 보더라도 얼마 뒤에 보상할 셈이군.”

“나는 긴자의 유태인입니다. 처음부터 밑지는 장사를 하는 회사 같은 건 만들지도 않습니다.”

나는 이렇게 말하면서 웃었다. 맥도날드 상술에 있어서는 세금을 제외하고 2할의 이익이 남아야 한다. 그만큼 남는다.

또 이렇게 말하는 사람도 있었다.

“커피의 종이 컵이 15엔이나 하니 남을 까닭이 없지 않느냐.”

커피도 가게에서 팔고 있는데 50엔이다. 크림에서 설탕까지 모두 갖추어 50엔이니까 꽤 싸다. 그래서 그런 말을 듣게 된 것이다.

“국산 종이 컵은 틀림없이 15엔 정도입니다. 하지만 미제(美製)는 한 개에 3엔 80센입니다. 나는 이것을 맥도날드에서 직접 수입하니 결코 손해 같은 건 보지 않습니다.”

나는 항상 이렇게 대답한다. 손해보는 장사는 하지 않는다는 것이 나의 철학이다.

당신에게 수익의 부를 보증한다

출자금 50대 50, 사장 아래 전사원을 일본인으로 한다는 조건의 일본 맥도날드를 개점하기 위해 나는 손잡고 있는 미국 맥도날드로부터 지도원(指導員) 2명을 불렀다.

1972년 7월 20일, 긴자의 미쓰고시 백화점에서 개점하는 날, 오전 7시 반에 나는 이 두 외국인의 전화에 단잠을 깨었다.

“지금 가게 앞에 왔는데, 사원이 아직 한 사람도 오지 않았소."

나는 순간 이 외국인들이 미치지 않았나 하는 생각이 들었다.

"미스터 후지다, 적어도 개점 세 시간 전에는 나와야 되지 않소. 자물쇠를 부수고 들어갈 테니 이해하시오."

나는 "OK."하고, 9시에 미쓰고시로 나갔다. 놀랍게도 가게는 티끌 하나 없이 깨끗이 정돈되어 있었다.

그들은 입으로만 말하지 않고 행동으로 보여주었던 것이다. 마치 '이렇게 하는 거야.' 하듯 말이다.

나는 이 책 속에 약 1백 개초(個條)에 해당하는 유태 상술을 열거했는데, 시기에 맞춰 그것을 알맞게 씀으로써 유태 상술의 공리(公理)를 실행해왔다.

햄버거 상술도 그렇다.

이렇게 하면 돈을 벌 수 있다는 견본으로 나 자신을 이 장(章)에 등장시켜 본 것이다.

유태인의 교전(敎典)

탈무드의 영향력

세계 경제를 리드하는 유태인이니, 경제·상업 활동에서 성공하기 위한 지침서가 대대로 전해지고 있지 않을까 생각하는 사람들도 있겠지만, 그런 종류의 책은 전혀 없는 것 같다.

다만 경제 활동에 국한되지 않고 유태인의 생활 전반에 크게 영향을 끼치는 것으로서 탈무드(Talmud)라는 유태교의 교전

(敎典)이 있다. 탈무드는 기원후(紀元後) 5백 년간에 걸쳐 작성된 것으로 히브리어로 씌어 있고, 그 분량은 참으로 방대하다. 당시 유태 민족의 최고 현자(賢者)들이 한 자리에 모여 원탁회의(圓卓會議)를 한 기록의 형식을 취하고 있다.

그 가운데 취급되어 있는 테마는 인간이 나서 죽을 때까지 부딪히는 모든 사항─생(生), 사(死), 전쟁, 평화, 가정, 결혼, 이혼, 처, 자식, 제사, 휴일─ 등이 망라되고, 그 하나하나에 대해 이론적인 토의가 전개되어 있다.

생활상의 문제가 생겼을 때, 병이나 죽음에 당면했을 때 탈무드를 읽으면 어떻게 처신할 것인가에 대한 구체적인 지침(指針)을 얻게 된다.

유태인은 이 탈무드를 매일 읽는다. 하루 2,3페이지를 걸쳐서 읽는 경우도 있고 다섯 줄로 끝나는 날도 있다. 읽는 속도가 중요한 것이 아니라 씌어 있는 내용을 자기의 생활에 비추어 어떻게 이해하는가가 중요하다.

탈무드를 매일 읽는다는 이 습관이야말로 유태 민족이 통일과 단결을 이루고 있는 비결이라고 할 수 있을 것이다.

유태인의 식사

유태교의 식사 제한

유태인은 식사 때 쇠고기와 우유는 동시에 먹지 않는다. 쇠고기와 우유를 동시에 먹는 것은 유태교에서는 금하고 있다.

"우유와 고기를 동시에 취하면 소는 죽어버리고 말 것 아네

요. "

유태인은 이렇게 말한다. 즉 유태교는 쇠고기와 우유를 동시에 취하는 것을 금지함으로써 상대(相對)를 근절(根絶)시키는 것 같은 일을 하지 말도록 가르치고 있는 것이 아닐까 생각된다.

그래서 쇠고기와 우유를 같이 먹으려는 유태인을 위해 우유와 꼭 같은 식물성 단백질의 인공우유가 준비되어 있다.

이 밖에도 유태교는 음식에 여러 가지 제한을 두고 있다. 그래서 유태인은 돼지고기를 먹지 않는다. 새우도, 문어도 안 먹는다.

다만 자기로서는 먹지 않는 돼지도 장사가 된다고 하면 사육하여 매매한다. 유태교는 먹어서는 안 될 것을 두기는 하지만 그것을 매매하는 것까지 금지하지는 않고 있다.

제2부

중국인 상술

부를 경멸하는 사람이 있다.
하지만 그것은 부자가 될 희망이 없기 때문이다. ―베이컨―
그것은 쉽게 와서 쉽게 떠난다. ―플라우투스―
50원을 빌려주고 반밖에 돌려받지 못하는 것보다는
10원을 주어버리는 쪽이 낫다.
―T. 플리―

중국식 이식법(利殖法)

알맹이만으로는 영업할 수 없다

중국인 상술의 특이한 점은 그 착상이 특이하다는 점과 긴 안목으로 사태의 진전을 지켜본다는 점에 있다. 그래서 눈앞의 이윤만을 추구하지 않는다.

중국인은 보편적으로 화상(華商)이라고도 불리는 바와 같이 그들의 활동 무대는 상(商)에 있다. 선천적으로 이해 타산에 민감하며, 더욱이 역사적으로나 전통적으로 끊임없는 위압감을 가지고 생활해왔기 때문에 동물적 영감이 발달해 있다. 그래서 그들은 이것을 상술면에 반영하고 동시에 끈기있는 성격으로 뒷받침하고 있다. 그리고 눈앞의 이익에만 사로잡히지 않는다는 증거로 그들은 신용을 유감없이 이용해 그 비결로 삼고 있다.

예를 들어, 자본금이 부족한 중국인 Q가 의류품을 취급하고 있는 외국인 무역업자 H로부터 1년 후불이란 계약으로 상품을 구입했다고 가정하자.

Q는 손해를 각오하고 이것을 곧 현금으로 싸게 판다. 그리고 이 현금을 자본으로 하여 돈놀이를 시작하는 것이다. 물론 고리대금이다. 그와 동시에 H에게 다른 물건을 판다. 이와같이 하여 채권자까지도 거래선으로 만드는 것이다. 상대방도 받을 것이 있으니 신용하여 구입해준다는 계산이 성립된다.

이런 것은 모두가 신용을 자본으로 회전시켜, 한 가지 일에 구애되지 않고 다른 방법을 구사하여 돈벌이하는 것인데, 결국은 업체가 비대해진다.

흔히 중국인들의 수법을 평하여,

"맥주를 팔아도 상자로 번다."

라고들 한다. 이것은 일종의 비유에 지나지 않는데, 어느 날 어느 나라에서 있었던 이야기라고 생각해주기 바란다.

어느 공장에 근무하는 중국인 수위가 맥주를 원가로 직공들에게 팔았다. 아무리 많아도 싸고 평이 좋기 때문에 곧 팔려버리고 만다. 그래서 어떤 사람이,

"아저씨, 원가로 팔고 있는 것은 보다 싸게 사는 비결이 있기 때문입니까?"

하고 묻자 그의 대답은,

"뭐, 맥주는 본전이지만 상자로 벌고 있지."

이 이야기의 시대에는 빈 상자가 귀했기 때문에 상자만으로도 제법 벌이가 되었다고 한다. 뿐만 아니라 물건을 잘 판다고 하여 자본을 빌려주는 사람이 나타나 독립하여 성공의 기회를 잡았다고 한다.

이와 비슷한 이야기가 중국인들이 살고 있는 나라라면 어디

에나 성공한 누구의 일화라 하여 남겨져 있다. 그것을 보더라도 아마 중국인들 대부분이 갖는 방법임에 틀림없을 것이다.

또한 신용을 최대한으로 이용하여 거기에 부대하여 다른 사업에 뛰어드는 재능도 무시할 수 없다.

2차대전 전에 동남아시아에서 중국인들이 곧잘 이용한 방법의 예를 소개해본다. 토목공사의 입찰이 있다는 소식을 들으면 곧 뛰어들어, 일본인이나 백인과 경합하더라도 반드시 자기편에 낙찰되도록 한다. 그도 그럴 수밖에 없는 것은 터무니없는 싼 값으로 입찰하기 때문이다.

"그런 값으로는 일을 해낼 수가 없지 않나."

다른 업체에서는 자연 물러나고 만다.

중국인들도 그런 싼 값으로 일을 맡는다고 처음부터 생각하고 있지 않다. 적(敵)은 내 진영 속에 있다는 말과 같은 이치다. 공사 그 자체에는 손해를 본다.

그러나 공사에 사용하는 자재에 손을 대거나 도중에 손을 드는 일은 결코 하지 않는다. 그들은 공사 계약 당시 조건을 내걸어, 인부들에게 술을 먹이거나 식사를 시키거나 하는 권리를 획득한다.

이것만으로 곧 손해를 보충한다. 그리고 이를 확장한다. 어느 나라 사람을 막론하고 도박을 좋아한다는 성질을 이용해 도박장같은 오락 시설을 마련한다.

격심한 육체노동을 하는 사람들은 그날의 피로를 술과 노는 일로 풀려고 한다. 급료 지급일도 미리 알고 있으니 외상도 아무 상관이 없다.

＊빈곤이 부자에게는 하나의 불가사의다. 식사하고 싶은 자가 왜 종을 치지 않는가를 이해하기란 매우 어렵다. ―W. 베저트―

1엔에 울지 말고 1엔에 웃지 말라

부잣집 중국인 딸에게,

"만일 길에 1엔짜리가 떨어져 있으면 어떻게 하지?"

라고 물은 일이 있다. 그녀는 생각할 틈도 없이 말했다.

"물론 줍지요."

문제가 되지 않는다는 대답이다. 다른 중국인 남녀에게도 물어보았는데, '왜 그런 질문을 하는가?'하는 의아스러운 표정으로,

"당연히 줍는다."

하고 대답했다. 너무나 확실한 상식이라는 듯한 답이었다.

전번에 텔레비전에서 5엔짜리인지를 사람들의 왕래가 많은 길에 떨어뜨려놓고, 어떻게 하는가 하고 텔레비전 카메라가 숨어서 비치고 있는 프로가 있었다. 이런 실험을 할 필요도 없이 일본인은 주위를 생각하고 주우려 생각하지 않는다.

특히 소액인 동전인 경우에는 더욱 그러한 경향이 많다.

5엔이 부족해 버스에서 내리지 못하고 종점까지 끌려간 여학생이 있었다. 원맨 버스(one men bus)였기 때문에 내려줄 수가 없었다. 이 여학생의 집에서는,

"언제나 학교에서 정각에 돌아오는 아이가……."

하며 큰 소동이 일어났다. 결국 2시간이나 지난 후에 걸어서 그 여학생은 집에 돌아왔다.

밤길이었기 때문에 도중에 사고라도 났더라면 5엔짜리 때문에 큰일날 뻔했다.

중국인은 금전이 갖는 비정함과 그 힘을 잘 알고 있다. 그리고 적은 화폐가 모여서 큰돈이 된다는 것을 오랜 체험에 의하

여 잘 알고 있다. 한문이라도 소홀하게 할 이유가 없다.

호기롭게 놀 때는 호기롭게 놀 때다. 그들은 일단 집에서 나가면 택시를 타거나 쓸데없이 팁 같은 것은 주지 않는다. 아무 의미도 없이 주는 돈은 생명이 없는 죽은 돈이 된다고 절실히 느끼고 있다.

어린아이 때부터 교육도 벌써 다른 점이 많다.

예를 들어 아이들에게 두부를 사오라 심부름을 보내면, 그 아이들은 두부들 중에서 모가 떨어져 있는 것을 재빠르게 발견하여,

"이것 깎아주세요."

하고 에누리한다. 그러나 유태인과 같이 배금주의(拜金主義)는 아니며, 돈의 가치보다도 돈을 소홀하게 하지 않는 정신쪽에 크게 비중을 두고 교육한다.

주부들의 시장 보는 방법도 본받을 만하다.

일본과 같이 정찰이 붙어 있어서 좀처럼 에누리해주지 않는 상점에서도 동남아시아로부터 여행 와서 별로 오래지 않은 중국인은 에누리해준다. 같은 중국인이라도 대만으로부터와 홍콩, 싱가포르 등 그 경유해온 경로에 따라서 약간 차이가 있기는 하다.

에누리하는 것은 강가(講價)라 하여 가격에 대해 상대방과 서로 협상하는 것으로써 비싼 값으로 살 정도면 차라리 죽는 편이 낫다고 할 정도로 그들의 체면에 관계되는 것이다. 부자든 가난뱅이든간에 물건을 사는 것도 엄연한 하나의 거래라는 인식을 가지고 있다. 거래인 이상 상대방이 내놓은 가격을 그대로 인정할 수는 없다는 것이다.

그러므로 처음부터 가지고 싶은 표정을 짓지 않는다.

에누리해서 안 되면 다른 가게에 가고, 다른 가게에서도 낙찰 가격으로 떨어지지 않으면 그 다음날 다시 가서 에누리를 시도한다는 끈질긴 전술을 사용한다.

'그렇게 하는 동안에 저편이 접근하게 마련이다.' 라는 것이다.

일용품, 특히 식료품은 에누리하기가 무척 어려운데 이 경우, 예를 들어 생선가게에서 새우를 살 때는,

"한 마리 더 주세요."

하고 말하며 이쪽 주문대로 저울에 달아 봉지에 넣으려 할 기회를 놓칠세라 새우 한 마리를 봉지에 슬쩍 넣는 방법을 사용한다. 일단 이렇게 되면 가게 주인은,

"오오!"

하다가 단념해버린다. 그런데 이 때 유머 정신을 잊으면 애교가 없어지고 만다.

겉치레를 버려라

부자가 되는 길에 어떤 방법이 있는 것은 아니다. 평범에 철저한 것만이 비법이라는 것이다. 성공한 중국인의 이야기를 들어보면,

"뭐야! 그런 거였나. 그런 것이면 벌써부터 알고 있었지."

라고 생각되는 예가 많다. 다만 우리들은 실천하지 못했을 뿐이다. 실제에 있어서 한 가지 일을 끈기있게 밀고 나가는 것은 강한 의지와 신념이 없으면 이룩할 수 없다.

물정을 알게 되면 곧 저금을 시작하는 사람이 중국인이다.

부모들의 심부름을 하여 얻은 용돈을 저축하는 일부터 시작하여, 업체에서 일할 수 있게 되면 봉급 전액을 부모에게 송금하는 사람들이 대부분이다. 그리고 기타 수입으로 들어온 돈도 저금한다.

이발 같은 것도 헌 이발 기계를 구입하여 서로 깎아주어 이발요금을 절약한다. 약간 길고 짧은 것이 있건 상관하지 않는다. 모든 일에 하루라도 빨리 독립하기 위한 자본을 만들기 위해서 정진할 뿐이다.

잔업이나 시간 외의 일도 자진해 희망하고, 숙직 같은 것도 대가만 받는 조건이라면 교대해준다. 무슨 일이든 기술을 빨리 몸에 익힘과 동시에 자금을 불린다.

오늘날 유행하고 있는 1주 5일제 같은 것은 그들에게는 관계 없다. 중국인들이 쉬는 날은 정월 초하룻날 정도이다.

그처럼 쉴새없이 일하고 저축하면서도 부모에게 송금을 보다 우선적으로 하는 것은, 전통적인 일가일족(一家一族)의 존속을 존경하고, 그 일족 속의 자기라는 존재를 항상 잊지 않기 때문이다. 그리고 일가일족 중에서 중요시받는 입장이 되는 것이야말로 부자가 되는 시작이라고 생각하고 있다. 사실 무엇인가 사업을 시작할 경우, 서로 잘 아는 친척 중에서 사정이 허락하는 사람들에게 충절을 맹세시켜 일을 보아 달라든가, 협력을 요청할 수도 있다.

도쿄에 할머니를 두고 서독의 중국인 거리로 일하러 간 일본 출생 중국인 3세 B군은 말단 신분인데도, 일본에서 일하는 청년들의 평균 월급 정도의 돈을 매월 꼬박꼬박 할머니에게 송금해왔다. 그것을 전해 들은 어느 중국인이 B군에게, '무이자. 반환은 출세 후.'라는 상상도 못할 조건으로 독립할 수 있을 만큼의 자금을 융자해주었다.

새로 개점한 중국인의 부지런하고 검소한 경영 방법에는 놀랄 수밖에 없다. 주위를 둘러보아도 한 사람도 아는 사람이 없을 경우에 그들은 무엇을 어떻게 했는가.

A군은 남들이 다 폐점한 오전 2시까지 문을 열어놓고 손님을 끌었다. 자기 부인과 교대로 매일 이 일을 계속했다. 별로 특징이 없는 가게지만 이 이외에는 별 타계책이 없었다.

K군 부부는 함께 역전에 서서 내왕하는 모든 사람에게 안내문을 배포했다. 안내문은 밤에 서로 협력하여 쓴 것이었다.

E군은 체면도 개의치 않고 가게 앞에 나가 손님을 끌었다. 그렇다고 억지로 손님의 옷소매까지 잡고 끈 것은 아니었는데, 입이 나쁜 주위의 동업자들은,

"거지나 사창가의 손님끌기와 꼭 같군."

하고 욕을 하였다. 그런데 날이 감에 따라 너무나도 진지한 태도에 마침내,

"제법 해나가는데……."

하고 E군을 평가하는 방향을 바꾸어갈 정도였다.

체면과 신의를 위하여 죽어라

다음은 큐슈(九州)의 후쿠오카 시(福岡市)에서 오락장, 토지, 점포 등을 가지고 있는 이치가와 요시로오(市川義郎) 씨의 경험담이다.

나는 2차대전 전에 북경(北京)에서 일본인이 경영하는 한 개

발회사에서 근무했다. 28세 때의 일이다. 같은 회사 중국인 청년 중에 32세 정도의 루(婁)라는 사람이 있었다.

내 월급은 160엔이었고 루 씨의 수당은 50엔과 밀가루 한 포대였다. 어느 날 루 씨가 회사에 나와 어두운 표정을 짓고 있기에 물어보았더니,

"어린애가 아픈데, 좋은 의사가 없어서 걱정이다."

라고 말했다.

그의 말을 들으니, 생후 1년 된 사내아이는 온몸에 원인 모를 습진이 생겨 이젠 말라빠질 대로 말라 죽게까지 되었다는 것이다. 근처에 일본인 전용 병원에는 기술 좋은 일본인 의사가 있었으나 그 당시 중국인의 처지로는 일본인 전용 병원에서 아이를 진찰시킬 방법이 없었다. 그래서 아는 중국인 의사에게 보였으나, 치료방법이 없다고 하며 걱정하였다.

다행히 난 그 일본인 의사를 잘 알았다. 그래서 나의 인력거에 루 씨의 부인과 어린애를 태우고 가다야마(片山) 선생이라는 그 의사에게 데리고 가 진찰을 부탁했다.

"뭐야! 별것 아니군."

하고 진단을 내렸다. 10일 정도 병원에 다니더니 아이는 완치되어 건강을 회복할 수 있었다.

그로부터 얼마 후 일본은 망하였다.

우리들은 북경의 어느 한 곳에 부분적으로 집결을 명령받았는데, 그러기 전에 일정 기간 동안은 자기 집에 연금 상태가 되었었다. 집 주위는 국부군 병사나 경찰이 항상 감시하고 있었으며, 외출은 전혀 허가되지 않았다.

어제의 사정과는 정반대의 환경에 놓인 우리들 가족은 불안에 떨며 장래에 대하여 아무런 목표도 세울 수가 없었다.

120

중국의 일반인들도 일본인 가옥에 출입하는 것이 금시되
었다. 만일 이를 어길 경우에는 심한 제재를 받게 되었다. 알
고 지내던 중국인마저 만날 수 없으니 더욱 불안하여 잠 못 자
는 밤이 계속되었다. 이런 환경이 계속되던 어느 날 깊은 밤이
었다.

자전거 소리가 들리는가 했더니, 무엇인지 묵직한 물건이 우
리집 마당에 떨어지는 소리가 들렸다.

뛰어나갔으나 물건을 던진 사람은 곧 사라진 듯 찾아볼 수
없었다. 그런데 거기에 쌀 한 포대와 3천 원(현재의 일본 돈으로
15,000엔 정도)이 있는 것이다. 포대에서 루 씨의 이름을 발견할
수 있었다.

'그때의 사소한 은혜에 대하여 지금 보은하는 것인가 보다.'
라고 생각하니 우리 부부는 눈물을 금할 수 없었다.

그 당시, 루 씨는 좁쌀과 국수를 먹으면서 나에게 쌀을 보내
준 것이다. 그로부터 평균 1주일에 한 번씩 약 3개월 동안 루
씨는 꼭 밤중에 우리집 마당에 돈이나 먹을 것을 넣어주었다.

지금까지도 나는 루 씨를 통하여 받은 중국인에 대한 인상을
좋게 간직하고 있다.

이상은 이치가와 씨가 겪은 감명 깊은 실화다. 루 씨는 젊었
을 때 국외에 짧은 기간이나마 체재한 일도 있었다고 한다. 이
와같이 그들은 합리주의 생각에서 단 한푼의 불필요한 지출도
줄이며 생활하고 있으나, 유머스럽고 사교적인데다, 체면과 신
의를 중요시한다.

일단 문제가 발생되면 이해 타산을 초월해 은혜를 갚는다.
사람을 신뢰하기까지에는 시간과 노력이 필요하지만, 입은 은

혜는 절대 잊지 않는다.

이치가와 씨의 이 감명 깊은 루 씨의 이야기 속에서 이해를 초월한 그들의 신의를 발견할 수 있다.

실력있는 과장은 매우 좋다

오사카와 요코하마의 중국인 거리에 큰 중국요릿집과 선물용품 점포를 가지고 있고, 또 도쿄와 가마쿠라(鎌倉) 등에도 넓은 토지를 가지고 있는 산동성 출신 D씨의 예를 들어보자.

십수 년 전까지는 보잘것없는 샐러리맨에 지나지 않았다. 단거리 택시 요금도 마음대로 지출할 수 없을 정도의 형편이었다. 그러나 체면을 생각해야 할 때는 택시를 타고 상대방에게,

"지금 잔돈 가진 것이 없어서 그러는데, 택시 요금 좀 지불해주십시오."

하며 태연한 얼굴을 했다고 한다. D씨의 인생론에 의하면 이렇다.

"사람마다 모두 구두쇠나 절약가라면 사회는 번영하지 않을 것이다. 이유없는 돈의 낭비는 좋지 않지만, 신용을 팔고 그것으로 만족스러운 결과가 된다면 그런 곳에는 얼마를 쓰든 상관없지 않겠는가."

복장도 그렇다. 무리를 해서 최상급으로 하고 넥타이도 최신 유행의 것을 맨다. 평소에는 값싼 식사밖에 하지 않으나 때와 장소에 따라서 레스토랑 같은 데에도 출입하며 배짱 좋게 목적을 달성한다는 식이었다. 비교적 말을 잘하고 겸손한데다가 머

리 회전이 매우 빠르고, 눈살을 찌푸리게 하는 태도를 보이지 않는 인간이었다. 노인층 중국인 사이에서도 그를 평가하게 되었으며, 마침내 원로급에서도 크게 존경받는 사람으로 인정을 받았다.

예를 들어, 선물 하나만 보아도 그의 약삭빠른 면이 나타나 있다. 값싸고 희귀한 것을 찾아낸다. 이리하여,

"장래 크게 성공할 청년이야."

라는 평을 받아 그에게 출자해주는 사람이 나타났고, 작기는 하지만 점포를 가질 수 있게 되었다. 이렇게 되자 그는 끌어들일 수 있는 한 빚을 얻어내 귀국하는 영국인의 저택을 손에 넣었다. 물론 충분한 검토를 거듭한 결과였다. 그만큼 D씨의 정보는 빠르고 정확했다.

실내장식도 최고급품을 갖추었고, 융단도 당시에 일본에서는 구하기 어려운 것을 깔았다. 뿐만 아니라 이것 또한 당시로서는 보기 드문 외국산 승용차를 타고 다녔다. 그리고 아는 사람 중에서 이용가치가 있다고 생각되는 사람은 거의 억지로,

"제 집에 놀러 오십시오."

하고 기회를 만들어 초대했던 것이다.

저택을 보여서 우선 신용을 얻었다. 물론 그 저택은 이미 저당잡혀 자금을 융자받았다. 다음 사업에 투자할 목적에서였다.

항상 승용차를 최대한으로 이용하여 자기 힘의 몇 십 배나 되는 사업을 노리는 것이 D씨의 수법이었다. 반면에 D씨에 대한 비난도 없지 않았다. 그러나 그는 그러한 비난에도 불구하고 사업을 발전시켜 나갔다.

지금도 중국인들은,

"마치 요술 같은……."

란 말을 하면서 그의 실력을 인정하지 않을 수 없는 것 같다.

일단 실력을 갖추어 사업을 발전시켜 나가는 사람에 대해서는 과거의 일을 이러쿵저러쿵하지 않는 것이 중국인들의 상식이다. 인간의 과거를 이리저리 털면 무엇이든 석연치 못한 것이 나오게 마련이다.

"결과가 좋으면 모든 것이 좋다."

라는 것이 그들 중국인의 생각인 것이다.

그러나 실력의 뒷받침이 없는 과장이나 허세는 용서없다. 아무튼 인간의 모든 단맛과 쓴맛을 맛본 중국인이다. 인간이 갖는 약점은 너무나 잘 알고 있다.

중국인 사회는 그들이 살고 있는 나라뿐만 아니라, 세계적으로 친척이나 아는 사람들이 있어서 그 정보망이 마치 그물같이 펼쳐 있다. 한 곳에서 지나친 과장이나 허세를 부리면 곧 탄로날 뿐만 아니라 그 사실이 순식간에 온 세계에 전파되어 버릴 가능성도 있다. 그러니 일단 그러한 인식을 받은 인간은 어느 곳에서나 사업을 추진해나가기 어렵게 되는 것이다.

물품 구입에 승부를 걸어라

"자기가 탄 배를 침몰시키지 말라."는 격언이 중국에 있다. 이 말은 일단 거래를 시작하면 상대방의 번영도 바란다는 뜻도 된다. 자기만이 이익을 얻지 않고 거래는 서로가 좋게 되도록 노력해야 한다.

일단 같은 업자가 된 이상 그리 쉽게 버릴 수는 없을 것이다.

팡은 원래 중국인의 상호부조의 뜻을 가진 동업조합으로서

등엽지니 등향인, 또는 뜻을 깊이 하는 자들의 모임인네, 좋든 나쁘든간에 이 팡의 비밀 엄수와 재력과 횡적인 결속의 위력은 세계 도처에서 그 실례를 나타내고 있다.

한편 "위험한 팡에 들지 말라."는 교훈도 옛부터 전해 내려 오고 있다. 그러나 자기가 선택하고 가입한 이상 팡의 규약은 엄수해야 하며, 같은 패의 안전을 걸고 지켜주지 않으면 안 된다. 자기 편을 팔고 혼자만이 편안함과 영화를 얻고자 하는 행위를 중국인은 가장 증오하고 수치로 생각하고 있다.

상거래에 있어서도 무슨 인연이 되었든 일단 시작하면 특별 한 일이 발생하지 않는 한, 쉽게 다른 거래를 트지 않는다.

어느 큰 중국요릿집의 영감은 이미 나이 70이 넘었는데 20년 동안이나 거래해오던 정육점을 바꾸지 않고 있다. 그렇다고 해 서 남보다 값을 싸게 해주는 것도 아니어서 자식들이,

"다른 가게에서는 좋은 조건으로 해준다고 합니다. 때로는 다른 정육점에서 사들여보는 것도 좋지 않습니까?"
라고 말을 하여도 전혀 들은 체도 하지 않고 이런 말을 한다고 한다.

"중국인은 그런 짓은 하지 않는다."

그 대신 그 영감님은 매일 아침 거래하는 정육점에 물건이 들어오면 전부를 점검하고 난 다음,

"이것과 저것, 그리고 이것."
하고 지정해버린다. 흔히 있는 일은 아니지만 마음에 드는 물 건이 들어오지 않으면 아무 말없이 돌아와서는 금일 휴업이라 하고 문을 닫아버린다. 당황하는 쪽은 그 가족들보다 정육점 이다.

정육점에서는 그 요릿집이 쉬는 것은 자기들 잘못이라는 생

각이 들어 다른 방법을 동원해서라도 그 영감님의 마음에 드는
물건을 구해다 바칠 정도다.

중국인 신사 A씨는,

"요즘 일본 사람들 중국 붐이라 하여 누구나 옛날부터 중국
편이었다는 듯한 태도를 하고 있는데, 실제로 우리와 가까운
친구가 되려면 만일의 경우에 함께 죽을 정도의 각오가 필요할
것이다."
라며 일본인들의 제스처에 따끔한 .침을 놓고 있다.

사실 같이 탄 배가 가라앉으면 운명을 같이 해야 한다. 거기
에는 신(信)과 협(俠) 이외에는 통용되지 않는다.

같은 배에 타고 있는 동안은, 목욕탕 속에서 물을 저쪽으로
밀어내면 이쪽으로 물이 다시 밀려 돌아오는 것과 같이, 돈벌
이할 마음이 없어도 함께 타고 있는 한패를 위해서 일을 하거
나 편의를 도모해주고 있는 사이에 저절로 자신도 벌게 되는
원리다.

세상에는 부부, 부자 사이에라도 서로 욕하며 싸우고, 심지
어 서로 고소까지 하는 예도 적지 않다. 사이가 좋을 때 안 비
밀을 서로 폭로하거나 하여 결국은 공동의 적의 기습을 받게
되는데, 대체로 이런 기회를 노리는 것이 적이다.

자기 개인만의 이익을 추구한 나머지 배를 타고 있는 사람들
을 공격하거나, 그들의 입장을 무시하거나 하면 반대 작용이
발생해 배까지 침몰하는 사태가 발생하지 않는다고 누가 보장
하겠는가. 사람들의 결점을 찾아내어 공격할 경우, 성급하거나
감정에 치우쳐서는 안 된다는 것도 이 때문이다.

---

*사랑은 부나 재산보다도 훨씬 강하다. 그렇지만 사랑은 그것들의
힘을 빌리지 않으면 안 되는 것이다. —A. 프레보—

남의 이익은 자신의 이익

요코하마 화교 총회(華僑總會) 회장을 계속 14년간 역임했고, 현재 화문 세계보도협회 일본지구 연의회(華文世界報道協會日本地區聯誼會) 회장으로 있는 설래광(薛來廣) 씨의 고생담은 듣는 사람으로 하여금 싫증나지 않게 한다.

현재는 유복하지만 그는 13세 때부터 지바현(千葉縣)의 어느 도시에서 중화요릿집 겸 서양요릿집을 경영하는 가게에서 일했다고 한다.

그 집 주인은 같은 복건성(福建省) 사람인 백부였다. 이곳에서 설 소년은 생각했다. 우선 무엇보다 이 가게를 번창시키지 않으면 안 되며, 그것이 곧 자기 자신을 발전시키는 길이 된다고 말이다.

그래서 맥주를 구입하는 일도 배달에 맡기지 않고 자신이 직접 손수레를 끌고 이른 아침에 나가 물건을 들여왔다. 상자 값이 남아 결국 그만큼 싸게 되었다.

다음에 물건 구입은 전부 생산하는 곳에서 했다. 그 때문에 잠자는 시간을 단축하여 일찍 일어났다. 고기류는 도살장까지 가서 구입하기로 마음먹었다. 돼지고기는 뼈째로 1근에 22센(錢)인 것을 18센으로 해서 살 수 있었다. 야채류는 농가에 직접 사러 갔다. 파 같은 것을 사는 데도 자기가 밭에 가서 직접 뽑기도 하여 나중에 저울에 달아 달라고 했다. 이리하여 재료는 3분의 2 값으로 사들일 수 있게 되었다. 그러니 백부는 물론 백모까지도 좋아하게 되었다. 훗일 그가 독립하여 그 가게를 그만두었을 때는 백모가,

"그 아이가 그만두었다."

하고 슬퍼하면서 1주일 동안이나 계속 울었을 정도로 신용받았던 그였다.

자본이 약간 저축되어 17세의 나이에 독립하여 옷감 행상을 시작했다. 성실하게 일한 덕에 자본이 늘어나 19세 때 당시 일본이 통치하고 있던 사이판 섬으로 원정을 갔다. 거기서 1943년 말경까지 있었는데, 이 포목장사로 당시의 돈 40만 엔이나 되는 자본을 만들었다.

4월에 겨울 옷감을 사들이고, 9월에 여름 옷감을 사들이는 것이 비결이었다. 계절을 지난 물품을 사들이는 것이기 때문에 평소의 반 정도의 가격으로 사들일 수 있었다고 한다. 이것을 일본 본토보다도 훨씬 비싸게 판 것이다. 사이판 섬 안에는 큰 수산 회사나 제당 회사가 있었으며, 인구는 2만 정도였다.

1942년과 1943년경에는 7,8만의 장병이 밀어닥쳐 독신자들이 많았기 때문에 갑자기 화류계나 술집, 또는 요릿집이 난립하여 근 2천 명이나 되는 물장사 여자들이 있었다. 이 여성들을 상대로 옷감을 팔게 되자, 비싼 가격이라도 손쉽게 팔렸다.

1943년 12월이 되었다. 선견지명이 있는 그는 이 이상 여기 있다가는 목숨이 위태롭다고 생각하였다. 그래서 배로 돌아오려고 할 때 아는 사람이 충고했다.

"배는 도중에 미군의 공격을 받아 죽을지도 모르니 그만두라."

그러나 그는 이곳에 머물면 60%는 죽을 것이고, 배로 돌아가다가 죽을 확률은 50% 정도라 판단하여 결국 50%쪽에 자기 목숨을 걸기로 했다.

배는 무사히 요코하마에 도착했다. 그는 도착하자마자 곧 그 날부터 요코하마 시가를 돌아다니며 물정을 살폈다. 그리고 다음 날부터는 소개*(疎開)한 땅을 찾아다녔다.

야마나시현(山梨縣)에 알맞은 땅을 발견하여 그 땅을 구입함과 동시에 커다란 공중 목욕탕을 사들였다. 그로 인해 그는 매일 돈이 들어오는 것에 재미를 붙였다. 거기서도 그는 선천적인 장사 재주를 발휘하여 큰 공장의 종업원에 한해서는 요금을 반액으로 해 이용시켰다. 이것이 또 적중했다. 연료는 가까운 산에서 무료로 모을 수 있다는 편리한 여건이 있었다.

젊었을 동안의 수면은 하루에 불과 4,5시간 정도였는데, 어느 틈엔가 의자에 앉은 채로 토끼잠을 자는 습관을 몸에 익혔다.

첫째도 손님 둘째도 손님

"우선 손님의 입장에서 생각하라."

중국인은 이렇게 가르치고 있다. 이것이 장사의 '기본'이다. 손님 쪽은 납득하지 않으면 지불하지 않는다.

그만큼 세밀한 곳까지 유의하여 서비스 하면 반드시 반응이 있게 마련이다.

세금 문제도 그렇다.

"현금으로 지불해주시면 세금이 부과되지 않습니다."

이런 글은 중국인이 경영하는 호텔 같은 곳에 귀찮을 정도로 여기 저기에 붙어 있다. 또 입으로도 가르쳐준다.

조금이라도 손님의 부담을 가볍게 해주려고 한다. 합법적으로 그렇게 하는 것이 경영자의 의무라고 생각하고 있다.

*소개(疎開) ; 전쟁 때 폭격의 피해를 피하기 위하여 도시의 집을 헐어버림.

도쿄와 오사카를 비교할 경우, 오사카 사람들 편이 중국인과 비슷하다. 권위에 대하여 대항 또는 무시하고 싶어하는 점이 닮았다.

관점을 바꾸어 보면 도쿄에서 살고 있는 사람들은 정치적인 것을 좋아하고 규칙을 고집하지만, 오사카에서 거주하는 이들은 정치적 문제는 무시하고 일을 진행시키는 것을 좋아한다. 즉 법률이나 규칙에 구애되지 않고 '케이스 바이 케이스(case by case)'로 모든 일들을 처리한다.

지금은 폐지되었으나 한동안 오사카 시내의 지하철 매표장 앞에 회수권을 파는 노파가 출몰하여 제법 돈벌이를 잘하고 있었다.

이것은 회수권을 사가지고 한 장 한 장 떼어서 팔아 그 차액을 수입으로 하는 것이었는데, 그 배후에는 어떤 조직이 있어 자금을 공급하기도 하는 세력권을 장악하고 있었다.

지하철 역원들도 알고 있는 사실이었으나,

"남의 장사를 방해하지 않는다."

라는 방침인지, 실제적인 손해가 미치지 않으면 상관없다는 것인지 묵인하고 있었다. 이것은 2차대전 전부터의 한 풍물시(風物詩)이기도 했다. 손님들도 또한 창구에서 열을 지어 기다렸다가 표를 사는 것보다는 낫다고 하여 이를 이용하는 사람들이 많았다. 실제에 있어서 자동판매기의 출현이 그녀들의 이 직업을 박탈한 셈이다.

도쿄에서 이런 직업의 노파들이 출현하지 않았던 것은, 도쿄 사람들은 이를 용서할 수 없다고 생각했기 때문이라고 한다. 대체로 도쿄 사람들은 부정한 일은 털끝만큼도 용서 못하는 기질로서 투서를 하거나,

"그런 일은 그만두시오."

라고 간섭할 것이다. 설사 방해는 하지 않더라도 그러한 노파들의 표는 사지 않을 것이며, 아무리 시간이 걸리고 귀찮더라도 창구 앞에 늘어서서 살 것이 분명하였다.

어쨌든 이런 경우의 오사카 사람들의 사고방식은 그대로 중국인들의 상술과 부합된다.

"우선 손님의 입장에서 생각해라."

중국인들은 손님이 있음으로 해서 장사꾼이 존재할 수 있다는 것을 잊지 않는다. 손님들의 편의를 위해서라면 약간의 희생을 각오하고, 손님이 즐거워하는 것을 보려고 한다.

아버지로부터 의절(義絶)당한 자식이 난생 처음으로 고춧가루 행상에 나섰을 때, 어느 짓궂은 사람으로부터 놀림을 받았다.

이 때 옆에서 이 광경을 본 다른 장사꾼이,

"이 사람은 구걸을 하는 것이 아니고 장사꾼이다. 고춧가루를 팔러 다니는 훌륭한 장사꾼이다."

하며 옆에서 편을 들어주었는데, 사실 그대로다.

물건을 팔고, 그 대금을 받는다. 장사는 이 원리를 벗어나지 않는 이상, 그 규모의 크고 작음의 차이나 오래고 짧은 전통의 차이는 있겠지만, 같은 것이라는 생각이 모든 중국인의 마음에 흐르고 있다.

거리에 있는 구두닦기나 복권팔이, 껌장수, 담배장수에 이르기까지도 장사라는 점으로 볼 때 조금도 다른 것이 없다고 하는 생각이 중국인 사이에서 통용되고 있다.

그들은,

"장사라는 것은 운과 노력이다."

라는 분명한 결론을 내리고 있다. 그러니 누구나 성공할 가능
성이 있다고 생각하고 있다.

원하는 것은 모두 팔아라

동남아시아의 어느 나라에서 보고 들은 이야기다. 찻집이 적
은 거리이기 때문에 레스토랑이나 중화요릿집을 찻집으로 착각
하여 들어가는 외국인 관광객이 있다. 어느 날 중국인이 경영
하는 중화요릿집에 찻집으로 착각한 7명의 한 무리가 들어와서
커피를 주문했다.

그러자 이 집 주인은 자기의 가게 성격을 자세히 설명한 다
음,

"저희 영업은 아니지만 모처럼 찾아주신 여러분을 위해서 오
늘은 특별히 커피를 대접하겠습니다."

하고 뒷문으로 사람을 내보내어 몇 백 미터 떨어진 큰 호텔에
서 커피를 주문해다가 내놓았다. 물론 호텔측에서 배달해줄 리
는 없었다. 그래서 직접 커피를 받아와서 그 값보다 싼 값을 받
고 먼 곳에서 온 손님의 소망을 풀어주었다.

이 7명 중에는 관광 회사의 안내인도 있었다. 이것이 인연이
되어 그 후부터 중화요리를 찾는 사람들을 안내하거나 소개하
게 되었다. 별로 손님이 없던 이 가게가 이 때부터 번창하기 시
작했다고 한다.

싱가포르에 뷔기라는 거리의 노점 야시장이 있는데, 죽 늘어
선 가게가 각기 그들 나름의 특색을 가진 개성적인 물건을 팔
고 있었다. 그런데 한 집에 들어가 그 가게에 없는 것을 주문해

도 싫은 얼굴 한 번 내색하지 않고 다른 가게에서 주문한 물건을 갖다 준다.

이런 일은 서로 묵계가 성립되어 있다.

가게 문을 닫은 다음에 그들은 서로 계산을 하게 되는데, 각각 그에 대한 이익이 돌아오므로 그 수입도 무시할 수 없다 한다.

'서로 벌어 먹고 살자'라는 장사꾼들의 도의가 그대로 실행되고 있는 것이다.

'손님은 왕'이라는 말을 사용하지 않아도 중국인은 옛부터 그것을 실행하고 있다. 바꾸어 말하면 자신이 성공했을 경우, 이번에는 자기가 손님이 되어 무리한 주문을 할 경우도 있을 것인데, 그래도 싫다는 내색을 보이지 않고 서비스하면 돈을 아끼지 않을 수도 있다는 생각을 하고 있는 것이다.

만한전석(滿漢全席)이라는 것은 중국식 최고 연회인데, 전세계의 온갖 종류의 산해진미를 상 위에 차린다는 뜻이다. 그리고 이 연회는 보통 3일에서 1주일 동안이나 계속된다. 오늘,

"안녕히 계십시오."

하고 헤어졌다가 내일은 또,

"안녕하십니까?"

하고 모여들어 태연하게 수저를 든다.

물론 대단히 많은 물자가 든다. 이 연회는 희소가치를 노리고 있다. 아프리카, 남미, 오스트레일리아, 중국의 동북지방(만주), 인도네시아 등 세계 각지로부터 모은 재료를 사용하기 때문에 준비하는 데만도 1개월에서 3개월은 걸린다. 그만큼 손님들의 무리(無理)를 들어주는 폭이 된다.

예를 들면, 중국의 동북지방에만 있는 곰의 발바닥이 있다.

곰은 동면에 들어가기 전에 동면을 위한 영양분, 즉 음식물의 진액만을 발바닥에 축적해두었다가 굴 속에서 이 발바닥을 핥아 먹으면서 겨울을 지낸다. 바야흐로 봄이 되어 굴 밖으로 엉금엉금 기어나오는데 이것을 잡는 것이다. 그 때의 발바닥에는 최고의 진액덩어리가 있는데, 이것은 장수와 강정에 매우 특효하고 진미로운 것이라고 한다.

표범의 태반(胎盤), 낙타 혹의 물, 캥거루의 주머니, 코끼리 코 끝 조림 등등 인간이 생각할 수 있는 것은 전부 만든다. 그 것들을 구하는 데도 보통 이상의 노력이 들지만 돈도 상상을 초월할 만큼의 거액이 든다. 흔히 있는 것 중에는 개고기, 산채로 머리를 잘라 먹는 원숭이의 골, 꿀만으로 길러낸 살아 있는 흰쥐새끼 같은 것도 있다.

어쨌든 어느 것을 막론하고 손님 제일주의로 무엇이든 판다는 필사적인 신념이 그 속에 있는 것이다.

사업상 경쟁자를 사랑하라

말하기는 쉽지만 이를 실천하기란 어렵다.

사업상의 경쟁자는 동업자인 반면에 역시 자기의 영리를 침범하는 적이다. 그런데 중국인은 때로는 이 적을 도와주고 서로 돕는다. 발이라도 끌어당기고 싶은 것을 꾹 참고 있다가, 궁극에 가서는 자기도 함께 뻗어나갈 길을 찾아낸다.

2차대전 후, 일본에 있는 중국인들이 무일푼 상태에서 크게 성공한 것도 서로 번영하려는 민족의 지혜 작전의 결과이다. 그 한 예로써 고베(神戶)의 중국요릿집 그룹이 있다. 신선각(神

仙閣)의 양길창(梁佶昌) 씨, 동천각(東天閣)의 주인, 동명각(東明閣)의 이효선(李孝先) 씨 등 모두가 2차대전 후 판잣집에서부터 시작했다. 그들은 각각 산동요리, 북경요리, 광동요리 등 전문 분야가 달랐지만 그 단결성은 매우 훌륭했다.

인간이라는 것은 이런 경우, 설사 시작이 같아도, 아니, 같은 경우는 더욱 강한 경쟁 의식이 발동하여 때로는 상대방이 잘되지 않는 것을 혼자 좋아하기도 하는 것이다.

그런데 이 사람들에게는 그런 염려는 전혀 없었다. 단결을 맹세한 이상 그것을 지켰고, 또 그것을 실천에 옮겼다.

그들의 가게 위치는 비교적 가까웠다. 그러나 그 지역적 환경이 조금씩 달라서 바쁜 날이 각기 달랐다. 그럴 때는 바쁜 집에 자기 가게의 요리 기술자나 종업원을 파견할 뿐만 아니라 본인은 물론 가족까지도 응원하러 뛰어갈 정도의 세심한 마음까지 썼다.

소위 무조건 도우는 것이다. 자기 진지를 비워두고 대군이 지원하러 나가는 것과 같은 것인데, 보통 사람으로서는 도저히 생각할 수 없는 일이다.

세 사람 모두 말수가 적지만 실천력은 대단했다.

이리하여 그들 모두 성공하였고, 이 중에는 남아도는 힘으로 오사카에 진출하여 활약한 사람도 있다.

이들 판잣집 가게가 지금은 일류가 되었음은 물론이다. 또한 이들은 지금 중화동문학교(中華同文學校)의 이사로 추대되어 중국인 사회의 지도적 위치에 있다.

이와 같은 일화는 그다지 이상한 것도 아니다.

같은 고베의 어느 중화요릿집은 공공건물 속에 있어 넓은 가게 안이 허전하기만 했다. 권리금이 싼 것이 이점이지만 4백

명이나 수용할 수 있는 그런 연회장이 매일 가득 차기는 어려운 일이다. 이런 상태가 계속되면 경영자는 문을 닫게 마련이다.

이 사실을 알게 된 중국인들은 서로 연락하여,

"저 집을 어떻게 도와주도록 합시다."

라는 말이 나왔으며, 그러는 동안에 지원 대책과 목표가 이루어졌다. 그들이 마련한 계획은, 이 요릿집이 문을 닫지 않을 정도의 최저 매상선까지는 그들의 단체 손님이나 집회가 있을 때 이곳을 이용하기로 했다. 어쨌든 4백 명까지는 수용할 수 있는 장소이기 때문에 정기적으로 대대적인 집회를 이곳으로 유치하여 우선 적자를 줄여주었다.

급한 경우에는 요리사는 물론 급사까지 파견해 도와주게 되니 얼마나 고맙고 다행한 일인가. 그러나 주목할 문제는 다음이다. 최저선은 확보할 수 있게 도와주지만,

"그 뒤는 당신 힘으로 해결해나가도록 하시오."

한다는 점이다.

인간의 마음속에 있는 약점을 잘 알고 있다는 듯한 얄미운 조처지만, 중국인은 남의 도움만을 바라고 있는 인간을 그대로 묵인할 정도로 관대하지는 않다.

손해보고 이익 얻는 애프터서비스

옛날 일본 군대의 좋았던 점을 굳이 찾는다면,

"상관의 명령을 받을 때 반드시 복창하고 또 명령을 실행한 다음에 복명하는 것."

이라고 말하는 사람이 의외로 많은 것 같다.

중국인은 무슨 일을 할 때 귀찮을 정도로 확인한다. 이것은 아마 중국에 사투리가 많아서 서로 의사를 통하는 것은 불과 2,3할 정도에 지나지 않으며, 오히려 의사를 통할 수 없는 편이 더 많기 때문이라고 할 수 있다. 그래서 확인은 몇 번을 거듭해도 불필요하다고 말할 수 없을 정도다.

장사에는 또 한 가지 중요한 것이 있다. 그것은 애프터서비스다. 일본인들의 상술을 보면 전진 또 전진하며 유행에 유행을 쫓고 있다. 그런 탓인지는 몰라도 곧잘 애프터서비스를 내세우면서도 막상 그 단계에 직면하면 별로 좋은 얼굴을 하지 않는다.

손님의 입장에서 보면 여기에 불신의 원인이 있다. 한번 팔아버린 상품에 시간을 낭비하는 것은 얼른 생각하기에 손해인 것 같다. 그러나 실제에 있어서 이것이 뜨내기 손님을 단골 손님으로 만드는 원인이 되는 것이다. 눈앞의 손해나 이득만 생각하지 말라는 교훈도 될 것이다.

또한 이것을 보편적인 교제에도 이용할 수 있다. 예를 들면, 무슨 일을 부탁하기 위해서 아는 사람에게 적당한 사람을 소개받았다고 하자. 부탁할 때는 숨쉴 사이도 주지 않다가 일단 일이 끝나면 언제 그랬더냐는 식의 경우를 우리는 얼마든지 경험하고 있다.

"뭐, 가까운 시일내에 사례를 하지."

하고 있는 동안에 날은 지나가버린다. 이렇게 시일이 지나면 지날수록 더욱 연락하기 어렵게 된다. 그러다가,

"에이 모르겠다."

하고 그만둔다. 그래서 우연한 기회에 거리나 또는 차 안에서

맞부딪치면 변명을 하거나 몰래 도망치느라 진땀을 흘린다.

원래 중국인 사회에서는 소개한다는 그 자체가 매우 중요한 일이다. 그래서 좀처럼 사람을 소개하거나 소개장을 쓰거나 하지 않는다. 소개장을 쓰는 이상에는 일본인들이 하는 식으로 명함 옆이나 뒷면에 좀스럽게 쓰는 따위의 짓은 하지 않는다. 붓으로 편지를 쓰고, 소개하게 되는 사람의 경력, 출생지, 학력 등을 써서 정중하게 소개한다.

그러므로 소개장을 받고 가는 사람은 그 결과 여하를 막론하고 곧 보고하게 된다. 결과를 보고하지 않아도 앞을 내다보는 데 예민한 감각을 가지고 있는 그들은 대체적인 윤곽을 짐작하거나, 소개한 상대방으로부터,

"당신이 소개한 사람과 만났어요. 내가 보는 바로 그 사람은 ……."

하는 연락을 한다.

이렇게 된 다음에는,

"지난번에는 매우 신세졌습니다."

하고 인사해도 이미 때는 늦다.

한편 소개한 사람도 일단 자기가 소개한 이상, 그 후에 일어나는 모든 문제에 대하여 책임을 진다는 각오를 하며, 또 실제로 책임을 지고 있다.

어떤 점포를 소개받아 그 점포와 친해지고 싶으면 주저하지 말고 매일 통근하다시피 해야 한다.

"저 사람은 무엇을 하는 누구……."

라고 그곳 사람들이 전부 인식할 때까지 되도록 간격을 두질 말고 꾸준히 청유 자금(淸遊資金)을 투입해야 하는데,

"그 사람 대단하군."

하고 상대방이 알아줄 때까지 출입해야 한다.

애프터서비스의 어려움은 싫증내지 않고 상대방에게 봉사한다는 마음을 잃지 않도록 노력하는 데 있다.

병을 앓았을 경우에도 그렇다. 오랜 입원생활에서 완쾌라는 반가운 결과로 집에 돌아오게 되면 지금까지의 괴로움이나 고통을 말끔히 잊어버리고 만다. 그러므로 애프터서비스 전부를 채택하는 것이 진정한 상도덕이라 할 수 있지 않을까.

거래에는 인간이 우선

고베 시 이키다구(神戸市生田區)에 내과와 X레이를 전문으로 하는 관의원(關醫院)이 있는데, 이곳 원장 관동원(關東源) 씨의 방에는 '심금담검(心琴膽劍)'이라는 액자가 걸려 있다. 관 씨는 광동계(廣東係)의 중국인 2세로 중국인들은 이 액자의 글을 매우 좋아한다.

마음은 거문고[琴] 소리같이 정답고 부드러워야 하나, 일단 검을 잡았을 경우에는 남자답게 담력을 가지고 매사를 처리한다는 뜻이다. 의학상 수술의 뜻도 있는데, 매사에 강하다는 것은 좋은 일이지만 그 이면에 섬세한 부드러움과 면밀함이 필요하다는 말이다.

유머를 잊지 않은 것도 중국인의 특성이라고 말할 수 있을 것이다. 이것은 상대방의 마음을 어루만져준다는 의도로써 도량이 큼을 말한다. 때와 장소에 따라서 자기 자신이 희극배우처럼 되어 부드러운 분위기를 조성하려고 노력한다.

노골적인 표현을 싫어하는 그들은 되도록 완곡(婉曲)한 표현을 쓴다. 그리고 단칼에 요절을 내는 것은 성인군자의 길이 아니라고 말한다. 그러나 그 이면에는 엄격하고 날카롭고 무서운 결단성을 발동할 가능성을 가지고 있어 결코 마음을 놓을 수가 없다.

전가(傳家)의 보도(寶刀)는 쉽사리 빼드는 것이 아니다. 될 수 있으면 빼지 않고 일을 끝내는 편이 좋다. 상거래의 경우에도 마찬가지다. 어려서부터 실사회에 뛰어들어 단련된 그들은,
"이익은 반반이야."
라는 따위의 결정을 절대 하지 않는다. 처음부터 완전한 계획에 착수한 일을 중국인들은 투철한 두뇌로 밀고 나간다. 착수한 이상 규모도 크고 배짱도 좋다.

커다란 거래를 하는 것을 보면, 마치 예술 작품을 제작할 때와 같이 세밀하게 신경을 쓴다. 그리고 부드럽게 밀고 나가는 모양은 거문고를 연주하는 것과 같다.

그러나 일단 절박한 경우에 당면하면 마치 청룡도를 휘두르듯 결단을 내릴 때가 있다. 그들은 이런 경우에 당면하지 않아도 항상 그러한 결의를 마음속 깊이 각오하고 있다.

일본은 법치국가임을 자랑하며, 또한 국민은 준법성이 강하다. 그러나 그 반면에 하나에도 규칙, 둘에도 규칙이라 하여 법의 정신보다도 법에 사람이 휘둘리고 있는 경우도 적지 않다.

이에 비해 중국인은 실질 본위로 법률보다 인간의 진가를 확인하고 거래를 시작한다.

앞서 말한 관동원 씨도 대범한 사람이다.
"나는 텔레비전을 싫어하지만, 가족이나 다른 사람들이 보는 것은 말리지 않는다. 사람은 각자 그들 나름의 생각이나 취미

가 있기 때문이다."

이와같이 그는 남을 간섭하는 일은 절대 하지 않는다.

"의사는 돈벌이와는 무관해야 한다. 그러나 친구나 동료들이 사업에 열심인 것을 지켜보는 것은 참 기분 좋은 일이다."

그는 이렇게 말하면서 협력이나 주선에 수고를 아끼지 않는다.

중국에서는 '마음 좋고 상냥한 사람일수록 어떤 일에 당면했을 때는 배짱이 좋아져서 담력을 가지고 대사를 결행한다.'라는 말이 있다. 마음의 유연성을 지닌 사람은 사태를 잘 판단하고 객관성을 잃지 않기 때문에 결단을 내릴 때가 되면 공평하게 할 수 있다고 한다. 완고한 사람은 자기 생각을 고집하여 무슨 일에 당면했을 때 감정에 흐르기 쉬울 뿐만 아니라 실패하기 쉽다.

거래에 있어서도 만일의 경우 상대방은 물론 그 관계자들에게도 폐를 끼치지 않겠다는 마음가짐이 중요하다. 그 각오가 그 사람의 크기와 인간성을 결정해버린다.

일이 잘 진행되고 있을 때면 무슨 일이든 별로 참고가 되지 않는다. 인간의 가치 판단에 기준이 되는 것은 만일의 사태가 일어났을 경우이다. 평소에 아무리 좋은 사람이라도 이런 때에 자기 자신의 일밖에 생각하지 못하고, 결단을 내리지 못한다면 거래하는 상대방으로서도, 또 인생의 친구로서도 입에 올릴 값어치가 없지 않을까.

＊이윤은 경제제도의 생명선이며 매혹적인 특효약이다. 발전과 번영은 궁극적으로는 모두 이 이윤에 달려 있다. 그러나 한 사람에게 이로운 핏방울은 다른 사람에게는 해로운 암이 된다. ―사뮤엘슨―

신용은 돈이다

중국인이 신용을 중요시하는 정도는 상상 이상이다. 점포의 경영자라면 그 업체를 지켜나가는 것은 매우 중요한 일이다. 그래서 무책임한 말이나 상도덕에 어긋나는 일은 결코 하지 않는다.

옛날 중국에 있던 환전상(換錢商)에선 자기 점포로부터 나가는 은화에도 그 점포의 상호를 표시하는 인(印)을 찍었다고 한다.

"만일 우리집에서 환전한 것 중 가짜 돈이나 소리가 나쁜 것이 섞여 있으면 언제든지 바꿔줍니다."

라는 뜻이다.

이 정신은 지금도 중국인 속에 남아 있다. 요릿집에서는,

"먹고 남은 것은 싸주시오."

하면 매우 기뻐한다. 그것은 선전이 되기 때문이다. 주인보다 더 기뻐하는 사람은 요리사다.

"내 솜씨를 손님이 인정해주었다."

하고 자신을 가지기 때문이다.

그 반면에 규모가 크고 시설이 잘된 요릿집이라도 먼저의 손님이 남긴 것을 두었다가 다음 손님에게 내놓게 하는 예가 적지 않다. 물론 남긴 것이라 해도 수저를 댔던 것은 아니지만…….

이러한 것은 익숙한 중국인 손님이면 금방 안다. 요리의 종류에 따라 그 가짓수와 나오는 순서를 알고 있기 때문이다. 생선이 나오는 장면이나 닭 요리가 나오는 순서가 정해져 있기 때문에 이것이 바뀌면 곧 아는 것이다.

이렇게 되면 이 점포의 신용은 떨어지고 중국인들 사회에 알려지는 결과가 되어버린다. 먼저의 위치로 신용을 얻기까지 상당한 시일이 걸리게 되었다는 예도 없지 않다고 한다. 아무리 선전비를 사용하고 겉치레를 해도 이렇게 되면 끝장이 난다.

그런데 아무리 신용이 중요하다고 해도 손님의 말을 그대로 받아들이는 따위의 일은 별로 좋지 않다. 왜냐하면 너무 권리가 없어져서 오히려 손님을 잃게 될 경우도 없지 않기 때문이다. 그 좋은 예로,

"일단 판 물건은 절대로 교환해주지 않는다."

라는 말을 준수하고 있는 중국인 상점에 신용이 따르게 되는 예가 많다.

동남아시아 같은 곳에 당당히 이 글을 벽에 붙인 상점이 있을 정도로 어떤 자부심을 가지고 있다. 물건을 사는 것도 거래의 한 종류가 되는 이상, 사는 방법을 소홀히 해서는 안 된다는 뜻인지도 모르겠다.

파는 쪽이 진실하게 하고 있는데, 손으로 만져보고 일단 물건을 산 다음 그 점포를 나간 사람이,

"생각해보니 별로 필요하지 않군요. 물러주시오." 라든가,

"다른 것과 바꿔주어요."

이래서는 경솔하다는 것이다.

일본의 백화점 같은 곳에서는 별로 좋은 표정을 짓지는 않으나 교환해준다. 그리고 백화점의 경우에는 선물이나 답례품 같은 것을 받고 다른 물건과 바꿔주는 예도 많은 것 같다.

어쨌든 점포는 신용이 생명이다. 그러므로 책임의 소재를 항상 분명히 해둘 필요가 있다.

도쿄의 어느 중국요릿집의 주인은,

"저희 점포에서는 반드시 손님에게 관인 영수증을 받아 가시
도록 하고 있습니다."
라고 단호한 태도로 말하고 있다.

어느 날 그는 영수증을 손님에게 교부하지 않은 종업원에게
꾸짖었다. 그런데 그 종업원이,

"아무리 말씀 드려도 그 손님이 필요없다고 하시는걸요…
…."
하고 변명했기 때문에 당장에 해고시켰다고 한다. 손님이 필요
없다고 말해도 규칙이라고 강조하여 꼭 드리도록 하라고 입이
닳도록 말해놓았는데도, 그 종업원이 실천하지 않았기 때문에
본보기로 해고시킨 것이다.

적의 힘을 이용하는 상술

일본의 국기(國技)는 씨름과 유도다. 그런데 씨름은 쇼적인
요소가 지나치게 많아서 실제의 싸움에는 적당치 않는 점이
있다. 그러나 유도는 전세계의 무예 습득자들이 배우고 싶어할
정도로 응용 범위가 매우 넓다. 유도의 특징은,

"적의 힘을 역이용하여 메어 던진다."
라는 것이다. 이 이치를 상술에 이용하고 있는 사람이 중국인
이다.

도쿄의 W씨는 중국인들의 모임에서는 언제나 간부 자리가
주어지는 실업가다.

어느 날 그가 사장실에 있으려니까, 처음 보는 사람이 소개
장을 가지고 찾아왔다. 그는 누구를 막론하고 소개가 없는 사

람과는 만나지 않는 것을 원칙으로 하고 있었다.

초면의 인사가 끝나자 상대방이 말을 하였다.

"실은 흥신소에 있는 사람입니다만……."

별로 달갑지 않은 손님이다. 더욱이 W씨의 사업 내용을 조사해 달라고 의뢰한 사람이 있어서 찾아왔다는 것이다. 그는,

"조사할 만한 단서를 찾지 못해 마지막으로 직접 찾아뵈러 온 것입니다."

라고 말했다.

W씨는 숨쉴 사이도 주지 않았다.

"조사 의뢰자의 이름을 말해보게. 그렇지 않으면 말할 필요가 없네."

"그것은 밝힐 수 없습니다."

"그럼 돌아가주게."

"……."

흥신소 조사원이 난처한 표정을 짓자 W씨는 눈빛을 빛냈다.

"그러면 내가 짐작해서 두세 사람의 이름을 말해볼 테니 아무 말 말고 고개만 끄덕이면 되네."

흥신소 조사원은 W씨의 제안을 물리치고 명함만 두고 돌아가버렸다. 설명이 늦었지만 흥신소의 조사원은 일본인이었다.

밤새도록 생각한 W씨는 이렇게 결심했다.

"좋다! 이 사람을 이용하자."

이튿날 W씨는 흥신소에 전화를 걸었다. 그리고 그를 자기 사무실까지 불렀다.

농담을 섞어가면서 진행된 회담은 약간 분위기가 부드러워졌다. W씨는 그 동안 그 조사원의 인물됨을 확인하는 것을 빼놓지 않았다.

"내일 밤 다시 만나고 싶네."

이리하여 W씨는 그와 점점 친하게 되었으며, 3년 후인 오늘날에는 그를 외부의 중요한 협조자로 대우하고 있다.

"나는 그에게서 많이 배웠다. 그는 얻기 어려운 친구의 한 사람이 되었다."

라고 W씨는 그를 보증한다. 영업면에 있어서도 도움이 되지만 인간으로서도 매력있는 사람이라고 W씨는 그를 평가한다.

W씨는 지금도 가끔 말한다.

"그때 그가 의뢰자의 성명을 곧 말했더라면 아마 이런 인연은 없었을 것이다. 어떻게 신용하겠나. 그야 성명을 밝혀주었더라면 그때만은 나에게 편리했겠지."

또 감개 깊은 듯이 이런 말을 덧붙인다.

"그날 밤 그를 생각하지 않고 그대로 내버려 두었더라면 오늘날과 같은 우정관계는 없었을 것이다. 말하자면 적의 사람이었는데, 약간 마음에 걸리기에 잠자지 않고 생각하여 결국 그 사람을 내 편으로 만들어야겠다고 결심을 하고 보니 벌써 아침이었다."

이와같이 중국인의 생각은 폭이 넓었다. 적까지도 자기 편으로 만들어버리는 예는 가끔 있다. 어떤 가능성을 재빠르게 포착해 결심하는 결단성이 있고, 인물을 평가하는 데 있어 그 소속 단체나 사상 같은 것에 관련시켜 획일적으로 보지 않기 때문일 것이다.

이 이야기의 경우 흥신소 조사원 편에서도,

"온갖 방법을 다 써봤으나 손을 댈 곳이 없었다. 최후로 만나보자고 뛰어들었다. 처음에는 가볍게 취급당했고, 이튿날 전화가 있었을 때는 상당한 각오로 덤볐다. 어떻게 할까 하고 매

우 주저했었는데, 역시 만나기를 잘했다. 인간은 어디에 인연
이 있는지 알지 못하는 것이다."
라며 역시 즐거운 듯 술회하고 있었다.

타인의 성공은 웃음으로 바라보라

상거래에 상대가 있는 것은 당연한 일이다. 중간에 몇 사람
이 끼여들 경우도 있다. 이 중개인의 존재를 중요시하는 것이
중국인의 상술이다.

한번 튼 거래는 좀처럼 변경하지 않는 것도 그들의 특징
이다. 살 사람을 A, 팔 사람을 B, 중개인을 C라 가정하면, A
는 B의 존재를 알고 있으면서도 끝까지 C를 중간에 세워 C하
고만 거래한다. 어느 경우에 A와 B가 우연히 만나는 일이 있
어도 두 사람은 필요 이상의 대화는 하지 않는다. 파티나 업계
의 모임, 결혼 피로연 같은 곳에서 만나는 기회도 물론 있다.
그러나 그들은 일절 일에 관한 말은 하지 않는다.

일본인이라면 이런 경우 어떻게 했을까.

"항상 신세지고 있습니다."

"뵙기는 처음이지만 항상……."

이런 식으로 인사를 나눈 다음, 결국 사업 이야기에 옮겨져
직접 거래를 하는 방향으로 돌아가게 될지도 모른다. 중개자를
빼버리면 A는 조금 싸게 살 수 있고, B는 비싸게 팔 수 있게
된다는 속셈에서다.

그러나 중국인은 이런 경우에도 그런 제안은 절대 하지 않
는다. 만일 팔 사람 편에서 먼저 말을 꺼내도 살 사람 쪽은,

"나는 C와 거래를 하고 있습니다. 댁에서도 C에게 많이 팔아서 벌도록 하십시오. 나는 C씨를 통해 댁의 물건을 사들일 테니까요. 잘 부탁합니다."

라고 당연한 듯이 대답할 것이다.

C를 통해서 장사한다는 방침은 바꾸지 않는다. 여기서 C의 존재를 무시하는 것은 C에 대한 배신행위도 되고 또 장래 사업면으로 볼 때 손실을 초래한다는 것을 알고 있기 때문이다.

A는 아직 B를 신용하고 있지 않다.

그리고 사람을 신용하기까지에는 많은 시간이 소요된다. 상당한 기간을 두지 않으면 안 된다.

그러나 C는 신용할 수 있어서 지금까지 거래했던 것이다. 그렇기 때문에 C를 안전장치로 남겨둘 필요가 있다. B에게 급작스런 변동이 발생해도 C가 중개하고 있는 이상 일체의 책임은 C가 지기 때문이다. 그래서 C가 중간에서 아무리 많은 이득을 붙여도 상관하지 않는다.

자기는 사들이는 가격을 기준으로 하여 자기 장사를 해나가면서 C가 어떤 수단을 써서 어느 정도 벌고 있는가를 조용히 연구하는 것이다. 그것을 잘 관찰해두었다가 앞으로 참고하는 것이다. 이런 태도는 장래 C와의 거래에 영향을 주게 되며 하나의 테스트 케이스가 되기도 한다. 그리고 직접 거래를 제안해온 B라는 인물을 감정하는 계산의 척도가 된다. 눈앞에 보이는 적은 이익 때문에 C를 화나게 만들 필요가 없다. 또 C로부터 색안경 속에서 관찰받을 어리석음도 피해야 한다. 그것은 하나의 위험을 짊어지게 되는 것을 싫어하기 때문이다.

그대로 C를 중간에 두고 장사를 하고 있으면 C로부터 쓸데없는 오해를 받을 필요도 없고, 만일의 경우 위험을 C가 책임져준다는 이점이 있기 때문이기도 하다.

곧잘 사람들은 중국인을 무서운 장사꾼이라고 상상한 나머지,

"그들은 이익을 위해서는 무엇이든지 한다."

고 생각하기 쉽다. 그러나 그들은 이와 같은 사항을 고수하는, 그리고 선견지명이 있는 철학자인 것이다.

달러 쇼크나 엔화 절상의 문제에서도 그들은 겉으로는 털끝만큼의 동요도 보이고 있지 않다.

그들은 늘 이런 문제가 발생할 경우 어떻게 할 것인가를 생각해 대비하고 있으며, 또 항상 이런 상황을 염두에 두고 있다.

중국인들은 에누리하거나 하는 거래상의 일에 뛰어난 재주가 있다.

경쟁자의 의견에서 힌트를

중국에서는 양력보다 음력 정월 명절을 더 중요시한다. 그들은 음력 정초를 춘절(春節)이라 하여 학교나 직장도 3일~10일간 쉰다. 그들은 용춤이라 하여 밤에는 용의 뱃속에 등불을 단 용등(龍燈)을 들고 거리를 누비며 다닌다.

남자애들은 연이나 팽이를 가지고 놀며, 계집아이들은 공기 같은 것을 가지고 논다. 이 공기는 돼지 뼈의 관절을 깨끗이 씻고 잘 닦은 것인데, 이것은 계집아이들의 보물이다. 그리고 그들은 기호에 따라 만두를 가정마다 만들어 먹는다. 그들은 이 만두를 매우 경사스러운 음식으로 여긴다.

섣달 그믐날에는 국수를 먹는데, 정월 초하룻날에도 먹는다. 가늘게 길게 산다는 뜻으로 하얗고 긴 국수를 사용하는 것이 보통이다.

섣달 그믐날에는 가족은 물론 친척이나 평소에 친하게 사귀던 사람들이 모여서 망년회를 갖는 것까지는 일본과 같지만, 그때 그들은 지난 1년 동안에 발견한 다른 사람들의 결점을 서로 말해도 관계없다는 풍속이 있다. 서로 마음속에 쌓인 말을 털어놓는 것이다. 충고받은 사람은 설사 그 말이 나쁜 말이라도 결코 화를 내서는 안 된다. 나쁜 점을 전부 털어버린다는 것은 새해를 위해 좋은 일이라 생각하는 것 같다. 이런 중국인의 생각은 매우 흥미롭다.

1대 1로 서로의 결점을 찾아내면 나쁜 감정이 꼬리를 물게될 가능성도 없지 않겠지만 이 풍속은 일종의 대중적인 것이기 때문에 아무 일도 발생하지 않는다. 그리고 곧 해가 바뀔 때이기도 하여 감정을 가질 수도 없는 것이다.

중국인들은 이런 토론으로 서로 반성하고 각기 지적된 결점을 바로잡자는 효과를 노린다. 이 방법은 사업면에서도 물론 적용된다. 주인을 둘러싸고 각자가 느낀 이 1년 동안의 여러가지 일, 즉 충고하고 싶었던 일이라든가 제안하고 싶었던 점, 그리고 미처 말하지 못했던 것들을 아무 거리낌 없이 털어놓아 개선할 수 있는 점은 그 자리에서 채택한다.

이와같이 다수의 의견을 종합하는 것은 결국 주인을 위한 것이 되며, 일치단결하여 사업을 번창시켜 나가는 데 도움된다는 뜻도 가지게 된다.

한편 중국인은 인간이 가지고 있는 선천적인 약점을 너무나 잘 알고 있다. 그렇기 때문에 그 선천적인 약점을 스스로 조심하고 경계한다. 공적인 예로 중국인 단체의 일 같은 것을 할 경우, 다시 말해서 공적인 업무를 수행하기 위해서 사람을 방문할 경우가 있을 때는 절대 혼자서는 가지 않으며, 또 가게 하지도 않는 것이 보통이다.

모임이 있다는 것을 통보하는 경우에도 예의와 격식을 중요시 한다. 중국인은 약간 중요한 회합이 되면 우편물에만 의존하지 않고 일일이 방문하여 직접 전한다.

이 통지서를 전하고 출석 여부를 확인하는데, 세 사람 또는 대여섯 사람씩이나 함께 다니는 일이 많다. 서로가 서로를 감시하는 의미도 있으나 임무를 확인한다는 것이 그 중요한 목적이다. 그리고 특별한 인간관계를 이용해 목적하는 일 이외의 일을 이야기하거나, 자기만을 선전하거나, 또는 다른 의미로 받아들여지기 쉬운 표현을 사전에 방지하기 위한 점도 겸하고 있다.

그 사람을 완전히 신용할 수 있을 때까지는 무슨 일을 시키든 반드시 감시하는 것을 잊지 않는 것이 중국인이다. 중국인들은 인간의 약점을 전부 예견하고 있는 듯이 사전에 예방을 한다. 일본인과 같이 감정에 흐르거나 인정에 끌리거나 하는 예가 적은 중국인은 사업에서 자기 자신의 순간적인 감정에 끌리는 일이 별로 없다.

중국인들은 결과적으로는 자기의 방침이나 대책을 밀고 나가더라도 자기 편의 의견이라면 되도록 다수의 비판을 받아들일 자세를 견지한다. 그러기 때문에 중국인들은 의견을 말하는 사람보다 의견 그 자체의 내용과 본질을 검토한다.

중국인들은 경쟁자로부터까지도 배우려 한다. 그러니 이런 방법을 채택하지 않을 리가 없다.

상술의 힌트는 가까운 곳에서

중국인들은 무엇이든 사업과 연관하여 생각한다. 택시를 타도, 거리를 걸어도, 사람들의 잡담 속에서도 사업을 위한 무엇인가를 찾아내는데, 그 솜씨에는 감탄을 금할 수가 없다.

상점을 경영하고 있지 않는 사람이라도(예를 들어 의사, 교사 등) 장사에 대한 예민한 재주를 가지고 있다. 이와 같은 사람들과 잡담하고 있으면 재미있다. 가령 흥이 올랐을 때라도,

"잠깐! 지금 이야기는 돈벌이가 되겠는데, 한번 여기 모인 사람들끼리 시작해봅시다."

라고 화제가 돈벌이로 바뀌어버린다. 물론 농담조로 화제가 바뀌지만 사람들의 의견이 나오는 정도에 비례하여 진실성이 증가한다. 단순한 좌담에서도 이런 구상이 잇따라 나온다. 당신이 얼마, 내가 얼마 하고 이익 분배까지도 제시된다. 이런 경우 대부분은 말만으로 그치지만 그 중에는 실현되는 것도 있다.

홍콩의 부자가 일본에 왔을 때의 일이다. 그는 만나는 사람마다, 그 사람이 무슨 직업을 가지고 있든간에,

"뭐, 재미있는 사업 없습니까?"

하고 서툰 일본말로 물었다. 지나가는 말이나 인사를 대신한 말이 아니었다. 그는 진정으로 그런 말을 하고 다녔다. 사람이나 장소를 가리지 않고 힌트를 얻어내려는 의욕이 충만해 있어 자기가 이미 크게 성공한 대실업가라는 것도 잊어버린 듯한 태도였었다.

탤런트인 기쿠 요코(菊容子)의 부친 기쿠치 다케지(菊池武次)씨는 전에 일본 우선(日本郵船)에서 근무했었는데, 전쟁중에 그

산하 회사의 외국 주재원으로서 수마트라의 작은 항구에서 근무하다가 종전을 맞았다. 그때 그 회사 잡부의 직위에 있던 중국인 사(謝) 씨는 싱가포르로 갔고 기쿠치 씨는 도쿄에 돌아왔다고 한다.

싱가포르는 오늘날 중국인의 천국이라 불릴 정도이다. 수상인 이광요(李光耀) 씨도 복건성 출신 중국인 4세다.

이 사 씨가 2차대전 종전 후, 얼마 있다가 무슨 일인지 소식도 없이 일본에 나타나 기쿠치 씨를 찾아왔다. 그리고 깜짝 놀랄 말을 꺼낸 것이다.

"싱가포르에 빌딩을 빌려놓고 당신이 살 집도 준비해두었으니 가족 전부가 이사하십시오. 그리고 무역을 하십시다. 일본은 앞으로 이대로 가만히 있을 나라는 아닙니다. 반드시 장래 무역이 발전합니다. 그러니 일본인인 당신과 같이 대일 무역을 하고 싶습니다."

패전으로 황폐해 보잘것없는 일본을 보고 그는 이렇게 예언했던 것이다. 더욱이 몰락하여 가난한 생활을 하고 있는 한 일본인의 주소를 무슨 방법으로 조사하고 확인했는지 매우 놀랐다고 한다.

무엇 때문에 나를 선택했느냐고 말하자 그는,

"나는 일본인의 회사에 근무하면서, 일본인 윗사람을 내 나름대로 관찰했었습니다. 높은 자리에 있던 사람 중에는 제대로 된 인간이 없었습니다. 만일 손을 잡고 일할 수 있는 기회가 있다면 그때는 당신과 해야겠다고 그때부터 마음먹고 있었습니다."

라고 대답했다는 것이다.

중국인은 이와같이 엄밀한 평가를 하며 앞을 내다보는 선견지명도 있다. 그들은 지위나 선전 같은 것에 마음을 두지 않고 실제를 정확히 파악하는 능력을 가지고 있다.

기쿠치 씨는 사업에 대한 재능은 거의 없다. 그런데 사 씨가 기쿠치 씨를 선택한 것은 아마도 기쿠치 씨의 성실한 면을 높이 평가했기 때문인 것 같다.

기쿠치 씨는 가정 형편상 사정도 있어서 그 제의를 거절했으나 싱가포르에 돌아간 사 씨는 그의 말대로 그 후 무역으로 크게 성공하였다 한다.

돌부처에게라도 팔아라

자립하는 데 있어 너무 빠르다는 이론은 성립되지 않는다. 그리고 너무 늦었다는 말도 성립되지 않는다. 10대에 독립해 성공한 사람도 있고, 60을 넘은 다음에 용기를 내어 장사를 시작해서 성공한 부인도 있다.

인간이란 어떻게든 하고 싶다고 생각하는 것이 있다. 한 번밖에 없는 일생이다. 이렇게 해도 일생이고, 저렇게 해도 한 평생이다. 후회하지 않기 위해서는 기회가 오는 것을 놓치지 말고 절대 자립해야 한다. 그러나 남의 영향이나 권유에 의하지 않고 자기 자신의 판단으로 결행하지 않으면 안 된다.

중국인의 자립심은 대대로 이어 내려온 교훈에 의하기도 하지만 특히 모친의 가르침에 영향이 크다.

자전거를 배울 때 뒷바퀴의 양쪽에 보조 바퀴를 달거나, 뒤를 다른 사람에게 잡아 달라고 한다. 그런데 언제까지나 이런 방법을 계속하고 있어서는 영구히 혼자 타지 못한다. 수영도 마찬가지다. 언제까지나 튜브 같은 것만을 의존하고 있다가는 배우지 못한다. 남만 믿고 있다가는 진정한 독립을 바랄 수 없다. 중국인들은,

"우리 민족의 독립심은 왕성하다. 가끔 돈이 없어 자립할 수 없다고 말하는 사람이 있는데, 이 말은 옳지 않다. 중국인 청년은 기회만 있으면 1천 엔 정도를 가지고도 자립한다."

라고 말한다.

요컨대 자본보다 마음이 중요하다는 것이다.

가게가 없으면 아는 사람의 가게 처마 밑을 빌어서라도 시작한다. 그것도 없으면 손에 땅콩을 들고 서서라도 팔 각오가 되어 있다. 팔 상대가 없으면 마을 어귀의 돌부처에게라도 그 옆에 주저앉아 산에서 따온 나무 열매나 과일을 판다.

이러한 기질이 곧 중국인의 기질인 것이다.

창의성과 실천력이 있으면 장사는 그 규모의 차이는 있을지라도 내용은 마찬가지라고 생각하는 것이 중국인이다.

그러기 위해서는 평소부터의 마음가짐이 중요하다. 중국인은 협(俠)과 인(仁)을 중요시한다. 설사 법에 저촉되더라도 친구를 배신하지 않는다.

한간(漢奸, 적과 내통하는 사람)은 인간으로서 가장 멸시받고 저주의 대상이 되어 있다.

중국인들은 또한 안목을 기르며 독립할 수 있는 소재를 항상 찾고 있다. 별로 남의 흉내를 좋아하지 않고 개성적인 것, 특히 자기가 아니면 할 수 없는 그러한 것을 발견해내려 하고 있다.

이와같이 독립할 수 있는 길을 막는 것은 외적인 조건이 아니라 자신의 용기가 없는 것과 그리고 선견지명이 결여된 데에

그 원인이 있다.

사람부리는 방법은 독창적으로

중국안도 여러 점에서 일본인의 자질을 높이 평가하고 있다. 그 중에서도 특히 예술적으로 뛰어난 점을 들고 있다. 그것은 일본인이 감성(感性)이 예민하고 교육 정도가 높기 때문이라고 한다. 의무교육의 취학률도 일본이 세계 제일이라고 한다. 그리고 외국의 문화를 도입하여 그것을 잘 소화시키고 있으며, 거기에 가공하여 자기 것으로 만드는 역량은 높이 평가되고 있다.

일본인은 미학적 의식이 매우 강하고 또 일본인 특유의 의리와 인정에 미학적 의식이 더해져 있었다. 어느 부유한 중국인은 음악회 같은 곳에 가서 입장료가 몇 천 엔이나 하는 것을 보고,

"실례가 될지 모르지만 별로 넉넉지도 않은 것 같은 처녀들이 비싼 입장료를 내고 감상하러 간다. 연주중 보고 있으면 정말 이 사람들이 예술을 이해하고 있다는 사실을 알 수 있다." 고 감탄했다.

그리고 일본인이 무슨 일이 생기면 체면이고 뭐고 생각지 않고 경솔하게 날뛰는 것을 보면 이해할 수 없다고 이상스럽다는 듯 말했다. 반면에 중국인은 논리적인 면에서 매우 뛰어난 점이 있다. 무슨 일이든 대화를 우선하는 것을 원칙으로 하고, 이론에 맞지 않는 미학적 생각이나 감상은 갖고 있지 않다. 그래서 사업에 관한 거래도 처음부터 끝까지 이치에 닿지 않으면

성립되지 않는다.

그런데 자칫 감정에 흐르기 쉬운 일본인은 엉뚱한 방향으로 비약할 가능성이 있다. 그러나 해외의 중국인들은,

"우리들은 남의 나라에 살고 있기 때문에 그 나라 사람에게 폐가 되는 일이나 사업에 방해가 되는 일은 하지 않는다."

라는 잠재적인 사고방식을 가지고 있다.

그래서 중국인밖에 할 수 없는 기술 개발이 나타난다. 그 하나가 중국요릿집이다.

중국요리의 청증어(淸蒸魚, 찐 생선) 요리만 하더라도 10년은 돼야 완전히 그 조리법을 익힐 수 있다고 한다. 게다가 화학 조미료에 의존하는 것을 명예롭게 여기지 않는 중국인 특유의 풍조가 뿌리깊게 자리잡고 있기 때문에 주방장은 대개의 경우 홍콩이나 대북에서 스카우트해올 정도라고 한다.

요리와 같이 직감과 경험이 말하는 기술은 학교에서 배운 것만으로는 기술을 완전히 익힐 수 없다. 중국인은 현재 큰 요릿집을 경영하고 있는 업체의 자식이라도 뒤를 잇게 할 생각이 있는 이상, 학교는 고등학교 정도로 끝내고 남의 집 요리 견습생으로 보내버린다. 첫걸음부터 시작시키는 것이다. 설사 그것이 10년, 20년이 걸리더라도 직접 체험으로 익혀나가는 것이 상식이다. 체험 제일주의이기도 하다.

요리사는 결코 친절히 가르쳐주지 않는다. 기술은 전부 몰래 배워야 하며 요리 기술 이전에 적극성과 결단성을 단련해야 한다.

물론 요리사 중에는 일본인도 많다. 그러나 국민성 탓인지, 아니면 전통이 다르기 때문인지, 또는 주방장인 중국인이 자기네들의 기술을 일본인에게 습득시키는 것을 꺼려서인지 일본인

주방장은 거의 없다. 특히 큰 중국요릿집에서는 간판을 대신하는 늙은 중국인을 카운터에 앉히기를 좋아한다.

그런데 요리업의 세계도 구인난에 허덕이고 있다. 특히 주방장급은 비싼 급료를 주어야 하는데도 그들은 완고하고 고집쟁이라 부려먹기가 매우 힘들다.

여기에 착안한 사람이 이치가와(市川), 하치오지(八王子), 요코하마, 가와사키(川崎) 등에 점포를 가지고 있는 동북(東北, 만주) 출신인 이구(李歐) 씨다.

그는 결단을 내려 요리사를 전부 일본인으로 바꾸었다. 일본인의 예술적인 감각과 감수성을 채용한 것이다. 그래서 발탁된 일본인들은 매우 감격하여 굳은 단합으로 차례로 기술을 높여 갔다.

정보는 돈으로 얻어라

정보는 돈을 들이더라도 얻어낼 필요가 있다고 생각하는 사람들이 중국인이다. 그러나 매스컴을 그대로 믿지 않는 사람들도 그들 중국인이다.

신문이나 주간잡지에 게재된 것은 독자가 광범위하여 동시에 많은 사람들이 알아버리니 별로 가치가 없다. 그들이 알고 싶어하는 것은 그 기사 이면에 숨겨진 진상이다.

오랜 역사 속에서 끊임없는 정변(政變)을 몸소 경험해온 그들이다. 큰일이 발생할 때는 거의 사건에 아무런 공표도 없이 돌연히 대중에게 알려진다는 것을 그들은 역사적인 경험에 의하여 알고 있다.

중국인들은 항상 자기들의 루트를 통해 정보를 수집 분석하고 있는데, 그 때문이라면 상당한 비용이 들어도 후회하지 않는다. 작은 점포를 경영하고 있는 사람까지도 그 가치를 인정하고 있다.

일본에 거주하는 중국인들 중 그 일부는 비밀 루트를 교묘히 이용하고 있다고 한다. 한 나라로부터 다른 나라로 보내는 송금의 지하결제(地下決濟)같은 것은 무전(無電) 하나로 당장에 이루워진다. 단순한 송금 같은 것은 번잡한 수속을 거치는 것보다 이 방법을 이용하는 것이 간단할 뿐만 아니라 정확하게 진행된다고 단언하는 사람까지 있을 정도다. 이런 것도 자기들이 얻은 정보를 확신하기 때문이다.

몇 년 전, 일본에서 새로운 천엔권을 발행했다. 이 때도 국내에서 정식으로 시중에 내놓은 그날 아침에 이미 홍콩을 위시한 동남아시아 여러 나라에 있는 루트에 새로운 천엔권이 대량 돌아가고 있었던 것을 보아도 알 수 있다.

이런 예만 보더라도 정보 교환은 그들의 사업 활동에 큰 비중을 차지하는 것이다. 일벌과 같이 단 1초의 시간을 아끼면서 활동하는 중국인이지만 회합에는 참석한다. 이것은 정보 교환을 위해서다. 중국인들의 각종 총회나 집회, 또는 결혼식, 문상을 겸한 밤샘 등도 그들의 중요한 정보원(情報源)이다. 밤샘에 마작은 따르게 마련인데, 승부를 즐기면서 슬쩍슬쩍 이야기를 나눈다.

노련한 사람은 절대 자기 편에서 정보를 내놓지 않는다. 왜냐하면 정보는 별로 중요하지 않은 것을 내놓거나 남보다 되도록 나중에 내놓는 편이 유리하기 때문이다.

회합에서 얻은 힌트를 유효하고 신속하게 활용하여 대자본을 만드는 바탕으로 한 중국인이 많다. 일본인 중에는 지금도 변호사나 의사에게 전화해 필요한 여러 가지 일을 상의한 다음에 그 보수를 지불하는 사람이 거의 없다. 그런데 어느 상점에서 물건을 주인의 허락도 없이 그냥 가져갔다면 어떻게 되는가, 얼굴색을 달리 해 화를 낼 것은 당연하다. 이와 마찬가지 이치다. 상대방은 진단이나 법률을 구사하고 적용시키는 것, 즉 넓은 뜻으로 바꾸어 말하면 의사나 변호사는 정보를 상품으로 하는 직업인 것이다.

이 이론을 적용하면 점쟁이에게 전화로 문의한 다음에 그 복채(卜債)를 송금해야 하는 것과 같은 이치가 된다.

중국인은 이런 일에는 이해가 빨라 그대로 실행한다. 그만큼 그들은 정보의 가치를 잘 알고 있으며, 이용 방법도 체득하고 있다.

뿐만 아니라 그 정보의 분석도 잊지 않는다. 정확도를 측정하기 위하여 여러 모로 검토해본다. 그리고 정보가 어느 정도의 정확성을 가지고 유포되고 있는가를 확인하기 위해 일부러 가짜 정보나 이용도가 극히 적은 정보를 유출시키기도 한다.

이 때 남의 힘을 빌기도 한다.

그것은 그 정보와 함께 흘러들어오는 정보의 성격을 판단하려는 속셈도 있기 때문이다. 정보라는 것은 아무리 많이 획득해도 그것을 응용하지 않으면 아무 소용이 없다. 중국인들은 그것을 지나칠 정도로 잘 알고 있다.

---

*돈을 사랑하는 것은 모든 악의 근원이라고 전해진다. 돈의 결핍도 마찬가지로 악의 근원이다. —버틀러—

싸움은 이익이 없다

중국인은 완곡(婉曲)을 즐기며 균형을 존중한다. 속담이나 격언에서도 앞에 동(東)자가 있으면 뒤에 서(西)자가 나온다. 처음에 상(上)자를 나타내는 구절이 있으면 나중에는 반드시 하(下)자를 나타내는 구절로 끝맺음한다.

중국인의 상술도 또한 이런 균형에 유의하여 될 수 있는 한 노골적인 표현이나 태도는 기피하려고 한다. 싸움이나 투쟁은,

"이 이상 더 양보할 수 없다."

"체면이 손상된다."

라는 중대한 일에 당면하지 않는 한 하지 않는다. 이런 경우는 대인관계에서도 찾아볼 수 있다. 싸움은 결코 이익을 가져오지 않는다는 것이 중국인의 생각이다. 폭력 단체에 중국인이 없는 것도 이러한 까닭에서다(특별한 예가 없지는 않다). 그러한 조직에 관계하고 있으면 참된 부자가 될 수 없다는 것을 너무나 잘 알고 있기 때문이다.

중국인은 항상 붙임성이 있다. 싫은 사람을 만나면 마음속으로는,

'이 자식이!'

하면서도 웃는 얼굴로,

"기회가 있으면 놀러 오시오."

한다.

그러니 그들의 말을 그대로 믿고 놀러 가서는 안 된다. 현실적이며 구체성을 중요시하는 중국인이니 진정으로 초대하는 것이라면, '○일 ○시에 ○○으로……' 하는 식으로 정확히 때와 장소를 밝힌다. 그리고 사귄 지 얼마 되지 않은 중국인에게서

식사를 함께 하자는 권유를 받아도 단번에,

"예, 그렇게 하지요!"

하며 따라가서는 안 된다. 왜냐하면 가벼운 인간으로 평가받게 되기 때문이다. 세 번째 정도가 될 때까지 정중히 사절해야 한다. 이쪽을 시험하는 경우도 있으니 특별한 주의가 필요하다.

그리고 중국인은 돈벌이에 있어서 처음부터 혼자 독점하지 않는다. 반드시 상대방의 몫을 제시하고 상의한다. 거기에는 구체적인 숫자가 제시되지 않으면 안 된다.

"이렇게 하면 전부 해서 얼마가 벌린다. 그 중 6할은 내가 갖고 4할은 당신 몫으로 하자."

는 식으로 이야기를 진행시킨다.

"거기에는 이러한 조건이 있다. 이렇게 하면 어떤가?"

하고 덧붙인다.

거절하는 시기는 그때다.

그런데 일본인의 상담(商談)은 예스와 노우가 상대에게 확실히 전해지지 않는 경우가 있으니 이 점 주의해야 한다.

종업원의 채용 방법에 있어서도 그렇다. 인간을 잘 파악하고 있기 때문에 어딘지 모르게 냉정한 점이 있는 중국인은 인간의 나쁜 점도 잘 알고 있다. 종업원들이 아무리 주인 앞에서 성실히 일을 하는 체해도 뒤에 돌아가서 무엇을 하는가를 꿰뚫어보고 있다.

과외 수입이라는 것, 정도의 차는 있을지라도 어느 직장에나 있는 것을 중국인들은 너무나 잘 알고 있다. 그래서 중국인 경영자들 사이에서는,

"윙크 상술로 해나간다. 그게 제일이야."

라는 말이 돌고 있다. 장사에 손해를 끼치지 않는 한, 어느 정도까지는 한쪽 눈을 감고 있다는 것이다.

"고양이는 먹다 남은 것을 생쥐가 주워 먹더라도 못 본 체한다."

라는 말도 뿔을 바로 잡으려다 소를 죽이는 어리석음을 피하려는 데에 그 목적이 있다.

현재와 같이 노동력이 부족한 시대에는 해고를 마음대로 하기 어렵다. 또 당장에 마음에 드는 사람을 구하기란 더욱 어렵다. 새로 고용한 자도 역시 같은 짓을 되풀이할 것이 뻔하다는 것을 중국인들은 알고 있다. 그래서 그들은 '나는 너희들이 저지르고 있는 일쯤은 알아도 모른 척하고 있다.'고 기회가 있을 때마다 태도로 보이거나 다른 일을 빙자하여 암시하는 것을 잊지 않는다. 중국인에게는 이런 무서운 데가 있다. 이렇게 되면 상대방은 물론 그밖의 주위 사람들도 속셈을 알 수 없는 그 중국인 주인을 두려워하게 되어, 그 이상 부정을 저지르지 않게 된다고 한다.

신데렐라 상술

중국인 아이들은 물건을 사는 재주가 좋다. 부모들의 교육을 잘 받아서 그런지 몰라도 매사에 빈틈이 없다. 소년 소녀에게 흔히 있는 겉치레나 허세가 없다. 어른들도 그렇지만 '친구는 친구, 장사는 장사'라는 한계가 분명하다.

그들은 신발 한 켤레 사는 것도 훌륭한 거래라는 의식을 가지고 있어서 절대 소홀히 사지 않는다.

오사카에서 사는 P라는 19세 난 중국인 여사무원의 예인데, 그녀는 백인이 경영하는 항공 회사에 근무하고 있기 때문에 친구 중에는 일본인이나 미국인도 많다. 특히 22세 난 일본인 처녀와 친하게 사귀고 있어서 곧잘 그녀와 함께 쇼핑 간다. 그런데 나이도 위이고, 사회 경험도 많은 일본인 처녀 쪽이,

"언제나 저 애한테 배우고 있는걸요, 뭐!"
하고 말한다.

P는 구두를 사려 할 때는 먼저 큰 상점에서 마음에 드는 구두를 찾아서, 다음에는 뒷골목의 작은 상점에 가서 그것과 같은 물건을 찾는다.

"무슨 물건이든 같은 것이 작은 상점에도 있다."

이것이 그녀의 신조다. 상표는 다르지만 제작한 회사가 같은 물건이 있다는 생각이다.

그때도 마침내 그녀는 적당한 가게를 찾아 가게 주인과 터놓고 말하는 사이가 되었다. 그 가게에는 주문해놓고 찾아가지 않는 물건이 있었는데, 그 구두가 우연히도 그녀의 발에 꼭 맞는 것이다.

"만일 맞으면 반액만 내시오."

가게 주인이 이렇게 말하자 그녀는,

"정말이에요? 난 꼭 신데렐라 공주 같아요."
하고 기뻐했다. 함께 간 일본인 친구는 저절로 한숨이 나왔다고 한다.

그렇다고 해서 P양이 흔히 말하듯 인색한 것은 아니다.

"구두 같은 소모품은 이런 방법으로 사는 것이 제일 좋아요."

유행에 말려들지 않는 것도 P양의 장점이다. 항상 자기 분

수, 즉 자기 주머니 사정을 잊지 않는다. 그래서 유행된 옷, 장식품, 일용품 같은 것이라도 자기 개성에 맞지 않으면 눈도 돌리지 않는다.

또한 사고 싶은 물건이 있으면 여유 있게 기간을 두고 조사한다. 앞뒤를 생각하지도 않고 지갑 끈을 푸는 짓은 하지 않는다. 이곳 저곳의 진열장을 들여다보는 것은 물론이고, 점포의 크기, 격식, 상표 등에 관심을 갖지 않고 물건을 감별할 수 있는 능력을 길러야 한다는 것이다. 철저한 중국인답게 외형적인 것을 그대로 믿지는 않는다. 여기에 장점이 있다.

"역시 P양의 눈은 굉장해, 꼭 X레이 같은 눈을 가지고 있어."

라는 주위 사람들의 평도 지나친 칭찬은 아닌 것 같다.

반드시 깎는 것만이 능사가 아니다. 때로는 깎지 않을 경우도 있는 것이다. 적당한 시기에 자기에게 알맞는 물건을 보다 싼 값으로 사는 것이 쇼핑의 비결이라고 그녀는 말하고 있다.

그녀는 할 일 없이 거리를 거닐 때도 비판의 눈을 번득이고 있다. 이 말을 전해 들은 한 일본인 상인은,

"만일 그런 아가씨가 있다면 우리는 두 손 들게 될 수밖에 없을 겁니다."

라고 말한 다음,

"그 아가씨에게 자본을 대주고 장사시키면 돈을 벌어줄 겁니다."

라고 덧붙였다.

쇼핑이니 뭐니 하고 으쓱대는 오늘날에도 중국인들은 여전히,

"물건을 사는 것도 훌륭한 거래의 하나다."

라는 말을 지키고 있다.

거래인 이상 일종의 승부이며, 승부에는 반드시 따르게 되는 물심 양면의 철저한 준비와 끊임없는 경계심의 발동이 필요하다는 것은 두말할 나위가 없다.

타산지석의 상술

'타산지석 가이차경(他山之石 可以借鏡)', '타산지석 가이공옥(他人之石 可以攻玉)'이라는 교훈이 중국에 있다. 다른 산의 돌을 보고 거울로 삼는다는 뜻이다. 즉 타인의 행동을 보고 자신의 반성 자료로 삼는다는 것이다.

보고 듣는 모든 것이 스승이 되지 않는 것이 없다고 한다. 원래는 다른 산에서 나오는 보통의 돌이라도 이 산에서 나오는 옥(거울)을 갈 수가 있다는 말이다. 다시 말해서 군주도 소인(小人)에 의해서 수양을 쌓는다는 의미를 갖는 것이다.

이웃 상점에서 이색적인 간판을 내걸거나 진열장을 잘 장식하여 매상을 올리면 곧 그대로 따라한다. 모방당한 편도,

"그게 좋거든 그렇게 하라."

는 듯 여유있는 태도다.

그렇게 해서도 손님을 잘 못 끌면 그 모방한 것을 곧 거두고 원점으로 돌아가서 언제 내가 그랬었느냐는 듯 태연한 표정을 짓는다.

그래서 중국인들의 사회에서는 이웃 점포와 동일한 상품을 팔고 있어도 일본식의 싸움은 생기지 않는다. 중국인들은 선조 대대로 내려온 사업을 이어받아야 한다는 원칙에 구애받지 않

는다. 그렇기 때문에 되지 않는 사업을 언제까지나 붙들고 늘어지는 어리석은 짓은 하지 않는다.

취급하는 상품에 있어서도 예외는 없다. 그들은 무척 탈바꿈이 빠르다. 그래서 중국인들이 집단적으로 거주하고 있는 지역에서는 죽 늘어서 있는 같은 업종의 점포를 흔히 볼 수 있게 되는 것이다.

양복지가 잘 팔리면 순식간에 양복지만 파는 거리로 탈바꿈해버리기도 하고, 양화점의 경매장 같은 인상을 노출하기도 한다. 그러면서도 중요한 곳에서 강한 개성이나 특징을 내포하고 있어서 그들 나름의 장사는 발전된다.

그리고 손님이 자기 점포에 없는 물건을 찾으면,

"잠깐만 창고에서 가지고 오겠습니다."

하고 양해를 구하고 이웃집에서 그 물건을 갖다 판다. 이 경우 이익은 절반씩 나눈다는 점도 그들의 계산에 들어 있다.

요코하마의 중국인 거리에 가장 많은 업종은 말할 필요도 없이 중국요릿집이다. 대략 80가구는 된다. 그런데 이 많은 점포들이 모두 운영되는 것은 이웃 흉내를 내면서도 각 점포가 각기 다른 점포에 없는 특징을 비장하고 있기 때문이다. 이 거리의 중국요릿집을 크게 나눠보면 북경요리 전문, 광동요리 전문, 사천요리 전문 등 특징이 정해져 있으며, 같은 광동요리라도 대만식 요리를 가미한 곳도 있다.

또한 큰 점포는 대연회, 결혼 피로연, 파티 등을 유치할 수 있다. 그 반면에 작은 점포는 배달도 하고 손쉽게 예약 없이도 가족 단위의 손님을 받을 수 있다. 중간치 정도의 점포는 작은 모임의 파티 같은 경우에 이용되기 좋다.

분위기로 보면 스테이지를 개설하여 중국인 아가씨 가수가 노래하거나 악사들이 연주하는 가게가 있는가 하면, 조용하여 아베크족에 알맞게 신설한 점포도 있고, 왁자지껄하게 식욕을 앞세우는 무리들에게 알맞고 또 그것을 매력으로 하는 가게도 있다. 이처럼 그 양태가 각양각색이다.

원래 음식점이 갖는 가장 중요한 요소는 맛, 질, 양, 가격, 메뉴의 구성, 분위기 등이다. 이런 점에서도 이 거리의 경우는 각 점포가 특징을 가지고 있으며, 항상 손님의 취향에 맞도록 시정해나가고 있는 것을 볼 수 있다.

거짓말 탐지기도 이겨라

태국의 경제는 중국인(그 태반은 중국계 태국인)들이 움직이고 있다고 해도 과언이 아니다. 그 중에서도 가장 영향력을 가지고 있는 사람이 장거국(張據國) 씨다. 그는 방콕 시의 쟈와라 로우드라는 곳에서 건축 회사를 중심으로 폭넓은 사업을 하고 있다. 한편으로는 정상(政商)과 같은 움직임도 있어 태국 정부에도 영향력이 있고 사업도 잘한다.

그는 또 설득력이 있어서, 특히 젊은 사람들에게 대해서는 정열을 갖고 지도할 뿐만 아니라 갖가지 도움을 주고 있다는 평을 받고 있다.

이 사람에게는 그만한 능력도 있겠으나, 그보다 태국을 위하고 전세계의 중국인을 위한다는 높은 안목과 이상을 지니고 있다는 점이 그가 존경받는 가장 큰 매력인 것 같다.

그의 일을 잘 알고 있는 중국인들의 짧은 평은 이렇다.

"그 사람이라면 거짓말 탐지기도 이길 것입니다. 아무튼 그는 신념으로 똘똘 뭉쳐진 사람입니다."

거짓말 탐지기 따위는 인간의 얕은 지혜로 만들어낸 것이다. 정열이 있는 사람에게 걸리면 본래의 가치도 발휘하지 못한다는 말이다. 말할 것도 없이 장 씨가 거짓말 탐지기의 신세를 지는 불행한 사태는 발생하지 않을 것이다.

이것은 중국인이 신념이 굳고 결코 배신하지 않는다는 한 가지 예에 지나지 않는다. 중국인은 배신을 가장 유치한 것으로 규정짓고 있다. 아무리 천한 일이라도 배신에 비하지는 못한다고 생각하고 있다.

물론 비밀을 꼭 지켜야 할 성질의 일에는 고난이 따르게 마련이며, 사업이 커지면 커질수록 그 거래를 둘러싸고 등장해오는 사람도 많아진다. 이런 일은 한 나라에 한정되는 문제로 끝나지 않을 경우도 없지 않다. 국제적인 문제나 사회적인 문제로 발전되면 이해를 달리 하는 단체가 각각 압력을 가해온다. 또한 상대방에게 절대로 발설해서는 안 될 사항도 발생하게 될 것이다.

그러한 경우, 거래하는 상대방으로부터의 사정에 못 이겨 무슨 일이든 누설해버리면 어떻게 되겠는가. 필경 거래는 그것 한 번만으로는 끝나지는 않을 것이다.

그때는 그것을 알려주어도 무사히 끝나고 다른 곳에도 영향을 주지 않겠지만 다음 거래 때나 다른 사업에 그 영향이 미치게 된다.

입은 반드시 무거워야만 된다. 그렇다고 해서 말수를 극도로 줄이라는 뜻은 아니다. 오히려 그 반대의 경우도 없지 않다.

거래를 부드럽게 진행시키려면 얼굴에 미소를 띄우고 윤활유 같은 대화가 필요하다. 탁구가 재미있는 까닭은 가벼운 흰 공이 양쪽 코너를 번갈아 왔다갔다 하고 리드미컬한 라켓 소리가 기분 좋게 마음에 울려 퍼지기 때문이다.

대화도 그와 똑같다. 쌍방이 거의 같은 양의 말을 경쾌하게 서로 주고받을 때에 매력이 있는 것이다. 이것을 잊지 않고 거래를 진행시키는 한편 자부와 자랑스러움을 갖고 있는 한, 설령 거짓말 탐지기가 등장하더라도 조금도 움직이지 않고 그것을 분쇄해나갈 배짱을 갖게 될 것이다.

그러기 위해서는 자기 자신의 이해 관계만을 추구하는 어리석음을 버리고 때로는 사회나 국가를 위한다는 높은 차원에서 상거래를 해야 한다. 이러나저러나 모두 한평생임에는 다를 바가 없지 않은가.

친구의 신용도의 층

구체적인 것을 좋아하는, 아니, 구체성이 있는 것 외에는 믿지 않는 중국인은 친구에게도 신용도에 따라 층을 매겨 교제하고 있는 것 같은 인상을 준다.

사람을 소개하거나 소개장을 쓰는 일은 그들에게 있어서는 매우 중대사다. 어쩔 수 없는 경우가 아니면 절대 그런 짓은 하지 않는다. 그들은 교제가 두텁지 않거나 별로 친하지 않는 사람은 절대 소개하지 않는다.

그들은 한 사람을 신용하고 교제하기까지는 자금이 들었다고 생각하고 있다. 그렇기 때문에 애써 시간을 내어 사람을 시험하고 선별하여 합격시키고 있다.

마땅치 않은 사람을 이미 합격한 사람에게 소개하면 어떻게 되겠는가. 최악의 경우에는 두 사람 모두 잃게 될 가능성도 없지 않다고 중국인들은 생각하고 있다.

그런데 일단 합격시키고 믿은 다음에 소개할 때는 어떻게 하는가. 중국인은 끝까지 책임을 진다. 명함 옆에다 좀스럽게 소개하는 글을 써넣는 따위의 짓은 하지 않는다. 정중하게 붓으로 편지를 쓰는 것이 보통이다. 물론 젊은 사람 중에는 펜으로 쓰는 경향이 증가하고는 있으나 그 근본적인 정신에는 변함이 없다.

중국인들은 소개장을 쓸 때는 용건, 그 사람의 사람 됨됨이, 그리고 경력 같은 것도 써넣는데, 글의 형식이나 문장에 의하여,

"이 사람의 대우는 이렇게 해주면 좋겠다."

라고 암시한다.

또한 개중에는 서로 암호 등에 의해 약속이 되어 있기 때문에 내용을 안 보아도 한눈에 구분할 수 있는 소개장도 있다고 한다.

들은 바에 의하면 소개하는 사람은 단순히,

"잘 부탁합니다."

라든가,

"오랫동안 친하게 사귀고 있는 사람이니……."

하는 경우도 있으나 최고의 표현으로는,

"나와 같으니 잘 부탁합니다.", "나 이상으로 생각하고 잘 돌봐 주십시오."

라는 것도 있다고 한다.

"나와 같다."는 대단한 것으로써 소개장을 가지고 가기 전에,

"가까운 시일내에 이러이러한 사람이 댁을 찾게 되겠습
니다."
하는 식의 편지를 보낸다. 물론 용건도 이미 알려져 있으니 찾
아갔을 때는 최상의 대우를 받는다.

용건에 따라서는, 물론 거절당할 경우도 있으나 대접만은 그
사람의 사정이 허락하는 한 최고다.

이 경우 소개한 편이 보낸 편지 속에,

"만일 이 친구가 당신에게 경제적인 폐를 끼쳤을 때는 10만
엔까지는 제가 책임을 지겠으니 아무쪼록 잘 부탁합니다."
라는 식으로 쓰는 일도 있다고 한다. 설사 안 쓰여 있더라도 다
른 방법으로 숫자가 분명히 암시되어 있는 경우도 있다고
한다.

이처럼 숫자를 구체적으로 제시하는 것이 중국인답다고 할
수 있는 것이다.

소개에 따라붙는 것은 거의 경제적인 것이니 폐를 끼쳤을 때
는 금전으로 어느 정도까지는 변제할 수 있다고 생각하는 점도
매우 현실적이라 할 수 있다.

만일 일본인의 경우라면,

"아무리 변상받아도 돈이나 물건으로는 끝날 수 없다. 어떻
게 하겠다."
라고 하며 달려들지도 모른다. 그러나 실제로 마음을 안정시키
고 생각해보면 금전으로 해결될 수 있는 경우가 많은 것 같다.

누구든 한가한 밤 같은 때, 조용히 머릿속으로 친구의 수를
세어보면서,

"A는 얼마, B는 얼마다. 그리고 C는 싸게 보아 이 정도…
…."

하고 값을 매겨보는 것도 재미있을 것이다. 이 때 자기 재산과 비교하면서 값을 매기는 것도 한 방법이다.

만일 상대방도 이처럼 값을 매겨본다면 과연 당신의 값은 얼마 정도가 될 것인가. 매우 궁금한 일이 아닐 수 없다.

공사현장 밑은 피해서 가라

중국인은 거래가 완전히 주고받는 것이 끝난 다음에야 완결된다는 신조를 가지고 있으며, 그것을 절대적인 것으로 명심하고 있다.

합리주의, 현실주의, 현금주의라고도 할 수 있는 것이다.

그들은 모든 세상사는 움직이는 것으로서 언제 어느때에 생각지도 못한 사태가 발생할지 모른다는 것을 오랫동안의 고난의 역사 속에서 터득한 것이다. 중국인들은 그것을 피와 땀의 대가로 배웠음으로 뒤를 잇는 자손들이 그것을 범할 까닭이 없다.

"돈은 얼굴을 볼 때까지는 알 수 없다."

얼마나 의심이 많고 현실적인 사고방식인가. 누구나를 불구하고 자신의 거래에 대해서는,

"설마 그러지는 않겠지."

"이미 받은 거나 마찬가지다."

라고 생각하기 쉽다.

그러나 어떤 순간에 있더라도 자기를 가장 안전하고, 가장 유리한 곳에 두도록 조심하는 사람이 중국인인 것이다.

발판이 높이 걸쳐져 있는 공사현장 같은 장소에는 절대 안

간다. 약간 돌아가더라도, 또 그 길이 험하다 할지라도 돌아가면 돌아갔지 절대로 위험한 장소에는 근접하지 않는다.

"설사 공사를 멈추고 있을 때라도 무엇인가의 반동을 받아 무슨 물건이 떨어져 내려오지 않는다고 장담할 수는 없지요."

하고 당연한 일을 묻느냐는 듯한 표정을 짓는다.

부모에 대한 효도가 아직도 도덕 중에서 중요한 자리를 차지하고 있는 중국인이기 때문에 몸을 소중하게 생각하고 있다고도 한다. 중국에서는 옛부터 불효 중에 가장 큰 것이 자손을 못 만드는 것과 자기 몸을 상하게 하는 것이라 한다.

위험한 곳은 일없이 근접하지 않는 것도 그 때문이란다.

마음속으로는 우려하면서도,

"나는 야마토다마시이(大和魂)의 소유자다."

라는 듯 사람들의 눈을 의식하며 위험한 줄타기를 해 보이는 것은 그다지 칭찬할 만한 짓이 못 된다.

거래나 사업에 대한 이야기에 있어서도 피치 못할 경우가 아니면 그렇게 위험한 짓은 미리 피해야 할 것이다.

이처럼 신경을 쓰고 조심해도 거래라는 것은 최후의 최후까지 알지 못하는 것이 보통이다. 트럼프 놀이를 할 때, 손에서 표가 나갈 때는 주위의 정세를 검토하고 파악하여 앞을 바라보고, 불필요한 것이나 필요 가치가 적은 것부터 내보내면서 게임의 마지막까지 절대 마음을 놓아서는 안 되는 것과 같은 이치다. 불리하다고 생각되는 조건은 아무리 사소한 것이라도 미리 제거해버려야 한다.

지진이나 화제가 생겼을 때를 대비해서 중요한 것만은 언제든지 들고 나갈 수 있도록 준비해둘 만한 정신 상태로 거래에 임해야 된다. 물론 물건에 국한되는 것은 아니다. 모든 면에서 그래야 한다는 것이다.

서류가 미비하기 때문에 상담이 틀려지는 경우도 있다. 거래의 진행중에 상대방이 사망하든지 중병에 걸리든지 또는 그 지위를 잃을 경우 교섭권을 상실하게 되어 지금까지의 상담이 깨지는 경우도 있다. 이와 같은 경우까지 꿰뚫어보고 일을 진행하는 사람은 거의 없을 것이다. 솔직히 표현하자면 만일의 경우 발생할지도 모를 앞일까지 계산하고 일을 진행시켜야 할 것이다.

만일 상대방이 처음부터 또는 도중에서 마음이 변하여 기만작전으로 나올 때에는 어떻게 해야 하겠는가.

중국인은 경계를 철저히 하는 반면 일단 신용하면 번잡한 수속이나 서류, 도장, 보증인 보증금, 같은 것을 생략해버린다. 그들은 상대방에게 모든 것을 건다. 이것은 태만에서 오는 행동이 아니라 인간의 약점이나 장점을 너무나 잘 알고 있어서 그 동안에 상대방을 꿰뚫어본 결과인 것이다. 이미 그 사람됨을 완전히 파악하고 또 자신을 가졌기 때문이기도 하다.

그 대신 결과적으로 자기 판단이 벗어나고 상대방에게 사기당한 결과로 끝나도 절대 후회하지 않는다. 왜냐하면 중국인은 거래면에서,

"내가 나 자신에게 졌다."

라는 결론을 내리기 때문이다.

불구인 방식

중국에 '불구인(不求人)'이라는 말이 있다. 그리고 이런 제목

의 책자도 가끔 볼 수 있다.

그런 책에는 대부분 대서류, 응용문이라는 글이 있으며 인인
필비, 사사수요(人人必備, 事事需要)라는 글도 있다. 요컨대 각
종의 계약, 소송에 관한 양식이나 편지를 쓰는 방법, 관혼상제
에서 주의할 사항, 보편적인 사람들과의 교제 방법 등을 실은
책이다.

일본식으로 '불구인'을 풀이하면 구인이 필요없다든지 구인
하지 않는다는 뜻이 된다. 중국어의 '불구인'은 남의 힘에 의
존하지 않고 자기 힘으로 해나간다는 뜻이다.

실제에 있어서 남에게 의지하지 않고 자기 능력으로 뭐든지
해나간다는 것이 중국인의 신조이기도 하다.

그들은 종횡으로 인간적인 인과관계를 가지고 협동성을 중요
시하는 반면에 각자가 자신의 힘으로 추진하여 개척해나간다는
것을 최후의 마음자세로 하고 있다. 그리고 전적으로 남에게
의존한다는 것은 그들 주위에서도 용납하지 않는 철칙이기도
하다.

중국인은 다만 그것을 노골적으로 겉에 나타내지 않을 뿐
이다.

형편이나 경우에 따라서는 눈앞에 나타난 상담에 몇 명인가
의 관계자들이 권리와 의무를 서로 분담, 협력하여 일을 진행
해나간다. 그렇지만 어떤 일로 해서 새로 친하게 된 사람과는,
"곧 무슨 일이든 터놓고 지낼 만한 사이는 될 수 없다."
라고 중국인들은 말하고 있다.

또한 협동으로 사업할 경우도 더러 있다. 가령 중국인들의
회합 중, 청년층의 유지만으로 제법 공동성이 있는 사업을 시
작한다고 하자. 공동 경영의 유료 주차장 같은 것을 예로 들 수

있는데, 이러한 경우 한 사람이,

"부설로 스낵 바를 만들면 어떨까?"

하고 제안한다. 화랑, 액세서리점, 토산품점 등을 제안할 때도 있을 것이다.

그리하여 공동 출자자 중에서 비교적 시간을 많이 낼 수 있는 사람을 선택하여 그 점포의 책임자로 결정한다. 일단 결정되면 그 선택된 사람은 점포의 책임자로서 그 운영에 최대의 역량을 발휘한다. 그렇지만 그 점포를 자기 본업(중국인들은 대부분이 다각적인 경영자다) 쪽으로 이용하거나 운영하는 따위의 짓은 하지 않는다.

왜냐하면 중국인들은 그런 짓으로 이득을 얻는 것을 가장 멸시하기 때문이다. 그리고 본업도 궤도에 오를 때까지는 주위의 힘을 빌지만 일단 궤도에 오른 뒤에는,

"되도록 자력으로 해나간다."

는 것이 중국인의 고집이기도 하다. 이것이 바로 불구인의 정신이다.

그래서 공동 사업은 어디까지나 그 사업 안에 머물게 해두고 그쪽의 지위나 직분을 이용하여 본업을 유리하게 하려고 생각지 않는다.

본업 쪽은 적자를 냈는데 공동 사업은 매우 큰 흑자를 냈다고 하자. 그래도 책임자로서의 정해진 월급과 공동 출자의 배당 이외에는 아무것도 받지 않는다. 중국인은 그러한 눈앞의 이익보다는 하나의 공공적인 공동 사업을 원활하게 운영했다는 훈장을 더 중요시하고 있는 것이다.

작은 연못에 돌 하나를 던져도 파문이 연못가에까지 퍼져나가는 것처럼 중국인의 세계는 광범위한 것 같지만 좁고, 협소

한 것 같지만 넓기 때문에 그러한 정보는 곧 전세계의 중국인들에게 전파된다. 그리고 그 훈장도 이 정보 속에 포함되어 퍼져나가게 된다.

중국인 중에는 크게 성공했지만, 이미 늙어서 이젠 아무것도 할 것이 없게 되어서도,

"무엇인가 보람있는 일을 하고 있는 사람이 있으면 돈은 얼마든지 투자하겠다."

고 하여 '불구인'의 사람을 일부러 찾고 있는 사람도 있다.

이런 사람은 그 인물과 사업이 마음에만 들면 설사 그것이 다른 나라에 있는 일일지라도 반드시 응한다. 훈장이 빛나 보이는 때는 바로 이 때다.

돈이 울고 있다

"은(銀)이 울고 있다."

이 말은 일본식 장기의 간사이 명인 사카다 씨의 명언이다.

엉뚱한 곳을 얻어맞고 은이 공격도 후퇴도 못하고 울고 있다는 묘사인 것이다. 이에 대해서 중국 상인은 엉뚱한 사업에 출자되거나 마루 밑에 파묻어놓은 항아리 속에서 잠자고 있는 돈을 보면,

"돈이 울고 있다."

라고 말한다.

금융면에서도 중국인들의 동남아시아에서의 활약은 눈부신 바가 있다. 동남아시아에서의 중국인의 금융적 위치는 은행으로서보다는 중국식 금융기관으로서의 특징이 더욱 뚜렷하다.

옛날 이야기지만 중국인 상점에서 그 달의 지불일 전야가 되면 금속성의 기묘한 마찰음이 밤새도록 들려나왔다고 한다. 그것은 내일 지불할 은화들을 서로 마찰시켜 극히 작은 양이지만 떨어지는 은가루를 모아보자는 생각에서였다. 오늘 밤에는 집에 있지만 내일이면 이별하게 되는 은화로부터 마지막의 이득을 얻겠다는 시도였다고 한다.

이 이야기는 중국인들의 금전에 대한 집념이 얼마나 강한가를 말하고 있다. 일본인으로서는 도저히 생각도 못할 일이며, 또한 생각했더라도 실천할 수 없는 일이다. 무엇보다도 인내가 필요하다. 그리고 설령 그렇게 하여 남은 은가루가 있다 하더라도 그것은 극히 적은 분량이었을 것이다.

한 마디로 중국인처럼 현금이 갖는 위력이나 마성을 알고 있는 종족은 없다. 거래나 상담 중에도 현금이 등장하면 사태가 변한다.

돈의 관념 속에서도 현금처럼 실감이 있고 또한 사람의 마음과 몸을 움직이게 하는 것은 없다. 가령 길에서 물건을 주어서 파출소에 신고했을 경우에도 현금과 유가증권은 전혀 그 취급 방법이 틀리고 가치관도 달라진다.

어떤 이가 은행 통장 등 전재산을 지갑 속에 넣고 다니다가 분실했다. 어느 외국인이 그것을 찾아주자 그는,

"은행에 벌써 연락했으니 찾아주었을 때는 그다지 가치가 없었다."

라고 말했다는 것이다.

또 400만 엔어치나 되는 증권 등을 팸플릿으로 착각해서 헌 신문이나 헌 잡지와 같이 팔아버린 사람이, 나중에 이를 발견한 고물상에 답례할 때도 겨우 2만 엔에 불과했다고 하는데,

경찰도,

"그 정도면 될 겁니다."

라고 하더라는 것이다.

현금을 잘 이용하는 점에서도 중국인은 뛰어난 곳이 있다. 물건 값을 깎을 때도 돈뭉치를 눈앞에 쌓아올린다. 상대방에게 돈을 보여 구미를 당기게 해서 값을 깎는 방법은 너무나도 잘 알고 있다. 1,000만 엔으로 안 움직이면 1,100만 엔으로 사겠다 는 식이다.

약속어음이나 수표일 때는 사정이 틀리다. 현금이란 아무에 게나 이해하기 쉬운 구체성을 지니고 있기 때문이다. 중국인들 은 또,

"현금은 조금씩 뿌리면 그 위력이 떨어진다. 한 번에 고액을 움직일 수 있어야만 상담에 예상도 못했던 효과가 나타난다. 설사 전액을 내놓지 않더라도, 후속 돈부대가 얼마든지 있다는 것을 암시하지 않으면 안 된다."

라고 말한다.

그리고 상대방이 짐작치 못하는 의외성을 다분히 갖게 하는 편이 효과를 배로 더한다는 것이다.

돈의 자랑은 금물

훌륭한 회사원이면서도, '돈을 모으려고', '낭비를 막기 위 해서' 등, 어떤 목적을 이룰 때까지의 한 과정으로 우에노 역 지하도에서 잠자는, 소위 밤에만 부랑자들과 생활하고 있는 S 씨에 대한 기사를 어느 신문에서 보았다.

마지막 기자가,

"부랑자 생활을 아무 탈 없이 해나갈 수 있는 비결은?"

하고 묻자 S씨는,

"비결요? 첫째, 사람들을 신용해서는 안 됩니다. 둘째, 돈이나 귀중품을 자랑해서는 안 됩니다. 셋째, 친구를 만들지 말고 패 속에 들지 말아야 합니다."

라고 대답했다.

S씨의 말은 중국인의 인생관과 많이 닮은 데가 있다. 친구를 사귀지 말고 패 속에 들지 말아야 한다는 말 위에 '불필요한'이란 말을 붙이면 조금도 다를 것이 없어진다.

중국인은 횡적인 연결성이 강하고 패에 대한 인식이 강하다. 그 반면에 아무나 덮어놓고 그들 패 속에 끼워주지는 않는다. 필요없는 친구나 이익이 없는 사람들에 대해서는 강한 거부 반응을 나타내는데, 만약 그러한 자가 있을 경우에는 냉정하게 제거해나간다. 우선 혈연 관계나 지연 관계가 없는 자들이 한 패가 되기는 무척 힘들다.

그러나 중국인과 결혼해서 인연을 맺으면 외국인일지라도 한 패로 생각한다. 그런데 그보다,

"돈이나 귀중품을 자랑삼아 남에게 보여서는 안 된다."

라는 쪽에 더 큰 비중을 두고 있는 사람들이 중국인이다.

그들은 인간의 본능, 그래서 죽을 때까지 제거할 수 없는 허영심을 억제하고 있는 것이다. 별 뜻도 없이 관청이나 회사의 돈을 남에게 보임으로 해서 예기치 못한 재난을 당한 예는 적지 않다. 돈뿐이 아니라 자기 자신의 목숨까지 위협당할 경우도 있다. 그것도 보관하고 있는 남의 돈 때문에……

더구나 자기 돈이나 귀중품을 남에게 자랑삼아 보이는 것이

야말로 경솔하기 짝이 없는 짓이 아닐 수 없다. 그것을 본 사람의 마음도 살필 줄 알아야 한다. 부러워하지 않는다 해도 별로 기분은 좋지 못할 것이다. 적어도,

'이 못된 인간이……'

하고 누구나 생각할 것이다. 요컨대 좋은 일이란 하나도 없다.

도쿄에 있는 중국인 중에는 상당한 재물을 쌓아올리고 사업도 크게 번창하고 있는데도 언제나 허름한 옷을 입고 다니는 사람이 있다. 초로(初老)의 남자가 바람에 날리는 듯한 걸음걸이로 걸어가는 것을 보고,

"이 사람이 몇 십억 엔이나 있는 갑부다."

라고 꿰뚫어보는 사람은 없을 것이다. 한두 번 얼굴을 본 사람이라도,

"사람을 잘못 보았나?"

하고 곧 잊어버릴 정도다.

그런데 이 사람은 가끔 여배우로 착각할 정도의 멋진 젊은 여자 한두 명씩을 데리고 걷곤 한다. 참으로 기기묘묘한 구경거리다.

이 여자들이 또 모두 그 누구에게도 뒤지지 않는, 유행의 최첨단을 걷는 하이클래스 패션으로 몸을 치장하고 있기 때문에 더 균형이 맞지 않아 괴상하게 보이는 것이다.

"이분들은 누구입니까?"

묻고 싶어지는 것이 사람의 마음인데, 그 물음에 대한 그의 대답이 더욱 걸작이다.

"뭐, 내 첩들이지. 이쪽은 2호고 저쪽이 3호야."

여자들도 명랑하다.

"정말입니다. 잘 부탁해요. 이분을 소중히 생각해주세요."

만일 그의 옷차림이 그 여자들과 같은 정도의 것이라면 아마 까닭 모를 반발심을 느끼게 되지 않을까 생각된다. 그 검소한 옷차림이 그에게 잘 맞는 것이다. 마치 그가 거쳐온 인생 행로를 은근히 말해주는 듯해서 오히려 호감까지 갖게 한다.

인간을 통달한 그가 그걸 꿰뚫어보고 일부러 그러한 옷을 입고 다니는 것이 아닐까 생각되기도 한다.

콤플렉스를 없애라

한 마디로 콤플렉스라 해도 여러 가지가 있다. 육체적, 정신적, 인종적인 것 등에 관한 것도 있고, 또 자라난 환경에 대한 것도 있다.

눈이 한쪽만 있는 원숭이가 사는 곳에 두 눈이 있는 원숭이가 들어가 살게 되었다. 처음엔 만나는 원숭이마다 눈이 하나밖에 없어 동정하고 이상하게 생각하기도 했으나 결국 모든 원숭이가 한눈박이라는 것을 알게 되었다. 그러자 오히려 자기 자신이 불구자라는 것을 깨닫고 한쪽 눈을 없애버렸다는 이야기가 있다.

이 이야기 속에는 많은 암시가 내포되어 있다. 열등감 같은 것도 이러한 속에 잠재하고 있는 경우가 있을 것이다.

출생이나 성장 과정, 또는 학력이나 학식에 있어서도 마찬가지다. 노동자 출신으로 학력이 없는 사람이 엘리트가 되는 경우도 있는 것이다. 하지만 아무리 적은 콤플렉스라도 본인에게 있어서는 매우 슬픈 것이다.

어렸을 때, 사내아이들과 공놀이를 하다가 왼손 새끼손가락이 구부러지지 않게 된 한 여성이 있다. 육체적으로 다른 데는 별 결함이 없는데도 그녀는 35세가 된 현재도 아직 독신으로 있다. 머리도 뛰어나고 용모도 제법 빼어난 편이다. 그런데도 남자 앞에만 나가면 자기 손가락만 쳐다보는 것 같은 생각이 들어서 마음을 안정시키지 못한다고 한다. 그래서 아무리 혼사가 들어와도 맞선을 볼 마음이 전혀 생기지 않는다는 것이다. 더구나 아무도 그 손가락에 대해서는 관심을 안 갖는데도 그렇다는 것이다.

남들은 웃어버릴지 모르지만 콤플렉스란 이런 것이다.

그러나 중국인은 이러한 콤플렉스까지도 멋지게 역이용하여 플러스에로 전환시키는 기지와 용기, 그리고 마음 자세를 갖추고 있다.

그 대표적인 예로 화교를 들 수 있다. 화교들의 역사 그 자체가 어느 관점에서 볼 때 콤플렉스의 연속이라 하지 않을 수 없다. 중국 본토에서는 귀찮은 존재가 되기도 했으며, 나가라는 식의 묵언이나 밀출국 형식에 의해 값싼 육체 노동자로서 팔린 것과 마찬가지로 취급을 받은 적도 있다. 그리하여 겨우 찾게 된 나라에서도 최하급의 취급을 받고 단련된 사람들이 그들 화교의 조상이며, 대선배인 것이다.

그래서 학교에 다니거나 한가롭게 책을 볼 만한 여유가 없는 사람들이 많았다. 우선 먹는 것이 첫째 문제였으며, 그러기 위해서는 몸이 가루가 되도록 일하는 이외에는 다른 방법이 없었다. 그들은 거주하게 된 나라의 말이나 관습에 대해서도 전혀 공부할 기회가 없었다. 그렇기 때문에 자기 나라의 언어도 제대로 이해하지 못하거나 발음이 안 좋은 것을 이상하게 생각할 이유가 없는 것이다.

그런데 그 서툰 언어가 부자연스러운 애교로 변해 거래도 잘되고 손님도 예상 외로 많이 끌게 되는 것 같아 더욱 이해하기 힘들다.

"당신 머리 참 잘해요."

"당신 마음 나 같아요."

하는 식으로 그 가게는 번성해간다.

요코하마의 중국인 거리에 대여섯 명 정도의 벙어리 호스테스를 고용하고 있는 A라는 바가 있는데 제법 손님을 끌고 있다. 이곳은 외국인 바라는 말을 듣는 종류의 가게인데, 외국인 선원들에게 굉장한 인기가 있는 것 같다. 그녀들은 제법 기품과 교양이 있고, 또 미인들이라고 한다.

이 여자들도 벙어리라는 콤플렉스로 인해 세상을 비관한 과거가 있었을 것이다.

이와같이 생각해보면 보편적인 의미의 콤플렉스라는 지나친 자격지심 때문에 세상과 등을 돌릴 필요까지는 없을 것 같다.

어떤 사람처럼 재산이 너무 많은 집안에 태어나도,

"세상 사람들 보기에 미안하다."

고 하는 콤플렉스가 있다고 한다. 그러니 정도 여하를 불문하고 콤플렉스 때문에 올바른 사회생활을 도피하려는 것은 어리석기 그지없다고 생각한다.

중국식 처세술

안심을 시키라

설령 법을 조금 어기는 한이 있더라도 남에게 폐를 안 끼친다는 사람들이 중국인이다. 물론 그들의 전체가 그렇다는 것은 아니고 또 오늘날까지도 그런 것은 아니다.

2차대전이 일어나기 전, 싱가포르 근처에서 비밀 도박장을 중국인이 개설하고 있던 시절의 일이다. 일본인 선원 중에서도 다른 나라 선원들과 함께 유혹되어 출입하는 자들이 일부였다.

이러한 행위가 비합리적인 만큼 중국인 주인은 손님들의 보호에 매우 신경을 썼다고 한다. 일본에서 가끔 볼 수 있던 도박장과는 달리 돈을 따면 못 돌아가는 그러한 규칙 같은 것은 없고, 마음이 내키면 언제든지 자리를 뜰 수 있었다고 한다. 그리고 한푼도 없이 털려버릴 경우에는 차비와 한 번 식사할 수 있는 돈은 돌려주었다고 한다. 만약 경찰의 기습을 받았을 때

는 어디까지나 자기들만이 체포되고 손님들은 모두 몸을 피할
수 있게 할 뿐만 아니라 손님들에 대한 말은 무슨 일이 있어도
불지 않는 것이 철칙이어서,

"손님에게는 절대 폐를 안 끼친다."

는 것을 신조로 했다고 한다.

안 좋은 예지만 어쨌든 합리적이지 못한 분야에 있어서도 경
우만은 밝았던 것 같다. 아니, 비합법적인 행위였기에 더욱 이
러한 불문율이 중요시되었는지도 모른다. 다음의 예도 역시 오
래된 좋지 않은 예이다. 가령 금을 밀수해도,

"금이 부족한 나라나 금을 필요로 하는 나라에 위험을 무릅
쓰고 운반해 들어가는 것이니 조금은 그 나라에 보탬이 될 것
이다."

라는 괴상한 구실을 붙인 무리들도 있었다. 현품에 의한 현행
범으로 체포되어도 좀처럼 그들은 조직이나 경로에 관한 비밀
은 자백하지 않았다. 그들은 시치미를 떼고 모른 체해버린다.
만약 불게 되면 그 패에서 추방되고 만다.

나쁜 짓을 하는 데도 그 정도로 입이 무겁고 같은 패나 손님
들이 피해를 당하는 일이 없도록 노력하니, 진실한 상인이 올
바른 장사를 하는 데 있어 의(義)를 중요시한다는 것은 너무나
당연한 일이라고 중국인들은 생각하고 있다.

중국인은 일단 통로를 결정한 다음에는 다른 경로에서 아무
리 이익률이 좋은 이야기가 대두되어도 좀처럼 움직이지 않
는다.

예를 들어 K라는 도매상이 오랫동안 거래해오던 A라는 소매
상에게 현재 가지고 있는 재고품 전부를 판다는 상담을 성립시
켰다. 그런 직후에 다른 곳에서 그 가격보다 더 좋은 값으로 전

부 사겠다는 B라는 사람이 나타났다. 그래도 A와의 상담을 무마시키는 일은 하지 않는다.

"이미 결정한 것은 내 운이니 어쩔 수 없지."

라고 체념하듯 말하고 후자의 제의를 거절하는 것이다. 실제에 있어서는 별로 잘 알지 못하는 B와 오랫동안 거래해왔으며 그 마음도 잘 아는 A를 비교해보면, 안심할 수 있다는 점과 앞으로도 거래를 계속할 수 있다는 가능성으로 보아도 A쪽이 훨씬 안정도가 높다고 생각한다. 그렇기 때문에 목전의 이익을 주겠다는 B의 제안을 버리고 A를 택하는 것이다. 온갖 위험과 속임의 세계를 경험하면 설명하지 않아도 사리의 선악과 옳고 그름을 구별할 수 있는 능력이 자연히 생기는지도 모른다.

구암 섬의 밀림 속에서 28년 동안이나 단 혼자서 살아온 전 일본군 요코이 쇼오이치(橫井庄一) 씨도 구출되었을 당시에는 일본인들을 보고,

"저 사람들이 미국 편인지 일본 편인지 분간할 수 없다."

고 말했으며, 전에 함께 종군했던 전우 미나가와(皆川) 씨를 재회할 때까지는, '일본에 돌아갈 수 있다'고는 믿지 않았다.

그는 나고야(名古屋) 사투리로 녹음한 육친의 목소리를 듣고 난 다음에야,

"비로소 일본에 돌아갈 수 있다는 것을 실감했다."

고 말했다.

상상조차 할 수 없는 고난 속에서 국가의 후원이나 보호를 받지 못한 채 생활의 터전을 쌓아올려야만 했던 사람이나 그 무리에게, '내 말을 믿어라.'라고 설득해보았자 곧 효과가 나타나지 않는다. 때로는 상식이나 풍속, 습관을 초월하여 자기가 직접 몸으로 느낀 것만을 신용하고 거기에 의(義)를 다하는

예가 인간들이 사는 세상에는 적지 않다.

개원절류의 비결

도쿄의 시바공원(芝公園) 앞에 있는 중국요릿집 유원(留園)은 8억 5,000만 엔을 들여 세웠다고 하는데, 그 주인인 성육도(盛毓度) 씨에게 가훈(家訓)을 물으니,

"개원절류(開源節流)"

라는 것이다.

'개원'이란 근원을 연다는 뜻으로서 수입을 늘리도록 하기 위해서 손님을 많이 불러서 더 많은 물건을 판다는 것이다. 이에 대하여 '절류'란 돈의 유출을 절약한다는 것이다.

생각해볼 것도 없이 수입을 늘리고 지출을 절약한다면 이보다 좋은 일은 없다. 이와같이 너무나 잘 아는 일이라도 약간 여유가 생긴 사람들은 소홀히 하기 쉽다.

목표를 높은 차원에 두는 중국인은 거기에 도달할 때까지는 꾸준하고 부지런히 움직인다. 속도는 느려도 결코 긴장을 풀거나 쉬거나 하지 않을 뿐만 아니라 생활 수준을 높이지 않는다.

중국인은 처나 자식 그리고 육친이 거기에 협력하거나 또는 협력시키는 점이 훌륭하다. 그리고 그 과정에 있어서 적당한 선에서 절대 타협하지 않는다. '지금 생활 수준을 조금 올리는 것이 좋겠는가, 아니면 좀더 연장시켜 목표에 도달한 다음에 안심하고 단번에 대폭적으로 올리는 것이 좋겠는가'하고 그 안을 가족들 앞에 내놓고 이해시킨다고 한다.

아무리 수입이 있어도 나가는 것을 막지 않으면 자본이 만들

어질 리가 없다. 잡역으로부터 상점의 하급 점원, 지배인, 그리고 다음에 독립하여 매우 작은 점포를 거쳐 중간치 정도의 점포가 되고, 큰 점포의 경영주가 된다. 그 밖에 토지를 사고 좀더 여유가 생기면 빌딩이나 맨션 아파트를 세워 팔든가 대여한다. 그 다음에 회사를 설립한다.

이것이 사회에 진출하는 중국인들의 한 과정인데, 최종 목표를 어디에 두느냐에 따라서 그 인물의 크기가 결정되고 만다.

"게는 자기의 몸을 싸고 있는 딱지에 맞도록 구멍을 판다."라는 비유대로 각자가 이상으로 하는 인생의 설계가 있다.

"나는 천 리 길을 가리라."하고 생각하는 사람과 십 리도 못 가고,

"좀 쉬었다 가도 되겠지."

하고 도중에서 생각을 바꾸는 사람과는 근본적으로 그 마음가짐이 다르다.

현재 중간치 정도의 점포를 갖고 있는 보편적인 중국인에게 초점을 맞춰보면 우선 그들이 희망하는 것은 같은 크기의 점포 수를 늘리는 일이다.

이렇게 하기 위한 방법으로써 영업중인 점포의 토지(권리)나 건물을 담보로 해서 대부받을 수 있는 데까지 대부받아 이것을 투자한다. 물론 중국인 사회 특유의 상호 신용계인 무진(無盡)도 최대한으로 이용한다. 중국인들의 주가 있는 은행과 일반은행, 그리고 중국인만을 대상으로 하고 있는 중국인 자본의 신용조합으로부터도 융자를 받게 된다.

그리하여 점포가 계속 늘게 되면 이번에는 직종이 다른 장사에도 손을 댄다. 그들은 관련은 있어도 종류가 다른 점포를 갖고 싶어한다. 이것은 일종의 위험을 나누는 방법이 되기 때문

이다. 그리고 이들 점포에는 자기 배우자의 형제 자매나 친척을 책임자로 두는데, 이 단계에서 그들의 사생활은 매우 검소하다.

서너 개나 되는 점포를 경영하면서도 한 가족이 서너 평짜리 방 한 칸이나 두 칸 정도에서 생활하고 있는 예도 많다. 우선 내일의 활동력이 되는 음식물 이외에는 지출하지 않는다. 예외적인 지출이 있다면 중국인들끼리나 사업 관련자들과의 교제비와 자가용 운영비 정도다. 전자의 지출은 영업상의 원활을 기하기 위한 정보를 얻게 되기도 하기 때문에 아깝게 생각지 않는다. 그렇지만 이러한 수준의 사람들은 2차에 동행하거나 바에 들어가는 것을 가장 싫어하고 경계한다. 왜냐하면 이 시점이야말로 더욱 발전할 수 있느냐 아니면 그 자리에서 멈춰버리게 되느냐의 기로가 되기도 하기 때문이다.

자동차도 장사를 원활히 해나가기 위해서 필요한 것이므로 물건을 운반하기에 편리한 차를 택한다.

어찌 되었든간에 '개원절류'는 중국인들만의 전매 특허가 아니고 어느 나라 사람이나 잘 알고 있는 이치이지만, 실천하는 데는 강한 의지와 계획, 그리고 측근의 협조가 절대시되는 조건임을 알 수 있다.

자신을 낮춰라

요코하마의 실업가 채연무(蔡連茂) 씨는 인생에 대해서는 일견을 가진 사람이다. 중국인 거리의 대점포인 요코하마 반점의 전 사장이며, 현재는 다른 독립된 사업체를 가지고 있다.

이 사람의 지론에,

"크게 성장할 때까지는 가족 동원을 철저히 하라."

"경영자일지라도 때로는 안내역도 담당해야 한다."

라는 중소기업 사장들에게 주는 경고가 있다.

이 말은 조금 형편이 풀리면 갑자기 사장을 업으로 생각하는 쪽에만 힘을 취중하여 복잡한 일은 부하들에게 맡겨버리고 거들떠보려고도 하지 않는 경우가 많다는 의미다. 약간 잘되고 있는 바 같은 데 가서,

"사장님!"

하고 불러보면 아마 손님 중의 6,7할은 대답한다는 말이 있을 정도로 자기를 사장이라 부르게 하고 싶은 사람이 있다는 점이다.

세금에 대한 대책상, 특히 필요 경비를 공제받기 위해 점포를 유한회사나 주식회사로 만드는 예가 많아진 때문인지는 몰라도 사장이 범람하고 있다.

30여 년 전부터 사장업을 담당해온 채 씨의 말에 의하면 이것이 왠지 부자연스럽다는 것이다. 그는 전쟁중 대만에서 자본금 2천 엔의 철공회사 사장으로 있었는데, 전쟁이 한창인 무렵엔 4천 톤이나 되는 설탕을 취급하기도 했다고 한다.

"작은 상점의 주인이 자기를 사장이라고 부르게 하여 기분을 내고 있을 정도라면 앞날이 뻔하다."

라고 그는 말한다.

이발업은 이발소 주인, 양복점은 양복점 주인이면 된다고 한다. 그리고 미용실에서 종업원이 손님들 앞에서 여자 경영주를 "선생님!"하고 부르게 하는 것도 그는 반대하고 있다. 손님의 입장에서 보면 경영자도 종업원과 마찬가지로 서비스에

전념하고 있는 입장의 사람이다. 설사 견습공들에게는 스승이
될지 모르지만, 손님이 있는 점포에서는 매사가 손님 중심이
되어야 한다. 다시 말해서 손님 중심으로 대화를 진행해야만
된다는 것이다.

그는 이 주의를 자기 자신에게도 전용시켜 두었기 때문에 손
님 앞에서는 절대 종업원들로 하여금 사장이라고 부르지 못하
게 했다. 더욱이 사장님이란 천만의 말씀이다. 토요일이나 일
요일과 같이 손님이 좀 많은 날에는 그가 직접 문 앞에 서서 문
을 여닫는 역할을 담당하거나 접시를 닦거나 한다. 이러한 일
은 그의 신념이므로 보는 사람이 없어도 그렇게 한다. 그리고
이에 대해서는 종업원들에게 훈계 비슷한 말도 하지 않는다.

"손님의 입장에서 보면 나도 종업원과 다름없다."

그리고 가족 동원에 관해서, 종업원들의 정착성이 희박한 오
늘날과 같은 현실에서는 만약의 경우에 대비해서 경영자의 가
족은 물론 친척까지도 총동원하여 밀고 나갈 수 있도록 만전을
기해두어야 한다고 그는 말하고 있다. 사장에 연연해가지고 가
업을 소홀히 해서는 안 된다고도 그는 말한다.

남편은 골프, 아내는 쇼핑, 그리고 가끔씩 부부 동반해서 해
외 관광 여행을 즐기다가는 그 점포는 절대 번창해나갈 수
없다.

한 계단 더 성장하기 위해서는,

"항상 부부 협심으로 솔선 수범하여 진두 지휘해나가야만
된다."

이렇게 해야만 손님들을 끌 수 있을 뿐만 아니라 손님들은
곧 그 점포에 매력이 있다는 걸 감지하고 만다. 어딘지 모르게
활발한 느낌을 주게 되는 것이다.

긴장감이 없는 점포나 회사에서는 부정이나 실수가 판을 치게 되기 쉬운 것이다. 사업상의 모든 암적 뿌리는 주인이나 그 가족이 장사를 소홀히 하고 긴장감이 없는 데에 있다. 그러므로 적당한 기분이나 태도로 영업을 해서는 안 된다.

일이 끝나면 취미 생활이나 정서를 찾고 때로는 휴업하여 내일을 위해 기분을 전환시키는 것은 필요한 일이지만, 적당한 기분으로 손님을 접대하는 것은 가장 좋지 않다. 그럴 경우에는 차라리 휴업하는 편이 좋을 것 같다. 회사나 점포를 위해서도, 또 손님을 위해서도……

확신이 없을 땐 브레이크를

최근 내과 의사들에 의한 일본인론(日本人論) 또는 일본인관(日本人觀)이 유행같은 인상을 주고 있는데, 그 속에서도 일본인의 저돌적인 기질만은 누구나 인정하고 있는 듯하다. 일단 위기에 처하면 자기를 희생물로 하여 공격할 수 있다는 것이 기필코 손실만 주는 것은 아니다. 오히려 오늘날 같은 일본의 번영은 이 물러날 줄 모르는 기질에 의한 것인지도 모른다.

정서면에서 뛰어난 국민인 때문인지 진군 나팔이 울려 퍼질 때는 모두가 그것에 마음을 빼앗겨버리고 만다. 자제력이 약한 것이다. 자제하기 위해서는 '비국민' 또는 '겁쟁이'라는 낙인이 찍힐 만한 배짱이 필요한 것이다.

더욱이 이러한 일본인들의 기질은 전진하기 시작하면 웬만한 일로는 멈추지 않는다. 브레이크가 부족하다. 좋은 브레이크가 없다. 파멸로 향하는 길을 달리고 있는데도 브레이크가 듣지 않는 것이다.

상거래면에서도 이와 비슷한 말을 할 수 있다. 일이 잘 진행되면 단숨에 큰일을 하려고 덤빈다. 형편이 좋을 때는 그래도 괜찮으나 실지로는 크게 성장하려 할 때야말로 파멸이 숨어들어오는 것이다. 그런데 구미가 당길 일이 확실한데도 관심을 안 보이는 사람들이 중국인이다. 그들은 대대로 물려받은 지혜로 보통이상으로 유리한 내용의 이야기에는 반드시 무엇인가 다른 뜻이 있다고 우선 의심한다. 그것이 브레이크가 되는 것이다.

이런 점에서 중국인과 비하면 온실에서 자라난 것과 같은 일본인은 먼저 의심한다, 이면을 캔다, 증거를 잡는다 등의 방법을 망각해버리기 쉽다.

일본인들도 뭘 몰라서가 아니라,

"별 탈은 없겠지."

하고 흐지부지해버린다. 그들은 어떻게 되겠지 하고 생각해버리는 것이다.

예를 들어 회사의 공금을 횡령당하거나, 회사의 기반이 흔들릴 정도의 큰 사기를 당하는 경우는 보통 이러한 환경 속에서 발생한다. 회사 간부 중에 한 사람이라도 정신 차린 사람이 있어서 브레이크 역할을 한다면 그런 재난은 막을 수 있을 텐데……

사람을 다스리는 방법에 있어서도 그렇다. 중국인은 어지간해서는 남을 믿지 않기 때문에 신용이 생길 때까지 시간을 허비하며, 항상 시험하고 감시의 눈을 떼지 않는다. 중국인이었다면 농협의 여자 직원에게 몇 천만 엔이나 되는 공금을 횡령당하는 일은 없었을 것이다. 그 대신 일단 시험에 합격하여 일을 맡긴 이상은 약간의 실수나 결함이 있어도 묵인해버린다.

그러나 가끔 못을 박는 일을 잊지 않는다. 이것이 중국인들이 사용하는 브레이크인 것이다.

지인선용(知人善用)이란 격언을 중국인들은 매우 중요하게 여긴다. 그 사람을 완전히 파악한 다음 최대한의 역량을 발휘할 수 있도록 부린다는 것인데 적재적소 라는 낱말과 흡사한 데가 있다.

요코하마의 중국인 거리에 탤런트들이 잘 가는 찻집 '엘'을 경영하고 있는 마치광(麻致廣) 씨는 대령 출신으로 호탕한 성격의 소유자다. 그는 이밖에도 요코하마 시내에 다른 업체를 경영하고 있다. 이 업체를 이미 2년 이상이나 경영하고 있으면서 마 씨는 단 한 번도 이 가게에 가본 적이 없다고 한다. 즉 모든 것을 지배인에게 맡기고 있는 것이다.

그런데 그는 다른 방법으로 이 가게의 운영 실태를 파악하고 있다고 한다. 현재 어떤 종류의 손님이 들어왔는가까지도 알고 있을 정도라고 하니 부정이 있을 수 없다. 그래서 그날의 매상을 가지고 오는 지배인도 얼버무리지 못한다. 마 씨는 항상 친구들에게 다음과 같은 말을 하고 있다.

"그야 자기 자식도 아비를 속일 때가 있다. 나는 돈궤 구석을 살피는 따위의 짓은 하지 않는다. 신용할 수 있는 단계에 오른 인간이라면 어느 범위까지는 일임한다. 일임한 이상 잔소리는 하지 않는다. 인간은 누구나 기회가 주어지면 부수입을 갖는 법이다. 그렇다고 해서 눈은 있어도 망울이 없다는 인상을 주면 끝장이 난다."

＊자, 돈이요! 사람의 마음에 독(毒)보다도 무서운 독이요. —셰익스피어—

언제나 계산은 제일 먼저

어느 정도의 자본이 준비될 때까지는 검약으로 일관해야 한다. 일단 목표액이 결정된 이상 그 선에 이를 때까지는 절대로 생활 수준을 높이지 않는 점도 중국인의 훌륭한 점이라 할 수 있다.

부부를 중심으로 온 가족이 이에 협력하여 불평하지 않는다. 일본인이라면 견디지 못할 점도 그들은 견디어 나간다. 우리들 일본인이라면 사교적인 겉치레를 하고 싶어하는 탓도 있고 또 도중에 긴장이 풀려버리기 때문에 그런지 생활 수준을 높여버리고 만다. 그리고 99%까지 밀고 올라가기는 하나 나머지 1%에서 망설이는 예가 많은 것이 일본인의 특징이다.

여러 가지 형태의 교제나 레저 같은 것을 시작하면 끝이 없다. 그리고 그쪽에 재미를 붙이면 본업 쪽은 소홀해지기 쉬운 것이 사실이다. 누구를 막론하고 피땀을 흘려 일하는 것보다 모양을 내고 교제하는 장소에 드나드는 쪽을 택하고 싶어하는 것이 인간의 당연한 심리다.

중국인은 가령 빌딩을 세우겠다고 결심하면 그것이 이루어질 때까지는 지금 하고 있는 영업을 멈추지 않는다.

예를 들어 노점을 하고 있다면 그 빌딩이 준공되는 그날까지 노점을 하고 있다. 그래서 일본인의 눈에는,

"노점에서 갑자기 커다란 빌딩의 소유자가 되다니?"

하고 놀라도록 이상하게 보이게 되는 것이다.

도쿄의 신쥬쿠(新宿)를 중심으로 도심에 몇 채의 빌딩을 가지고 있는 중국인 P씨는 입지전(立志傳) 속의 인물과 같은 사람이다. 현재도 그가 소유하고 있는 한 빌딩 옆에 있는 헌 목조

건물에서 부부가 살고 있다. 구두쇠로 정평있는 중국인들 중에
서도,

"그만큼 성공했으니 뭐 저런 판잣집에서 살지 않아도……."
라고 말하고 있을 정도다.

그러나 당사자인 P씨는,

"나는 일만이 취미다. 대여섯 군데에 있는 내가 관계된 점포
나 빌딩을 돌아보는 것만으로 나는 몹시 즐겁고 만족한다."
라고 말하며 중국산 차를 마시고 있다. 이 차도 한두 번만 달여
먹고는 버리지 않는다. 찻잔에 남은 차 찌꺼기를 다시 차 끓이
는 그릇에 도로 넣을 정도다.

요코하마의 중국인 거리에 있는 중국요릿집 A는 일본인들에
게 굉장한 인기가 있다. 특히 토요일이나 공휴일 같은 때는 손
님들이 줄을 서서 기다릴 정도다. 그 집 요리가 일본인의 구미
에 맞아서 그럴 것이다. 홀 안이 북적거리는 것을 보고,

"마치 홍콩 같다."
라고 말하는 손님도 있다.

이 집은 지금도 전화는 물론 냉온방 시설도 없다. 소위 말하
는 서비스도 결코 좋은 편이 못 된다. 뿐만 아니라 홀 내부의
개조나 수리도 상당히 오랫동안 하지 않았는지 장식품 같은 것
에도 전혀 신경을 안 쓰는 것 같았다.

그러나 이것은 연구에 연구를 거듭한 뛰어난 상술인 것이다.
아담하고 깨끗한 가게라면 어디든지 있다. 얼핏 보기에 아무렇
게나 버려둔 것 같지만 밑바닥에 계산된 서비스가 있는 것
이다. 뒤범벅이 된 듯한 느낌, 사람들의 체온에 의한 더위가
심하다. 천장의 선풍기가 당장에 숨이 끊어질 듯 맥없이 돈다.
그리고 겨울엔 따뜻한 그릇에 손을 갖다대고 먹는 국수류가 현

대인에게,

"무어라 표현할 수 없는 이국적인 정취를 풍긴다."

라고 평가될 수 있을 정도로 말할 수 없는 매력을 주고 있는 듯하다.

또한 전화가 없는 것에 대해서는,

"우리집은 예약을 받거나 배달할 시간이 전혀 없습니다."

라고 말한다. 사실 그의 말대로 무척 바쁜 것이다.

이제까지 여러 차례 개조하든지 방을 늘리든지 혹은 고층 건물을 세울 계획을 검토하곤 했지만 결국,

"역시 지금 이 상태의 분위기야말로 손님들이 좋아하는 점이다."

라고 판단하고 있는 점이 중국인답다.

자손에게 재산을 물리지 말라

영국의 C. N. 파키슨 씨는 《싱가포르의 천만장자 연구》란 책 속에 이렇게 썼다.

"중국인 하층 노동자만이 천만장자가 될 수 있다. 하층 노동자는 야자나무 잎으로 지붕을 엮은 통나무집에서 밥그릇 하나만으로 생활하고 있다. 그들은 손수레로 땅콩을 팔거나 하는 대체로 수준 낮은 직업을 갖게 되었을 때에도, 또 아마 훔친 것이겠지만 자전거 부품을 파는 신분이 되어도 통나무집과 밥그릇 하나의 생활을 그대로 한다. 그런 생활을 하며 모은 돈은 나중에 그들이 투자할 때의 자본으로 사용하는 것이다.

목표를 정하여 거기에 도달할 때까지는 생활 수준을 결코 높

이지 않는다. 그리하여 행상이나 노점상에서 갑자기 돈놀이 업자가 되기도 하고 기업주나 빌딩 소유자가 되기도 한다.

이 사고방식의 밑바닥을 흐르고 있는 것은 허무적인 사상임과 동시에 '돈이 전부가 아니다.'라는 발상인 것이다. 돈 때문에 고생은 하지만 그것은 결심한 것을 실행에 옮기기 위한 것뿐이며, 돈 그 자체가 목적의 전부가 아니라는 것을 마음속 한 구석에서 항상 생각하고 있는 것이다."

해외에 있는 중국인은,

"우리들 중국인은 고국을 위해 송금하거나 기부하여 우리들의 의무를 다해왔지만 국가는 우리에게 아무것도 해준 것이 없다."

라고 단언하고 있다.

손문(孫文)이,

"해외에 있는 중국인은 혁명의 어머니다."

라고 표현한 것처럼 해외 중국인은 혁명에도 거액의 돈을 원조하여 목적 달성에의 원동력이 되었었다.

광동 출신의 중국인 사이에서는,

"우리들은 허리띠 장식품 하나 고국에서 가져오지 않고 오직 몸 하나만으로 오늘을 쌓아올렸다."

라고 말하며 웃는 것이 보통이다. 광동에서는 작업복 바지의 허리띠가 없어도 밑으로 흘러내리지 않게 만들어져 있으므로 쇠붙이란 것은 하나도 고국으로부터 내오지 않았다는 것을 강조하고 있는 것이다.

중국인들은 유태인을 싫어하는데 이렇게 그들을 평가한다.

"유태인은 이기주의자들이며, 돈벌이 제일주의자들이다."

중국인들은 근본적으로 유태인과 틀리다는 것이다. 무일푼으로 가세를 일으키는 것은 노력과 운수에 의한다. 그렇기 때문에 어느 정도 성공하면 중국인 사회나 국가(고국 또는 살고 있는 나라)에 기부 같은 방법으로 환원하고 싶다고 말한다. 이렇게 하는 것이 그들이 위로받는 방법이기도 한 것이다. 그러나 기부의 강요만은 싫어한다. 만약에 강요받으면 그 자리에서 싫다고 거절해버린다.

홍콩과 싱가포르에 저택과 사업장을 갖고 있는 호문호(胡文虎)라는 사람은 만병통치약 만금유(萬金油)를 발명하여 대재벌이 되었는데 그의 지론은 이렇다.

"인생은 초로처럼 순간적으로 없어진다. 수포와 같은 인간 세상에서 자손을 위하여 말과 소를 준비하고 개인의 축재에 급급하고 더욱이 사회의 이익을 생각지 않는 자는 참된 지성인이 못 된다."

그는 남방 각지의 중국인 학교나 그 밖의 교육 기관으로 기금을 송금한 것을 비롯하여 체육, 명승고적을 보존하는 데 필요한 찬조와 서민 병원, 양로원, 고아원, 나병 환자 수용소, 각종 위생 시설이나 구호 사업 등 여러 분야에 걸쳐 원조하고 있다.

백 년을 하루처럼

중국인의 수법에는 일본인으로서는 도저히 감당할 수 없는 것이 있다. 중국인들은 아무리 물건값이 오르고 돈 가치가 떨어져도 말려들지 않는다. 경기가 나쁠 때나 좋을 때나 그들의 표정은 변하지 않는다. 중국인 거리를 보면 눈앞의 일로 들뜨거나 떠들지도 않으며 기가 죽어서 영업을 쉬는 일도 없다. 예를 들어 아무리 호경기라 해도 불경기 때와 똑같은 표현 방법 밖에 취하지 않는다.

이러한 태도를 아무나 취할 수 있는 것은 아니다.

경제불황이 닥쳐와도 기가 죽거나 영업을 중단하는 일이 없다. 적어도 평소와 똑같은 상태를 외관상 유지하고 있다.

미・중공 접근의 닉슨 쇼크나 달러 쇼크, 그리고 중공의 UN 가입, 자유중국의 UN 탈퇴가 있었던 때의 일이다. 해외에 있던 중국인들 사이에는 중공 지지와 자유중국 지지 또는 중립 등으로 의견이 갈렸다. 그래서 재일 중국인들은 모두 충격을 받아 우왕좌왕하고 있을 것이라 생각한 일본인 기자들이 취재하러 돌아다녔다. 그런데 그들은 아무런 반응이 없었다.

힘 빠진다는 말은 아마 이런 경우를 두고 하는 말일 거다.

차를 모는 자는 어제와 똑같이 차를 몰고 있고, 국수를 만드는 자도 어제처럼 작업을 계속하고 있다. 그리고 얼굴에는 표정이 없다.

"생각해보세요. 우리나라는 이 1세기 동안에 몇 번씩이나 큰 정변 또는 국가 존멸의 대사를 겪어왔어요. 작은 일로 놀라지 않아요."

"UN이란 도시의 상공회의소 같은 것이지요. 가입되어 있으면 무엇이든 편리하겠지만 가입하지 않아도 장사는 할 수 있습니다."

라고 엉뚱한 말을 지껄이며 일손을 멈추지 않는다.

토론할 때는 정치 문제를 매우 좋아하면서도,

'일은 일이고 정치는 정치다. 그리고 장사는 중요한 것이다.'

라고 판단하고 있는 것이다.

"그러나 고국에 중대한 일이 생기면 당장에 달려가서 나라를 위해 한몫 하고 싶다."

하고 그들은 언제나 말하고 있다. 사소한 일로 움직이려 하지 않는다.

"사나이가 움직일 때란 자주 있는 게 아니다."

그들은 이렇게 말한다. 같은 장사꾼일지라도 일본인 장사꾼과는 행동 기준이 다른 곳이 있다. 중국인은 배짱이다. 그리고 선이 굵은 데가 있다. 조금 벌었다고 해서 외국산 승용차를 타고 다니거나 집을 다시 짓거나 또는 수리하거나 하지 않는다. 다 낡은 옷을 입고 둔하게 움직이고 있다. 중국인 중에는 이러한 형태의 인간이 많다.

돈을 가져보지 못한 사람이 제법 큰돈을 손에 넣으면 마음을 안정시키지 못하는 것이 보통이다. 지금까지의 생활 수준의 단위를 혼란시켜 무턱대고 팁을 주거나 하여 비웃음을 사기도 한다.

금전의 가치나 그 요술성을 잘 알고 있는 중국인은 운만 좋으면 언젠가는 돈이 자기 주머니에 날아들어온다는 것을 믿고 있다. 그렇기 때문에 그 때가 되어도 당황하거나 균형을 잃는 일이 절대로 없다.

그들은 죽는 한이 있더라도 그 수준을 지켜나간다. 그리고 외관상의 문제로 자기 자신의 판단을 흐리게 하는 짓은 하지 않는다.

중국인은 항상,

"돈이란 것은 운과 노력이 잘 들어맞으면 누구에게나 모여드는 것이다. 그러니 돈이 들어왔다고 해서 놀랄 것은 없다. 또

돈과는 전혀 인연이 없을 경우도 있을 것이다."
라고 생각하고 있다.

그보다는 도리어 사소한 일로 인해 이성을 잃거나 인생의 나
갈 길을 망치는 것을 염려하고 있는 것이다.

초지(初志)를 관철시키라

도쿄에서도 유명한 번화가에 대여섯 채의 고층 빌딩과 고급
중국요릿집, 그리고 찻집을 소유하고 있는 중국인 Q씨, 그는
재일 중국인 1세로서 성공자의 전형적인 대표적 인물이다. 현
재 67세의 Q씨가 독립한 것은 40세가 훨씬 지나서였다.

그는 시기가 올 때까지 착실히 남에게 고용되어 있었다. 스
무 살 무렵 복건성(福建省)에서 아는 사람을 찾아 일본으로 건
너왔다. 그 이후 메구로(目黑)에 있는 큰 중국요릿집에서 견습
요리인에서 주방장이 될 때까지 꾸준히 일해왔다. 그는 독립해
서 점포를 내겠다는 계획을 표정에 드러내 보이는 일없이 검소
한 생활을 하면서 착실하게 그 집을 위해 열심히 일했다. 그 동
안에 요리 기술은 물론, 재료 구입에 대한 요령도 쌓아올려 온
것이다.

야구의 경우를 예로 든다면 우선 공을 받는 일부터 배트를
휘두르는 기초를 납득이 갈 때까지 몸에 익히는 것이 중국인의
습관이다. 그들은 마치 나이나 기간에는 관심이 없는 듯 항상
태연하다.

"이제 독립할 수 있다."
라는 판단이 서면 나이가 적더라도 독립하고, 시기 상조라는

판단이 서면 당황하거나 초조한 빛을 보이지 않고 언제까지나 기다린다. 다만 초지를 잊으면 안 된다는 생각과 그 희망만은 죽을 때까지 버리지 않는다.

아무튼 80세를 넘어서도 박사 학위를 받으려고 연구 논문을 제출하는 사람이 가장 많은 민족이 중국인이다.

공은 몸 앞에서 두 손으로 잡는다. 공으로부터 눈을 떼지 말라는 등의 섭리를 지키고 있던 Q씨는 저금을 계속했다. 그 당시에는 전쟁중이나 전후의 격동기였기 때문에 예금 기관을 이용하지 않고 현금을 직접 모았다. 이러한 점이 과연 중국인답다. 특히 대륙출신의 중국인은 은행이나 주식 같은 것도 신용하지 않을 경우가 많다.

2차대전 직후의 혼란기가 오자 마침내 그는 때가 왔다고 판단하여 있는 돈 모두를 털어서 번화가에 있는 빌딩을 샀다. 주위가 공습으로 파괴된 속에 겨우 살아 남은 4층 빌딩이었다.

그는 빌딩을 수리함과 동시에 전부터 생각해오던 전법을 전개했다. 친구나 아는 사람들의 반대를 무릅쓰고 그는 찻집을 겸한 빠찡꼬점을 이 빌딩에서 시작한 것이다. 이것이 폐허된 당시의 사회적 요건에 적격이었다. 사막 속에 오아시스와 같이 사람들이 들끓었다.

여기서 성공하자 그는 그것을 저당잡혀 자금을 만들어 최고급 중국요릿집을 냈다.

그 무렵은 분위기보다도 굶주린 배를 채워주기만 하면 OK였다. 그런데도 그는,

"나는 내가 생각한 대로 한다."

라는 생각을 고집하며 고급 시설, 고급 요리의 선을 잃지 않았다. 그는 자신이 이해하지 못할 일은 못한다는 것이었다.

이것 또한 들어맞았다. 아무리 혼란기라고는 해도 어느 정도의 돈이 있는 사람은 사정만 허락하면 분위기가 좋은 곳을 찾고 싶어했다.

순조롭게 사업이 잘 진행되자 Q씨는 숨돌릴 틈도 없이 곧 다른 빌딩을 찾았다. 판단과 행동이 빨랐던 그는 빌딩이나 대지를 좋은 조건으로 매입하여 이번에는 임대를 주업무로 하는 빌딩을 만들었다. 그리하여 그는 빌딩을 하나하나 소유해나갔다.

Q씨가 성공한 비결은 기책(奇策)을 채택하지 않고 어디까지나 정공법을 지켜나가고 '초지를 항상 잊지 않았다'는 데에 있었다.

그 증거로써 그만큼 훌륭한 빌딩이나 맨션을 소유하고 있는데도 불구하고 자기들 부부는 지금도 빌딩 옆의 판잣집과 흡사한 목조건물에서 생활하고 있다는 것만 보아도 알 수 있을 것이다.

그가 경영하고 있는 중국요릿집의 예만 봐도 그는 이삼십 년 전까지도 자신이 직접 재료를 구입하고 주방에서 일했었다.

그에게 취미를 물으면 이런 대답을 할 뿐이다.

"아무것도 없어요. 자식이 운영하고 있는 가게에 앉아 손님들의 출입을 보는 것이 즐거움이라고 할까."

불리한 입장을 역이용하라

연령적으로도 사회의 중견 정도가 된 일본인들은 곧장 이런 말을 입에 담는다.

"요즈음의 젊은 놈들은 돼먹지 않았다. 너무 엄살이 심하다.

옛날에는 그 정도의 일쯤은 이를 악물고 참아냈단 말이야."

이것은 아마 자식들을 과잉 보호한다는 말을 하고 싶은 듯한 말투다.

어느 중국인은 다음과 같은 말을 한다.

"일본인과 중국인의 혼혈인 경우, 모친이 일본인이고 부친이 중국인이면 불량소년 같은 자식이 되기 쉽다. 반대로 모친이 중국인이고 부친이 일본인인 경우는 좋은 자식이 나오는 예가 많은 것 같다."

원인을 물었을 때 다음과 같이 대답했다.

"일본인 여자는 자식에게 너무 관대해서 자식들이 자라 그 모친을 어렵게 생각하지 않게 된다."

이렇게 말한 중국인은 대단한 일본인 편이다. 특히 일본 여성 예찬자이기도 한데, 그의 말을 빌리면 일본 여자는 머리가 좋고 세심하며 센스가 있고 상냥하다는 것이다. 그런데 '자식들의 교육만은 잘하지 못한다'고 말한다.

재일 중국인들은 10살까지는 어머니가 엄격하게 교육한다.

"남의 나라에 와 있는 것이다. 자신의 힘으로 살아나가지 않으면 죽음이 있을 뿐이다. 부모가 언제까지나 살아 있진 않다. 너희들보다 빨리 죽는다. 뒤에 남는 것은 너희들뿐이다."

이와 같은 말을 기회 있을 때마다 주입하고 교육한다. 특히 식사 때의 식탁은 인생을 가르치는 교육장으로 한다는 사고방식이 중국인들에게 있다. 뿐만 아니라 중국인들이 세계적으로 뛰어난 민족이라는 것도 이 자리를 통해 가르킨다. 설사 부친이 같이 있더라도 이 자리에서는 어머니에게 절대적인 권한이 주어져 있다. 중국인들은 여기서 자신도 모르는 가운데 중국인 의식을 굳히게 되고, 중국의 전래하는 관습이나 사고방식을 준수해나가는 인간으로 길러져나간다. 거기에는 절대 용서가 없다. 그들은 자기 자식을 냉엄한 현실에 눈뜨게 하는 것을 부모로서의 가장 큰 사랑으로 알고 있는 것이다.

10살 이상이 되면 가업을 이어받는 입장이 되기 때문에 대부분의 경우 아버지의 일을 거들면서 교육을 받는다. 상급학교에 진학하는 경우에도 '집에 돌아오면 부모의 일을 돕는다.'는 것이 너무나 당연한 조건이다. 그리고 고등학교 이상을 진학할 경우, 중국인 자식들은 비장한 결심을 해야만 한다.

특히 일본에 거주하고 있는 중국인들은 진로가 매우 제한된다. 설사 일류의 국립대학을 졸업해도 일본인이 아니면 관청은 물론 일류 회사, 은행, 공장, 언론기관 등에 들어가지 못한다. 물론 예외는 있다.

대체로 수입이 좋고 취업이 좋은 직업은 의사, 변호사, 계리사 또는 이 밖의 특수한 기술직뿐이며, 이 이외의 직업을 선택할 생각이라면 고등학교 또는 중학교 정도를 졸업하면 된다는 것이 재일 중국인 사회의 사고방식이다.

어느 일류 대학의 공학부를 나온 M씨도 3류 회사 정도에서만 고용하려 들기 때문에 결국 '차라리 가업을 돕는 것이 훨씬 낫다.'고 판단하고 직장을 그만두고 말았다. 그리고 어려서부터 벗어나야겠다고 생각하고 있던 중국요릿집을 지금은 그의 천직이라 생각하고 열심히 경영하고 있다.

최근의 젊은 재일 중국인들은 중학교를 졸업할 단계에서 장래를 심각하게 생각한다. 왜냐하면 중국요릿집 경영자나 무역업자가 될 바에는 고등학교나 대학 학력을 얻는 것보다 실무에 있어서 더 도움이 되는 공부가 있다고 생각하기 때문이다.

요리사 일을 한 가지라도 더 배우든지, 무역회사에 취직하여 하루라도 빨리 일을 배우고, 그 남은 시간에 영어라도 공부해 두었다가 독립하는 쪽이 훨씬 유리하다는 것이 그들의 견해 이다.

요리 기술을 배우는 데는 대학 교육이 필요없다. 대학 교육 을 받으면 요리 직업을 천한 직업이라 생각하게 되어 오히려 학문이나 학벌이 방해물이 되는 경우도 적지 않다는 것이다.

그들은 그러한 예를 상당히 보아왔기 때문에 다른 이론은 절 대 안 통하게 되어 있다.

수세야말로 승리의 비결

해외에 살고 있는 중국인의 인생관은 적으로부터 자신을 지 키는 인생이다. 불리한 조건에서 악착같이 살아왔기 때문이다.

본국으로부터의 보호를 전혀 기대하지 못했던 그들이 남의 나라에서 신경을 곤두세우면서 생활을 지탱해나가는 것이 공격 을 막는 최선의 방법이었던 것이다.

이것이 그들의 상술에 반영되고 있다. 상담을 진행할 때에도 그들은, 사는 쪽에 있든지 파는 쪽에 있든지 간에, 결코 자기 편에서는 값 같은 조건을 먼저 제시하지 않는다. 그들은 주부 들이 시장을 보는 것까지도 훌륭한 거래라고 생각하고 있다. 이 말은 상대방으로 하여금 값을 정하게 하여 알맞지 않으면 조절한다는 수법이다.

그런데 자기가 유리한 입장에 있음에도 불구하고, 경솔한 일 본인은 찾고 있던 물건을 발견하면 금방 들뜨는 마음을 못 감 추고 값을 올리고 만다. 교섭하는 데도 전혀 사전 대비책을 세

우지 않는다. 상대방이 말하기도 전에 값을 올려버린 경우도
적지 않다.

이러한 점에서 중국인은 때와 장소를 안 가리고 돈을 마구
뿌리는 따위의 어리석은 짓은 하지 않는다. 중국인들은 누구나
다 똑같다.

다음은 2차대전중으로부터 전쟁이 끝난 다음까지에 걸친 이
야기인데, 현재 도미지마 운수(富島運輸)의 상무직에 있는 가와
자키 미요자키(川崎未由) 씨의 회고담이다. 그리고 당시 열 대
여섯 살 정도의 중국 농촌 소년들과 관련있는 일화다.

중부 중국에 군인으로서 주둔하고 있었던 가와자키 씨 등은
누하채(鐵河砦)라는 곳에서 종전을 맞았다. 한 곳에 모인 가와
자키 씨 등은 처음 한동안은 한가롭게 지내고 있었다. 그들 패
전군의 처리 문제에 대해서 아직 중국 쪽의 의도나 방침이 확
실히 정해져 있지 않은 때였다.

그 무렵 근처에 사는 열 대여섯 살 정도의 소년들 대여섯 명
이 몇 번인가 찾아왔다. 소년들은 전쟁중에도 그들 부대에 곧
잘 놀러왔었다. 그 중에는 넘어져서 상처를 입거나 부스럼이
생겨 고민하던 아이들도 있었는데, 가와자키 씨는 그때마다 위
생병에게 부탁하여 약이나 붕대를 얻어다 주고 치료해주었기
때문에 굉장히 친한 사이가 되었었다.

일본이 전쟁에서 지자 이 소년들이,

"뭐든지 팔 것이 없어요?"

하며 자주 찾아왔다.

일본 군인들은 남아도는 모포나 양말, 비누 같은 것을 팔아
밀가루 같은 식료품을 사거나 고구마와 바꾸어 먹곤 했다. 아
무튼 먹을 것이 부족하여 만성 허기증에 시달렸음으로 누구를

야단칠 수도 없는 형편이었다.

일본병들이 이 중국 농촌 소년들이 거래에 있어서 하나의 법칙을 지키고 있다는 것을 알게 된 것은 이 때다. 이 소년들은 절대로 살 값을 말하지 않았다. 장삿속이 되자 평소에 친했거나, 또는 약을 얻었거나, 치료를 받았거나 간에 결코 통하지 않았다.

소년들은,

"이 담요 얼마에 팔겠어요?"

라고 묻는다.

"너는 얼마에 사겠니?"

라고 말하면,

"그런 것은 아버지가 안 가르쳐주었어요. 그쪽에서 말 안하면 집에 갈래요."

했다.

더욱이 그들이 말하는 값은 단 한 번뿐으로 마음에 안 들으면 일방적으로 거래를 그만둔다고 한다.

'마침내 모두 그 소년들의 생각대로 싸게 팔고야 말았다.'라는 것이 가와자키 씨의 말이었다.

담박하게 교제하라

군자의 교제는 담박하다는 중국의 속담이 있다. 반대로 진드기처럼 달라붙는 사람은 범부다. 일본인은 개성이 없고 자기라는 것이 없다는 말을 곧잘 듣는다.

그렇다는 경우에 자신을 주장하지 않는가 하면 형편이 불리해지면 남의 탓으로 돌리려 한다.

"저 사람이 소개해서 믿고 거래했는데……, 큰 손해를 봤다."

하고 투덜거린다. 한동안 퍼졌던 유행어에,

"군부가 나빴음으로 패전하여 우리들이 고생하고 있다."

라는 말이 있었다.

중국인이 이러한 경우에 대하여 말을 하면,

"군부가 나쁘면 민중이 그것을 고치면 된다."

는 결론을 내린다.

중국인이 제삼자로부터 소개받은 사람을 그냥 신용하지 않는 것도 결국은 모든 책임을 자신이 지고 일을 진행시킨다는 생각에서이다. 사회적 지위나 명예는 참고로밖에 안 된다. 남의 경우는 남의 경우이고, 나의 경우는 나의 경우이다. 자기와의 관계에 있어서는 교제가 시작된 뒤부터 어느 정도 기간을 두고 살펴보며 자기 나름대로 평가해나가는 방법을 채택한다. 그것은 시일이 아무리 오래 걸려도 어쩔 수 없다는 것이 그들의 절대적인 견해이다. 약간 친해지면 오다가다 만난 사람이라도 집에까지 끌고 들어와 부인의 이맛살을 찌푸리게 만드는 것이 우리들 일본인의 방식이다.

중국인에게는 절대로 그런 일은 없다. 본래,

"중국인은 이취(泥醉)하지 않는다."

라는 속담이 있다. 이 속담처럼 정신을 잃을 정도로 술을 마시고 고래고래 소리치며 돌아다니거나 하는 일은 없다. 만약 그랬다가는 당장에 다음날부터 아무도 상대를 해주지 않으므로 술을 마실 때는 특히 신중을 기한다.

교제 관계에 있어서도 자기 몸 둘레에 두 겹, 세 겹으로 울타

리를 쳐놓고 있는 중국인은, 아무에게나 한 겹 울타리를 간단
히 없애준다. 그럴 때는 친절하고 사교적이기 때문에 일본인은
나름대로 간단히 해석하여 '나는 이미 신용받고 있다.'라고 생
각해버린다.

그리하여 밤중에 찾아가서 두드려 깨우거나 앞뒤 가리지 않
고 닥치는 대로 사람들을 소개하는 따위의 행동을 한다. 중국
인은 이런 것을 무척 싫어한다. 아니 혐오하고 있다.

어느 정도 친해지면 그쪽에서,

"저희 집에……."

하고 초대한다.

그러나 이 경우도 단순한 사교적인 인사에 불과할 때도 있으
니만큼 주의해야만 된다.

중국인은 진심으로 초대하고 싶은 마음일 때, 반드시 초대하
는 날짜와 시간을 분명히 밝힌다. 초대하는 이상 온 가족이 뭉
쳐 모든 힘을 다해 성의를 보인다. 이삼 일 전부터 준비해야만
되는 요리의 재료를 사용하거나 하는 세심한 배려를 아끼지 않
는다.

자택으로 초대할 경우가 아닐 때에도,

"식사라도 같이 하지 않겠습니까?"

하고 어떤 기회에 요릿집 같은 곳으로 가자고 권유할 때가
있다. 이 때에도 금방 응하지 않는 편이 좋다. 왜냐하면 경솔
한 사람으로 평가받을 염려가 있기 때문이다. 반드시 세 번 이
상의 권유를 받았을 때에 가는 것이 좋다. 그리고 대접을 받은
뒤에는 너무 시간이 흐르기 전에 답례의 뜻으로 이쪽에서 한자
리 초청해야만 된다. 비용이 많고 적음, 자리의 좋고 나쁨은
관계없다.

음식에는 음식으로 갚아야만 되는 것이다. 왜냐하면 그 밖의 답례 방법은 경우가 어긋난 것이 되기 때문이다. 또한 대접을 받은 후 헤어질 때에는 반드시 정중하게 인사를 하고, 그 다음에 만났을 때는,

"전번에는 과분한 대접을 받았습니다."

라고 인사하지 않는 게 상식이다.

그런데도 성급하게 친숙해지려는 생각에서 곧 결점을 드러내게 되면 오랜 교제나 거래는 할 수 없게 된다.

본심을 숨겨라

대화는 그 좌석에서 100이 되면 된다. 두 사람이 대화할 경우 한쪽이 80정도 입을 열면 다른 한쪽은 20만 말해야 된다. 세 사람 이상일 때에는 세 사람이 말한 것을 합쳐서 100이 되면 좋다. 물론 양쪽이 모두 말을 잘하지 않는 경우도 있다. 그래서 애교가 많은 중국인은 말이 없는 손님에게는 되도록 명랑한 분위기의 좌석을 만들기 위하여 유쾌한 듯 말을 많이 한다.

그러나 말수가 많은 것과 중요한 사항을 발설한다는 것과는 천지의 차이가 있다. 그들의 사고방식은 이렇다.

"정보는 조금 주고 그리고 남보다 나중에 줘라."

영화에서 어느 젊은 남녀가,

"식후에 재미있는 대화를 합시다."

라고 말하는 장면이 있었다. 이 말처럼 아무튼 대화는 재미있어야 한다. 그러나 영업상 맺은 관계에서는 언제까지나 즐겁고 재미있는 이야기만 계속할 수는 없으며, 오히려 그 반대의 경

우가 많다.

중국인들 가운데는 대부분의 사람들이 말을 잘하고 또 사교적 재질을 선천적으로 타고난 사람이 많다.

그런데 여기서 주의해야만 될 사항이 있다. 그것은 말을 잘하지 못하고 사교에 서툰 일본인 쪽이 먼저 마음을 털어놓거나 비밀을 발설하는 경우가 많은데 비하여, 명랑하고 말수가 많은 중국인은 사업상의 비밀이나 일의 상황 같은 것은 좀처럼 입에 올리지 않는다는 것이다.

어느 일본인이 실험삼아 중국인과 일본인의 어느 파티에서 비밀 마이크를 이용하여 회장내의 이곳 저곳의 대화를 녹음한 적이 있다. 자리를 유쾌하고 즐겁게, 그리고 들뜨게 만드는 중국인들의 능력은 대단한 것이었다. 일본말이 서툰 중국인은 그 서툰 것을 유머러스하게 활용하여 좌석의 분위기를 이끌고 있었다고 한다.

그러나 중요한 문제에 대한 말을 입에 올리는 사람은 그 누구도 없었던 것이다. 중요한 이야기를, 그리고 오히려 신용을 떨어뜨리는 말을 경솔하게 지껄이고 있는 사람은 일본인 쪽이었다고 한다.

참으로 멍청한 일본인이 아닌가. 녹음한 사람은 새삼스레 느꼈다고 한다. 언제나 단일 민족, 단일 국가 속에서 삶을 영위하고 있는 일본인은 무슨 일이 생기면,

"뭐, 같은 일본인 아니냐."

"서로 대화하면 이해하겠지. 같은 일본인인데, 뭐!"
하고 말한다.

그리고 이런 생각을 아무도 이상스럽게 생각지 않는다. 바로 여기에 마음의 빈틈과, 허점도 있는 것이다.

비밀을 지키고, 정보를 지키는 마음가짐에 허점이 있다. 다시 말해서 길들어 있지 않다는 결론이 나온다.

"사업상의 비밀은 한 나라의 정치적인 문제 같은 것과는 관련되어 있지 않으니까……."

라고 말하지만 이러면 사업면도 뻔하다.

입이 무거운 중국인은 어쩔 수 없는 일 외에는 사업상의 비밀은 자기 부인에게도 말하지 않는다고 한다. 아무리 믿는다 해도 두 사람이 알고 있는 것과 혼자만이 알고 있는 것과는,

"비밀이 새어나갈 가능성이 50%는 더 있다."

라고 어느 젊은 중국인이 당연한 것처럼 단언했다.

인간의 약점을 완전히 터득하고 있는 중국인은 부인이라도 예외로 생각하지 않는다.

대화의 밀도를 짙게 하면서도 남에게 알리기 싫은 비밀을 지켜나가려면, 대화의 내용이 그 비밀에 닿을 듯 말 듯 오가게 하면서도 절대 흔들려서는 안 된다. 상대방이 내용을 알아버리면 그다지 흥미를 갖지 않게 되기 때문이다.

그러니 될 수 있으면 상대편의 정보를 먼저 끄집어내어 그것을 재빨리 이용하여 화제를 그 방향으로 돌려버릴 만한 재치가 필요한 것이다. 화기애애한 분위기가 감돌고 있는 동안에…….

민첩하게 기회를 노려라

외국에 거주하고 있는 중국인은 맨몸 하나로 재산을 쌓아올린 만큼 거의 동물적 감각이라고 말해도 지나치지 않을 정도로 위험을 느끼면 과감하게 행동에 옮긴다. 아무리 높은 지위에

있는 사람이라도 마지막은 자기 자신이 직접 조사한다. 그들의
정보망은 다소 과장된 표현으로 전세계에 펼쳐져 있다.

가족 중에서 큰딸은 동남아시아에 시집가 있고, 둘째 아들은
미국에 유학중이고, 백부의 가족은 브라질에 있는 식의 배치는
매우 일반적인 예다.

가족, 동족, 동향의 친구 등이 동남아시아, 구미 각국, 남
미, 캐나다 등에 널리 퍼져서 그곳의 정보를 동업자회 같은 단
체의 집회나 간추린 책자를 통해 서로 교환하고 있다.

예를 들어 빌딩 전체를 찻집, 레스토랑, 영화관, 바 등으로
하는 관광 산업의 빌딩 이용 방법은 모두 중국인이 생각해낸
것이다. 빌딩의 1층은 무엇, 2층은 무엇, 3층은 무엇하는 식으
로…….

어느 중국인이 먼저 이런 식의 관광 산업 빌딩을 시작하면
다른 중국인이 재빠르게 흉내낸다. 그런 후 상당한 기간이 지
나면 이런 장사는 슬슬 전환기가 다가온다. 그런데 일본인 일
부에서는 이미 고비를 넘긴 시점에서,

"꽤 장사가 잘된 것 같으니 한번 해볼까…….."
하고 망설이다가 손을 대는 경우가 있다. 이와 같은 사람을 발
견하면 재빠른 중국인은 번창한 사업이라는 이유로 최고액으
로, 그리고 종업원도 같이 한꺼번에 양도해버린다. 그런 다음
새로운 사업에 투자한다.

이렇게 힘들게 비싼 값으로 사들인 일본인 쪽은 인건비, 선
전비 등의 인상을 겪어야 하고, 게다가 경쟁하는 점포도 자꾸
만 생기게 되어 결국엔 영업에 익숙한 점원이나 기술자를 빼돌
림당하는 등의 쓴맛을 보게 된다.

도쿄의 임이문(林以文) 씨는 이 전환의 명수로 업계에서 유명

하다. 폭넓은 사업을 경영하는 그는 원래 도쿄 시내에 영화관을 대여섯 개 가지고 있었는데, 국산 영화가 침체된 빛이 보이기 시작하자 곧 서양의 명작을 수입하여 호황을 누렸다. 이렇게 그는 남보다 한 발짝 빠른 전환의 기회를 놓치지 않는다.

현재 그의 소유 빌딩에는 지하 2층에서부터 지상 8층까지 거의 현대의 오락장을 찾는 남녀노소의 욕망을 충동질하지 않는 것이 없다고 할 정도로 모든 게 갖추어져 있다.

지하 1층에 주차장, 2층에 가열된 모래사장, 지상 1층에 마작게임 코너, 2층에 카페, 레스토랑, 세계 납인형관, 3층에서 5층까지는 볼링, 6층엔 댄스 홀, 7층에 나이트클럽, 8층에는 중국요리와 회원제 클럽 등 즐비하다. 이 빌딩은 중국인 상술의 견본이라는 말을 듣고 있다. 이 빌딩의 설계와 이름은 자식을 미국에 체재시켜 연구하게 한 것이다.

절호의 찬스를 놓치지 않고 전환하려면 물론 육감으로는 안된다. 쉬지 않고 연구하고, 열심히 정보를 분석하고, 실천할수 있는 용단이 결핍되어서는 안 된다. 또 한 가지 덧붙인다면 밑져야 본전이라는 대담성과 강직한 신경을 가져야 한다.

무조건 사과하지 말라

일본인들은 무슨 일이 있으면 금방 사과하러 간다.

"실례했습니다."

이에 대해서 어느 중국인이 다음과 같이 말했다.

"잘못했다는 생각이 들면 솔직히 사과할 수 있는 일본인은 행복하다."

그의 말에 따르면 자신이 잘못했다는 걸 알아도 단순히 사과할 수 없는 것이 중국인의 세계라는 것이다. 한번 나쁘다고 인정받게 되면 지금까지 한 모든 것도 그것 보라는 듯 비판되고, 앞으로 무슨 일을 하려 할 때도,

"옛날에 이런 잘못을 했었지 않았느냐."

라고 평가한다는 것이다. 그리고 모든 면에 불리한 조건이 주어지게 된다는 것이다.

그러니 말로 사과하거나 머리만 숙여도 대부분의 경우 용서해주는 일본인 사회는 지나치게 관대하다고도 말한다. 보기에 따라서 그 정도로 용서받을 수 있는 일본인은 생활하기에 쉽고 또한 어느 면에서는 부럽다고도 말한다. 이유야 어떻든 단일민족의 섬나라이니 어쩔 수 없다.

일본 영화에서 주인공들이 경건한 자세로,

"용서하십시오. 다시는 그런 일이 없도록 하겠습니다."

라는 식으로 사과를 하는데, 그들은 이런 장면은 도저히 이해하지 못한다는 것이다. 이래 가지고는 원인의 근본이 다른 것과 바뀌어버린다는 것이다.

할복도 그렇지만, 난국에 처하면 책임자가 사표를 내는 것으로 마무리하려 한다. 더욱이 그것도 최고 책임자가 아니고 그를 대신한 과장 대리 정도가 "모든 책임을 제가 지고……."라는 식으로 전책임을 짊어지는 따위는, 두목의 죄를 대신 짊어지고 투옥되는 깡패와 조금도 틀린 게 없다.

자신을 탓하며 일을 무마시키는 건 따지고 보면 정신적 학대가 되며, 또 극단적으로 자기 자신을 낮추는 인사나 필요 이상으로 겸손해하는 것은 우스운 일이다.

중국인들 중 일부에서는,

"우리들이 솔직하게 자신의 잘못을 승인하는 관습이 없는 것은 좋지 않다."
라고 말하는 한편,

"그래도 일본인처럼 너무 간단히 사과하는 것은 생각할 문제다. 일본인의 성격이나 사고방식을 잘 알지 못했던 때에는 너무 간단히 사과를 받게 되어 오해했었다."
고 덧붙이고 있다.

동남아시아의 중국인 거리 같은 데서 교통 사고가 생겼을 경우를 보면, 가해자나 피해자가 모두 지지 않는다. 누가 들어도 자기 쪽이 옳았다고 주장한다. 그런데 이게 양쪽이 같이 떠들어 대는 것이 아니라 한쪽의 말이 끝나길 기다렸다가 조용히 자기 입장을 주장하니 더욱 재미가 있다.

처음부터 목격하지 못한 구경꾼들도 조용히 양쪽의 주장을 듣고 있다.

상거래의 경우도 마찬가지다. 어떤 사정에 의해 계약을 어기거나 부당한 일을 저질렀을 때는,

"매우 죄송하게 되었습니다."
하는 정도로 상대방이 납득할 까닭이 없다.

상대방에게 입힌 유형 무형의 보상을, 구체적인 방법에 의하여 당연히 보상해야 한다. 특히 상대방의 신용에 대한 변상을 말이다.

신용하기 위해 시험하라

중국인은 의심이 많다는 것은 앞에서도 거듭 설명했지만, 실

지로 믿을 수 있을 때까지는 상대방을 시험하는 경우가 많다. 일부러 현금이나 상품, 혹은 귀중품을 거래를 개시한 사람에게 맡기는 일도 있다. 그래서 정확하면 신용도를 높여간다.

다음은 2차대전 때 중국 대륙에서 있었던 일이다. 어느 중국인이 다소 신용이 높아진 거래처 사람에게 보석류나 거금 등을 맡기면서,

"이것을 좀 간직해주십시오."

하고 이유도 말하지 않고 물건을 맡긴다.

이 사실을 누설해서는 안 되며 되돌려 달라고 할 때까지 틀림없이 잘 보관하고 있어야 한다. 어느 날 갑자기 심부름꾼이,

"형편상 인수하겠습니다."

라는 내용이 담긴 친필의 편지를 가지고 물건을 찾으러 온다. 이 때 별문제가 없으면 신용도는 높아진다.

만일 이 심부름꾼도 시험받고 있을 때에는 이중, 삼중의 감시자가 뒤쫓고 있기 때문에 이상한 생각을 갖지 못한다.

이렇게까지 주도 면밀한 대비책을 강구했음에도 불상사가 생겼을 경우에는 깨끗이 단념해버리고 만다.

"그 사람과 더 이상 관계를 갖었더라면 더 큰 손해를 당했을지도 모를 일이 아닌가. 그것을 빨리 알아낼 수 있었으니 그만큼 가치가 있다."

라고 생각하기 때문이다.

그러나 되돌려줄 수 있는 능력이 있는 자에게는 반환받을 때까지 용서하지 않는다. 뿐만 아니라 사업쪽에서도 배신한 경우의 보복은 혹독하다. 그 대신 웬만한 일이 없는 한, 고소하거나 옥에 가두거나 하지 않는다. 그렇게 되면 부채를 받는 게 힘들어지기 때문에 채권자는 좀처럼 채무자를 놓아주지 않는다.

감옥에 가두거나 하면 꿩도 알도 모두 잃어버리기 때문이다. 만일 채무자가,

'굶는 형편입니다."

라고 사정하면 아무리 미운 놈이라도 먹을 양식을 준다. 그 대신 일을 시켜서 부채는 끝까지 받아낸다. 그가 다시 사업을 할 수 있는 능력이 없을 경우에는 급료를 정하고 자기 밑에서 혹사하거나 하여, 그가 완전히 부채를 갚을 때까지는 중국인 사회에서 한 인간 취급을 못 받는다..

최근 중국인 사이에서도 약속을 깨거나 빚을 떼먹고 남미나 홍콩 등지로 도망치려던 사건이 있었지만 전혀 법적 문제에까지는 번지지 않았다.

그러나 그들이 목적지에 도착하기도 전에 중국인 사회의 횡적 연락망에 걸리고 말았다. 거기서 이야기가 오고간 다음 도망치려던 쪽은 그에 상당한 조건을 받아들여야만 했고 그 행위는 모두 공개하지 않은 채 처리되었다.

집단본능(集團本能)은 동물의 본능이라고 한다. 외국에서 거주하는 중국인의 경우, 그 특징이 뚜렷하고 또 여기서 벗어나기란 거의 불가능하다. 그래서 어떤 의미로는 죽음을 내포한다.

미국에 있는 어떤 단체에서 거금을 횡령하여 남미의 어느 나라로 도망간 중국인이 있었다. 대담하게도 고급 호텔을 세내어 영업을 시작했다.

이 사실을 확인한 단체측은 곧 남미의 현지 중국인 단체에 연락을 했다. 문제의 호텔과 거래하고 있는 은행에 격서를 보내어 거래를 중지시킴과 동시에 그 부근에 있는 같은 정도의 호텔을 매수하여 싼 값으로 영업을 시작하게 했다. 그뿐만 아

니라 정부 기관은 물론 경제계 등 각 방면에도 사정을 전하고 문제의 호텔을 절대 이용하지 않겠다는 협력을 받았다. 이 결과 도망자는 5개월도 채 못 되어 파탄이 나서 다시 다른 나라로 도망쳐야만 했다. 더구나 한푼도 없이, 처자도 어디인가에 남겨둔 채였다.

혈연과 지연

중국인은 1,800만 명이나 해외에 흩어져 살고 있다. 그들 중 대부분은 장사를 하고 있기 때문에 화상(華商)이라 불리고, 유태인이나 인도인과 같이 악착같다고 알려져 있다.

그런데 중국인 자신은 유태인이나 인도인 장사꾼을 싫어한다. 중국인은 그들 나름대로 유구한 역사를 가진 중국 사상과 동양 철학을 잠재적으로 소유하고 있다. 신(信)과 협(俠)을 그들은 기본 이념으로 삼고 있는데, 유교의 영향도 강하다.

중국인은 혈연과 지연을 의지하여 해외에 나간다. 그것은 사해일가(四海一家)의 정신이다. 사해 즉 세계를 한집안처럼 본다는 뜻으로, 민들레씨처럼 어디든지 날아간다. 야자나무 밑에는 중국인이 3명은 있다는 말을 들을 정도다. 원래 중국인들은 죽을 때는 고향에 돌아가 뼈를 집 밑에 파묻고, 사당을 지어 자손들의 섬김을 받는 것을 염원으로 하는 풍습이 있다.

그런데 오늘날 외국에서 살고 있는 중국인들은 그 나라의 물만 입에 맞으면 거기서 죽을 결심을 한다. 하지만 맞지 않다는 것을 알면 미련없이 다른 나라로 옮겨버린다. 현재 일본에서 미국으로 이전해나가는 예도 상당히 있다. 싱가포르로 옮기는 사람들도 있다.

혈연이나 지연이라는 것은 친척이나 고향 사람과의 관계를 말하는데, 중국인들 중 외국에 많이 나가 있는 자들의 출신 지역을 살펴보면 대부분 바다가 있는 복건성, 광동성, 절강성, 산동성 및 동북 지방(만주) 등이다.

외국에서 터전을 닦아나가는 중국인들은 고국에 있는 동족이나 동향의 사람들을 부른다. 혈연 외에 동성인 사람도 불러낸다. 동성에 대한 중국인의 생각은 일본인의 생각과는 틀리다. 예를 들면 동성끼리는 결혼이 금지되어 있다. 설령 남이라는 것을 알아도 동성끼리는 결혼이 금지되어 있다. 그것은 인간도리를 벗어난 것으로 규정되어 있다. 그 대신 동성끼리의 의리는 깊다.

예를 들어 진(陳) 씨 성이면 진회(陳會)가 있어 매년마다 한 번씩 전세계의 진 씨들이 한 나라의 대도시에 집결하여 정보를 서로 교환한다. 이러한 이유로 해서 혈연, 동성, 동향의 사람들을 불러들이기 위해서 자연 중국인들은 복건성, 광동성, 절강성, 산동성, 만주계로 나누어지게 되는 것 같다.

이 집단 의식은 굉장하다. 설령 그 집단 속에서 조금의 안 좋은 사건이 생겼다손 치더라도 외부에는 절대로 새어나가지 않게 하며, 공동의 적에게는 협력하여 배척하는 자세를 가진다.

서로 고소하고 있는 입장에 있으면서도 남이 상대방에 대해 질문하면,

"그 사람 참 좋은 사람입니다. 내가 항상 신세지고 있지요."
라고 말한다.

일본에 있는 중국요릿집에서 본국의 요리사를 불러올 경우 그 중국요릿집이 큰 점포가 아니면 입국 관리국은 그의 입국을

허락하지 않는다. 또한 일단 입국한 사람은 그 점포 이외에는 못 가게 되어 있다. 더욱이 독신자는 3년, 가족 동반은 5년으로 체류 기간이 끝난다. 기간이 만료되어 일본을 떠나 다시 일본에 들어오려면 전과 같은 수속을 밟아야만 된다. 이와 같은 불리한 조건 아래서도 중국인은 돈벌이 방법을 찾아내고 있는 것이다.

상부상조

일본인은 섬나라 근성을 가지고 있다는 말을 곧잘 듣곤 한다. 특히 외국에 나가 이민에 성공했을 경우, 자칫하면 발목이 묶인다. 일본인은 이웃이 다복하게 되는 것을 그다지 좋아하는 것 같지가 않다.

일본인에게는 이상한 경쟁 의식과 입신 출세주의, 그리고 부모형제에 대한 체면이란 과장 의식이 있어서일 것이다.

이와 반대로 정부를 의지할 수 없고, 신(信)과 협(俠)이 전재산인 중국인은 상부상조의 정신이 매우 투철하다. 그들은 이웃 사람이 잘되면 기뻐하고 이에 따라서 자기도 기반을 잡으려 하며, 서로 질투 같은 감정은 안 갖을려고 노력한다. 될 수만 있으면 축하를 보내고,

"나도 할 수 있는 일이면 할 테니 도와주십시오."

하고 일본인과는 반대로 협력하며, 자기도 한몫 보려고 한다.

중국인들의 상부상조 조직의 하나에 무진(無盡 ; 상호 신용계의 종전 이름)이 있다. 이는 우리가 일본에서 흔히 볼 수 있는 투기적인 것과는 성격이 다르다. 입찰계처럼 투기성 그 자체가 목

적이 아니다. 자금이 없는 사람에게 자금을 대부해주고 자기들의 조직 속에서 한 사람씩 독립시켜 점포를 크게 확대시키거나 하는 데 그 목적이 있는 것이다. 크게 성공하여 자리잡은 사람으로부터 반제(返濟)시키고, 이번에는 그 성공한 사람이 다음 세대의 젊은이에게 돈을 대부해주어 횡적인 선을 강하고 크게 만들려는 것이다.

무진은 대체로 6명 단위로 생성된다. 그 중 한 사람이 반장이 되어 만일의 경우에는 책임을 진다.

규모가 큰 것은 1억 엔이나 되는 자금을 움직이는 무진도 있다. 가입하고 싶은 사람은 또 다른 무진에 가입해도 관계없다.

투기적이 아니므로 처음부터,

"이번에는 양(楊) 모씨를 도와주자."

고 미리 결정되어 있는 경우도 있다.

그런데 이 무진의 특별한 점은 이자가 전혀 없는데다가 구비서류도 없고 인감도 필요치 않다는 것이다.

중국인의 세계는 정보가 빠르고 집단적인 생활을 하는 습관이 있기 때문에 만일 무진을 깨고 외국에 도망쳐도 회람하는 통보쪽이 그 사람보다도 먼저 도착되는 예가 더 많다.

무진의 한 패를 배신하고 적으로 만든 것은, 자칫하면 지구상에서 잠자리를 없애는 결과를 초래하는 것과 같다. 그러나 홍콩만은 예외인데, 이곳은 어떻게든 잠입하여 숨어버릴 수 있다고 한다.

능력은 있지만 자금이 없을 때에는,

'그래, 그놈을 어떻게 하든 한 인간으로 만들어보자."

하고 동향회 또는 동업자회의 실력자들이 인정해서 서로의 이

야기가 결정되면 곧,

"하고 싶은 장사는 뭐냐?"

라는 질문을 한다.

중국요릿집을 시키려면 종류나 규모, 전문 등이 다르고 또 선배와 경쟁하게 될 우려가 있기 때문에 과자, 만두, 중국요리 재료같은 연관성이 있는 상품을 취급하게 하여 성장하게 되면 상부상조의 조약을 맺는다는 체재다.

상부상조 정신의 구현인 무진은 어떻게 해서 생겨났느냐 하면 은행이 중국인들에게 대부를 해주지 않았기 때문이었다. 고작 이삼 년 전부터 두서너 개의 은행이 중국인 구좌를 만들었는데,

"이자가 높고 보증인 수도 많으며, 대부해주는 액수가 적다."

고 그들은 불리한 점을 불평하고 있다.

한편 중국인 상대로 하는 신용 조합 화은(華銀)형식도 있지만 이것 역시 담보가 필요하다.

그래서 그들은 역시,

"무진이 좋다."

라는 결론을 내리고 있다.

자신의 눈을 믿어라

중국인들의 상술은 마치 형사들과 같은 방법을 취한다. 사람을 믿기 위해서는 우선 거래선의 상대방을 흑(黑)으로 본다. 그리고 자신과 상대방 사이에 생기는 작은 사건을 세심히 검토하

는 일을 반복하여 판단의 자료로 삼는다. 즉 상대방을 백(白)으로 만들어나가기 위하여 차례로 상대방을 시험해본다.

그들은 일본인들처럼 만나자마자 상대방에게 쓸개까지 주었다가 나중에 조그만 차이 생기면,

"속았다."

하고 부질없이 탄식하거나 불평하지 않는다. 또한 일본인은 유명한 사람, 높은 지위에 있는 사람, 친한 사람 등의 소개가 있으면 곧 신용해버린다. 그리고 후에 무슨 일이 발생하면 이번에는 소개한 사람을 안 좋게 말한다. 심한 경우에는 원망하기도 해서 서로 부자연스러운 사이가 되고 만다.

그러나 중국인은 신용할 수 있을 때까지 많은 시간을 소비한다. 그들은 시일이 걸리는 것은 아깝지 않게 생각한다. 보통 10년 정도는 당연하다고 생각한다.

자기가 받아들일 때까지는 불신을 버리지 않는다. 그 대신일단 믿게 되면 이번에는 움직이지 않는다. 아무리 세상 사람들이 상대방을 안 좋게 말하고 소문이 안 좋아도,

"나와는 상관없다."

라는 식이다.

설사 적국인(敵國人)의 입장이 되거나 감옥에 가더라도 친구로서 태도를 바꾸지 않는다. 그리고 그의 입장을 그냥 버려두지 않는다. 너무나 훌륭하고 본받을 만한 행동이 아닐 수 없다.

도쿄에서 보석상을 경영하고 있는 일본인 A씨가 있다. 그가 관광을 겸한 사업상 용무로 홍콩에 처음 갔을 때 아는 사람에게 부탁하여 어느 중국인 앞으로 소개장을 얻었다. 상대는 구룡(九龍)에서 보석 도매상을 하고 있는 B씨였다.

A씨는 초행길인데도 장사꾼답게 여기 저기를 구경하고 다니는 동안에 가지고 있던 돈을 몽땅 분실해버렸다. 생각다 못한 A씨는 소개장의 당사자인 B씨의 점포에 들어가서 사정이야기를 했다.

그러자 소개장과 A씨의 얼굴을 가만히 쳐다보고 있는 B씨는,

"좋습니다. 필요한 물건은 갖고 가십시오. 계산은 도쿄에 있는 내 친구의 가게에다 해주십시오."

하고 꽤 값비싼 물품을 주고 현금까지 빌려주더라는 것이다.

A씨는 거의 체념하고 있었던 터라 무척 놀랐다. 그는 기쁨을 감추지 못해 다시 명함을 한 장 꺼내어 차용증서를 쓰고 도장을 찍어 내밀었다. 그런데 B는 그 자리에서 그것을 찢어버리는 것이 아닌가.

"이런 것 받아도 아무 소용이 없습니다."

B씨는 계속해서 말을 이었다.

"소개한 사람의 일도 있고, 나 자신이 당신을 보고 신용했기 때문에 거래하는 겁니다. 영수증 같은 것은 아무리 써도 가치가 없습니다. 지불하지 않을 사람은 어떤 것을 주어도 지불하지 않습니다."

A씨가 감격한 것은 더 말할 나위가 없다. A씨는 귀국 후에 곧 B씨가 지정한 점포로 찾아가서 계산했다.

그들은 신용하기까지 걸리는 시간을 달리 정해두고 있지는 않다. 빠르든 늦든 신용할 수 있으면 그것으로 만족해 한다. B씨의 경우처럼 초면인데도 OK할 때도 있다. 요컨대 제삼자가 제시하거나 내세우는 선입 관념에 좌우되지 않고 어디까지나 자신이 보는 눈을 믿고 있는 것이다.

그 대신 자기가 받아들이고 거래한 이상 아무리 손해를 봐도 나중에 시끄럽게 들고 일어나거나 남에게 책임을 돌리거나 하는 따위의 짓은 결코 하지 않는다.

그들과 거래하거나 사귈 때는 적은 거래부터 시작해 실적을 차례로 쌓아올려 큰 사업에까지 끌고 가야만 된다.

불가능에 가까운 일이나 위험한 일은 약속하지 말아야 한다. 여부(與否)를 항상 분명히 하는 것이 최상의 방법이다.

인내가 곧 승리

중국인은 물건값을 깎는 것을 좋아한다. 중국인 거리의 아침은 주부들의 에누리하는 날카로운 목소리로 시작된다.

에누리가 잘되지 않는 야채, 생선 등은 물건으로 덤을 더 받아내려고 한다. 장사꾼이 저울로 물건을 달 때를 기다렸다가 자기가 얼른 집어서,

"이것도 넣어주세요."

하고 그릇에 던져넣어 버린다. 무척이나 실질적인 에누리 방법이다.

구두나 의류와 같이 값의 폭이 넓은 것은 여유 있게 교섭하고,

"에누리를 안해주면 다른 데로 간다."

하고 미련없이 가버린다. 그래서 다른 가게에서도 목적 달성이 안 되면 먼저 가게로 돌아간다. 가게쪽에서도 익숙하다. 조금도 표정에 나타내지 않고 먼저와 똑같은 태도로 응대한다. 그들은 조금도 싫증을 내지 않고 몇 번이 되든 반복한다.

230

태국 북부의 소도시 같은 곳에서는 아침부터 밤늦게까지 끈질기게 달라붙어 에누리하려는 중국인 처녀나 아이들도 있다. 가게에서도 적당히 다른 손님을 맞거나 쉬면서 상대가 되어주고 있다.

아이들이 부모의 명령으로 심부름 갔다가 주라는 값을 다 주고 사올 때,

"별로 장래의 전망이 없다."

하고 중국인 사이에서는 낙인을 찍어버리고 만다.

그러나 중국인은 자기쪽에서 에누리를 하지 않았음에도 불구하고 상대방 쪽에서 에누리해주는 데는 매우 경계를 한다. 싼 물건이라든가 뜻하지 않은 물건에 대해서는 우선,

"이상하다. 어딘가 잘못된 것 같다."

하며 먼저 의심해보는 것이다.

무척 싸다거나 귀한 것이거나 또 편리한 것이라도 지금 당장에 필요치 않은 것은 절대 사지 않는다. 아무리 필요한 물건이라도 필요한 양 이상은 사지 않는다.

동남아시아 같은 데서 담배의 낱개나 성냥 개비의 낱개팔이가 통하는 것은 가난하다는 이유만은 아니다. 이 합리주의가 통용되고 있는 것이다.

방콕의 어느 작은 잡화상을 하는 노파가 있는데, 남편은 죽고 자식 부부는 약하고 손자들은 아직 어리기 때문에 거의 자기 혼자의 힘으로 해나가고 있다. 가게는 야와라통이라는 중국인 거리에 있는데, 비교적 번화한 거리여서 주위 사람들이,

"자금을 줄 테니 점포를 더 늘리고 상품을 늘리도록 하십시오."

"크게 근대적으로 개축해서 손님을 더 끌도록 하면 어떻습니

까? 도와드리겠습니다."

하고 진심으로 제안해오는데도 모두 거절하고 있다. 그녀가 설
명하는 심정은,

"부족함을 아는 것은 즉 행복함을 의미한다."

라는 말과 통하고 있다. 그리고 뒤에 무언가 달라붙어 있는 것
같은 기분을 갖는 것은 싫다는 뜻일 게다.

원래 태국은 소승불교(小乘佛敎)가 매우 번창한 곳이어서, 오
랫동안 살고 있으면 동화되어 자연. 욕심이 없어지는 예가 많아
그런지는 모르지만 말이다.

열심히 그리고 부지런히 일하지만 무리를 해서까지 자기 힘
이 못 미치는 곳을 넘보지 않으려는 것이 그녀의 인생관이고,
만족하는 즐거움도 충분히 깨닫고 있다는 말이다.

학문도 없는 노파가 인간의 기묘함에 대해서는 종교가나 도
를 설파하는 사람보다 더 꿰뚫어보고 있다고 평가하는 것이 그
녀를 알고 있는 사람들의 감개이다.

미국의 로스엔젤레스에 있는 중국인 거리에 시 당국이 집을
새로 지어 거리의 체면을 새롭게 세우도록 자금을 내겠다고 제
의했을 때도 중국인들은,

"시간을 좀 주십시오."

하고 그들끼리 모여서 의논한 다음 뜻을 밝혔던 것이다.

"우리는 장차 어떤 형태가 되든 떳떳치 못한 이유가 붙어다
닐 도움을 받지 않겠습니다. 우리들 스스로의 능력으로 새로
고쳐 지을 때까지는 이대로 있는 편이 오히려 더 좋습니다."

＊가난이란 불명예는 아니지만 불편하다. ─스미스─

느긋함에 대하여

아무튼 중국인은 느긋하다.

"일본인과의 교제에 가장 뚜렷하게 호흡이 안 맞는 것은 시간에 대한 관념이다."

라고 어느 중국인은 말한다.

이것은 아마 그 나라의 환경이나 입지조건의 차이에 의하는 것 같다. 중국인은 무척이나 성품이 느긋하다. 반면에 일본인은 기가 단조롭고 결박하여 당장 결판을 내고 싶어한다. 길다란 섬나라 기후는 사계절이 뚜렷하며 게다가 지진, 태풍, 해일, 화산의 폭발 등이 잦다. 이러한 환경이 일본인을 조급한 성품으로 만들어버린 것 같다. 돌발적인 사고나 사태에 재빠르게 처리하지 못하면 자연 도태당하게 되므로 살아 남은 자들은 보통 약삭빠른 자가 아니면 아주 미련한 자일 것이다.

이에 비하여 중국인은 넓고 변화가 별로 없는 대륙에서 태어난 느긋한 성품을 가진 조상들의 피를 이어받고 있다. 평소에는 별로 알 수 없으나 무슨 일을 당하면 곧 서로의 성격이 드러난다.

도쿄에 사는 중국인 처녀가 일본인 청년과 사랑하는 사이였다. 나는 어느 찻집에서 그 처녀가 3시간이나 청년을 기다리는 것을, 역시 중국인인 이 가게의 마담이 말해줘서 바라본 일이 있다. 태연한 태도로 기다리고 있는 그 처녀를 옆에서 봤는데, 전혀 초조한 빛을 나타내거나 가끔 손목시계를 들여다보지도 않았다. 기다릴 때에는 철저하게 기다린다는 마음가짐이 되어 있는 것 같았다.

사업상의 일로 사람을 만나러 가도 기다려야 할 경우에는,

"기다린다는 것도 일이다."

라는 식으로 태연히 앉아버린다.

중국인들의 모임은 시작되는 시각이 항상 늦어진다.

"차이니즈 타임이에요."

하고 웃는 형편이다. 최근엔 결혼식이나 파티 같은 데는 정각
에 시작하는 예가 늘고 있기는 하다.

기다리는 것 외에도 중국인은 모든 사물을 긴 안목으로 쳐다
본다.

일본이 패전했을 때 외국에 있던 일본인들은 각처에서 참혹
한 꼴을 당했다. 점령지에서 당시까지 승전국이란 입장에 놓였
던 일본인은, 군부는 물론 민간인들도 뽐내고 거만하게 굴면서
현지인들을 혹사했다. 그런데 한순간에 손바닥을 뒤집듯 사태
가 급변했다. 그러자 재산을 약탈당하거나 육체적으로 폭행당
한 일이 하나하나 예를 들 수 없을 정도로 많았다고 한다.

그러나 중국인 중에는 그때까지 거래를 했거나 교제하고 있
던 일본인은 위험을 무릅쓰고 감춰준 사람들이 많았다. 이와
같은 사람들은 대부분 이름도 없는 서민들이었다. 싱가포르에
있던 어느 특무 기관의 A씨 같은 사람은 수용된 후, 이 사실이
폭로되면 극형을 당할 것이 틀림없었으나 중국인 친구가 감춰
준 덕분에 무사히 귀국할 수 있었다고 말하고 있다.

또한 보르네오의 어느 부대 근처에 있던 한 중국인 할머니가
수용소에까지 와서 일본군 병사 B씨를 위해서 여러 번 음식을
차입해주었다는 이야기가 있다.

"할머니가 오해를 받으면 불리하니 이제 차입은 그만두십시
오. 고마운 뜻만으로도 감사합니다."

하고 굳이 사양했으나 그 할머니는 끝끝내 차입을 멈추지 않

왔다. 그 할머니가 말하는 사연이 기막히다. B씨는 부대의 보급을 담당하고 있어서 자기가 자유롭게 할 수 있는 물자를 가끔 빼돌려 돈벌이를 했었다. 그때 그 할머니의 아들과 거래했던 것이다. 그 아들이 사업 관계로 당분간 집에 못 돌아온다고 해서 할머니가 대신 그 병사를 찾아 차입한다는 것이다.

"당신 덕택에 아들이 돈을 벌었다. 그러니 지금 고통을 받고 있는 당신을 위로하고 싶다."

이것이 진짜 장사꾼인 것이다. 그런데 그 할머니는,

"사실은 일본군을 무척 싫어한다오. 그래서 당신도 좋아하지 않지만……."

하고 덧붙여 말했다고 한다.

예외는 없다

경제계는 달러 쇼크, 시설 투자 정체 등 불경기에 대해서 지나치게 민감한 면도 있다. 여기서 다시 한 번 살펴보고 싶은 것이 중국인들의 상술이다. 그들을 화상(華商)이라 부르기도 하는 것처럼 상업에 종사하는 자가 많은 것도 사실이다. 많을 뿐만 아니라, 흔히 유태인이나 인도인과 함께, '돈벌이의 천재.'라는 말을 듣고 있다.

세계의 어느 곳에 가든지 중국인은 있다.

"야자나무가 있으면 중국인 세 명은 있다."

라는 말을 들을 정도로 아무리 험난한 벽지나 추운 지방, 열대 지방에도 그들은 있다. 더욱이 1세들은 고국을 쫓겨나듯 떠나온 사람들이 대부분인데 맨몸, 즉 돈 한푼 없이 재물을 쌓아올리고 있는 것이다.

일본에도 약 51,000여 명의 중국인이 있다.

그러면 중국인 상술로 부자가 되어가는 비결은 무엇인가?

'맨몸으로 가문을 일으킨다.' 이는 말은 쉽지만 실현하기는 매우 힘든 일이다. 중국인은 그 나라에 처음 표류해 닿았을 때는 오직 맨몸뚱이 하나가 가진 것의 모두였다는 예가 많다. 그들에게는 혈연이나 지연만이 재산의 전부였다. 그리고 거기서부터 기어 올라간 것이다.

외국에 있는 중국인들은 광동성, 복건성, 산동성, 절강성 출신이 많아, 가난한 계층이 많은 것과 바다에 접하고 있는 것이 공통점이다. 광성의 북쪽, 복건성의 서쪽을 동서로 이어지는 오령산맥(五嶺山脈)이 구불구불하게 긴 뱀처럼 드러누워 있어서 중국 대륙 중앙과의 교통을 방해하고 있다. 게다가 이 두 성이 모두 지세가 험해서 경작에 알맞은 평지가 극히 적다. 거기에 인구 밀도가 높은 편이어서 생존하는 조건이 좋지 않다. 그것이 이곳 중국인들이 해외로 나가는 커다란 한 원인이 되어 있다.

어느 정도 살고 있는 나라에서 기반을 잡은 중국인은 친척이나 동향 사람들을 불러들인다. 한편 고국에서도 밤이 되어 한자리에 모두 모이면,

"그런데 이 집 형님은 저쪽에 가서 성공했다고 하지 않습니까."

하고 화제에 올린다. 소년들은 기회만 있으면 해외로 진출한다.

언어는 출신지의 사투리밖에 모른다. 아무도 마중나오지 않는다. 편지 속에 들어 있던, 막무가내로 그려진 약도 하나만을

의지하여 그 가게를 찾아가면 그날부터 곧 일이다.

중국인들은 고생스럽고 긴 여로를 거쳐온 그날도 쉬지 않는다. 이국 땅에 도착한 그 시각부터 당장에 점포에 설 때도 있다. 금전을 취급하는 데 필요한 화폐의 종류와 그 나라의 숫자만은 알아야 한다. 아무리 교육을 못 받은 자라도 이것만은 곧 익히니 묘하다.

가게에 나가서 일하는 것은 괜찮은 편이며, 대개의 경우, 주방이나 기타의 잡일을 하게 된다. 그 속에야말로 장래의 상점 경영자가 될 수 있는 온갖 비결들이 나돌고 있는 것이다.

중국인은 자기 꿈의 설계도를 매일 밤, 그리고 또 수정하면서 실력을 쌓아올린다.

장사에는 예외란 있을 수 없다. 이국 땅에 도착한 첫날이라 해서 예외가 받아들여지진 않는다. 주인이,

"먼 곳에서 왔으니 오늘은 영화라도 보고 맛있는 거라도 사 먹어라."

하는 등의 일본식 말은 하지 않는다. 아니 설령 그런 말을 한다 하더라도,

"별말씀 다하십니다. 지금 당장에 일하고 싶습니다."

라고 본인은 반드시 말할 것이다.

잊은 물건은 갖다 줘라

고베의 번화가 근처에서 스낵 바를 경영하고 있는 중국 여자인 F씨는 이색적인 경영방법을 취하여 인기를 모으고 있다.

이곳은 엄격한 회원제이다. 문에는 열쇠가 잠겨 있으며, 회

원이라는 것이 확인되어야만 문을 열어준다. 분위기가 깨질 우려가 있기 때문이다.

대금은 손님이 마시는 술의 양이나 종류에 따른 게 아니고 가게 안에 있는 시간의 길이에 따라서 계산한다.

그녀의 기묘한 화술이 그들을 즐겁게 해주고, 또 오래 잡아둘 수 있는 모양이다. 이야기 상대가 되고 있는 동안 그녀는 뭐든지 자기가 좋아하는 것을 멋대로 시켜서 먹는다. 이것이 대담중인 손님 앞으로 계산되도록 되어 있다. 그러나 주인인 그녀는 보통 호스테스들이 마시는 알코올 성분이 없는 드링크제 같은 것은 절대 안 마신다. 진짜 양주를 마신다. 그러므로 손님은 스카치를 마시든 맥주를 마시든 주스를 마시든간에 똑같은 대금을 지불해야만 한다.

게다가 중년인 그녀는 그다지 기분낼 만한 멋쟁이 얼굴을 소유한 여자는 아니다. 그러나 매일 대성황이다. 손님들은 웬지 툭 터놓은 듯한 분위기가 기분에 맞는다고 한다. 무슨 일이든 의논하고 싶은 기분을 그녀는 은연중에 나타내고 있는 것 같다.

어떠한 손님이라도 대등하게 상대한다. 같이 데려온 손님의 일은 소개받을 때까지는 전혀 묻지 않는다. 초면끼리의 손님은 어느 쪽이든 원하지 않는 한 소개하거나 하지 않으니 신경 쓸 필요가 없다.

그리고 좌석의 화제는 될 수 있으면 여러 사람에게 공통된 화제를 선택하는데, 이 사이에 끼고 싶어하지 않는 사람은 조용히 그대로 내버려 둔다. 이것이 중국식이라고 그녀는 웃으며 말한다.

또한 손님이 잊고 간 물건의 취급이 이색적이다. 보통 잊은

물건들은 상대방으로부터 전화가 걸려 올 때까지 그냥 두거나 연락이 있어도,

"잘 간직하고 있으니 들려주세요."

하며 내일의 손님으로 만들고 싶어한다.

그러나 그녀는 이튿날 손님의 집이나 상점 또는 회사 등 근무처 가까이 가지고 가서 직접 전해준다. 물론 그 손님의 부인이나 근무처 사람들의 오해를 받지 않도록 주의하는 것도 잊지 않는다.

그리고 잊은 물건을 돌려줄 때는 반드시 선물도 같이 준다. 간단한 선물이지만 상대방의 가족 관계를 모두 알고 있는 것 같다.

"댁의 따님은 3살이었지요?"

하고 인형을 선물하거나 한다.

물건은 무엇이든지, 항구 도시답게 특별한 통로를 통해 수입하는지 외국산인데, 희귀하고 호감이 가는 것을 선택하고 있다.

책을 무척 좋아하여 약간 어려운 책을 읽으며 다 보고 나서는,

"이 책 읽어보세요. 그리고 다음에 토론해요."

하며 오는 사람마다 다 줘버린다. 이렇게 되면 책을 받은 손님은, 거의 모두가 책을 읽은 다음에는 그녀와 토론하고 싶어져서 그 집을 다시 찾아온다는 것이다. 물론 이것도 그녀가 계산한 상술의 일종이다.

이처럼 그녀는 경영면에 열심히 두뇌를 사용한다. 손님에 대한 정보 수집에 매우 열을 올리지만 필요치 않은 것은 알아도 입 밖에 내지 않는다. 기억력도 좋지만 억제력도 대단한 편

이다.

"손님들 덕택에 생활하고 있다."

이 사실을 잊지 않는 그녀는 연중무휴다.

"어느때를 막론하고 찾아주는 손님을 한 번이라도 휴일이란 딱지 한 장으로 되돌려보낸대서야 체면이 안 선다는 것은 고사하고 죄송하기 그지없습니다."

화제를 풍부히 갖기 위해서는 개점 시간인 오후 5시까지는 음악회나 전람회 같은 곳을 돌아다니며 상가도 관찰한다.

그녀는 서비스를 위한 의욕을 불태우고 있다.

"그녀라면 장래에 보다 더 큰 장사를 할 것이다."

라는 것이 손님들 거의 대부분이 내리고 있는 평가다.

삼배주의(三輩主義)

매변(賣辨)이라는 중국인 특유의 분야가 있다. 중국인이 아니면 느낄 수 없고, 또한 실행할 수 없는 직업으로 평가되고 있다. 이것은 외국 상인과 중국인이 거래할 경우, 관습이나 거래 방법의 차이에 의해서 손해를 보는 것을 피하고 순조롭게 거래를 진행시키기 위한 방법으로써 외국 상인을 대신해서 모든 일을 중국인이 위임받아 처리해나간다. 즉 물품대나 경비를 도맡아서 그 수수료와 이익을 번다는 것이다.

이 장사는 자본금이 있어야 하고, 그 외국 상사의 점포 혹은 사무실 속에 방 한 칸을 빌리지 않으면 안 된다. 그러나 사무적 능력은 있지만 자금이 없을 때는 어떻게 할 것인가. 그 때 효력을 나타내는 것이 곧 이 삼배주의다.

삼배란 그들 사회 중의 선배, 동배, 후배를 가리키며 상호 부조의 관계를 맺게 되는데, 사례는 절대 잊지 않는다. 거기에 지연이나 동업 관계가 겹치게 되고, 때로는 사상이나 지지 단체를 초월하여 우선할 경우도 있다.

결국 집단적 활동이 되는데, 나가사키 대학의 수야마(須山) 교수에 의하면, 가령 관동성 호주(湖州) 출신의 집단은 특히 식료품 관계에 종사하고 있다고 한다.

그들은 동남아시아 전체에서 쌀, 생선, 후추 등의 무역이나 판매에 뿌리 깊은 터전을 다지고 있다. 그뿐만 아니라 정미업, 야채 운영, 주조업, 담배 재배 등에도 기반을 가지고 있으며, 이밖에 목재, 약, 금은세공, 잡화 등도 전문적으로 취급하고 있다. 구체적인 예를 들면, 태국의 미곡상인들은 대부분 가정 부들인데, 절반은 중국인 가운데서도 이 호주 출신의 조직이 장악하고 있다.

프놈펜에서 사이공, 싱가포르까지, 그리고 페낭에서 홍콩까지에 걸친 일대의 미곡과 식료품은 이 호주 출신 조직의 삼배가 완전히 장악하고 있다고 해도 과언이 아닐 것이다.

그러나 착각해선 안 될 것은 삼배는 일본인처럼 학교라든지 단체 또는 회사 등 직장에서의 선후배 같은 것은 아니다. 어디까지나 그들 집안의 관계다. 그래서 중국인들은 족보를 매우 소중히 생각하고 있다.

오대동당(五代同堂)이라 하여 자기를 기준으로 해서 직계 존속으로 5대, 그리고 비속(卑屬) 5대를 중심으로 형제, 종형제 등 횡적으로 오친등(五親等)까지를 한 집안으로 보고 있다. 또한 그 배우자도 당연히 포함되므로 상당한 인원수가 된다. 그 가운데의 삼배인 것이다.

그런데 이 근친자들은 그 집안 중에 장래성이 유망한 똑똑한 자식이 나오면 온 집안이 힘을 합쳐 도와주고 따뜻이 보살펴 준다. 그리하여 그가 성공하면 의지하는 자세에 들어간다.

그때까지는 쓸데없이 간섭 같은 건 하지 않고 지켜보는 것이 그들의 방식이다. 만약 학비가 모자라면 집안 가운데 여유가 있는 사람이 보태준다. 그러나 조건은 전혀 없다. 훌륭히 되어 사회와 집안을 위하는 사람이 되길 바라고 있을 뿐이다. 절대 출자한 개인에의 보은은 원하지 않는다.

만일 그가 정치가가 되었을 때에는, 그가 하는 일이 반드시 돌봐준 사람이나 집안을 위하는 일이 될 수는 없다. 오히려 반대입장을 취할 경우도 있을 수도 있다. 이럴 때는,

"할 수 없지."

하고 체념해버린다. 운이 없는 것이다.

손님의 회전을 꾀하라

손님의 종류는 너무 한편으로 치우치지 않는 것이 좋다. 일류 호텔 같은 곳에서는 방이 아무리 비어 있어도 예약 손님이나 단체 손님으로 만원되게 하지 않는다. 어떠한 경우일지라도 어느 정도의 여유를 남겨놓는다.

이것은 당일에 좋은 손님(지불이 좋다는 뜻이 아님)이나 단골손님이 올 가능성이 있기 때문이다. 다시 말해서 신용과 선전을 위한 것이라 해도 좋다.

패전 후, 도쿄의 신바시(新橋)에 등장해서 사람들을 놀라게 한 찻집 이에라이션(夜來香)의 경영자 오보기(吳寶祺) 씨는 폐품

이용(?)과 함께 손님의 회전을 꾀한 아이디어를 성공시켰다. 이 찻집이 획기적이었다는 것은 3층집 헌 빌딩을 개조하여 전체를 영업장으로 만든 것과 스테이지가 위아래로 이동하도록 만든 것이다.

"뱃속만 부르면 그만이다."

라고 생각하고 있던 시절에 이미 무대에서는 미모의 중국인 연예인들이 화려한 중국 옷을 몸에 걸치고 객석에 미소를 보내며 노래를 서비스하고 있었던 것이다.

커피맛도 훌륭해 손님들이 쇄도했다. 이 많은 손님들을 알맞게 접대하는 데에 효과를 올린 것이 무대의 이동이었다.

무대 이동에는 엘리베이터를 사용했다. 기발한 아이디어였다. 놀고 있는 엘리베이터를 최대한으로 이용해 이것을 무대로 사용한 것이다. 폭은 크고 넓게 고치고 곤돌라(gondola) 모양으로 만들었다. 열연 중의 악사나 가수를 태운 채, 1층부터 3층까지 올라가고 또 내려오게 했다. 어느 층에 있거나 손님들이 볼 수 있었다.

이것이 또한, 생각지도 못했던 일인데, 손님의 회전을 빠르게 하는 구실도 하게 되었다. 만일 고정된 층에서 노래하게 했더라면 1층, 2층, 3층, 차례로 순회하게 될 것이며, 그만큼 시간을 소모해야만 한다. 물론 출연료도 3배가 들 것이며, 손님도 다음 공연까지 기다려야 하고 자연 손님의 회전도 몇 배나 늦어졌을 것이다.

도쿄 시내의 지하철 역전에서 여자 손님들을 대상으로 콩에 꿀을 잰 것을 파는 영업소를 경영하고 있는 중국인 B씨는 기업 경영 상담업자를 남보다 빨리 이용하여 성공한 사람이라 할 수 있다.

B씨는 기업 경영 상담자의 충고를 신뢰하고, 객석의 절반을 고정석으로 함과 동시에 의자의 면적을 좁게 하고 높이도 올렸다. 이렇게 한 목적은 손님의 회전을 빨리 하려는 것인데, 그 효과는 그날로부터 나타났다. 매상이 5% 정도 오른 것이다.

즉 앉는 자리가 높고 좁아졌기 때문에 손님에게는 안정감이 조금 줄어들었다. 까닭은 알 수 없지만 눈앞에 주문한 것이 나올 때까지는 목적이 있기 때문에 기다리지만, 먹고 난 다음에는 대의명분이 없어지므로 곧 나가버리게 되었다.

특히 그곳은 역전이라 약속하기에 좋은 장소이고, 그 밖에 시간보내기, 휴식 등에 이용되는데, 부인들의 성격상 이야기에 꽃이 피면 좀처럼 자리가 비지 않았다. 그러니 뒤에 온 손님은 기다려야만 했다.

그 대신 이 방식을 사용한 경우 잊으면 안 될 것은 메뉴에서의 서비스다. B씨는 의자 개수와 동시에 상품 전체의 양을 늘리는 서비스를 실행했다.

표정을 바꾸지 말라

실질적이며 현실적인 중국인은 또한 어지간한 일을 당해도 당황하지 않는다. 약간 흑백이 흐려도 시기가 올 때까지 그대로 내버려 둘 수 있는 재주가 있다.

트럼프 게임을 예로 들면, 일본인의 경우는 자기가 카드를 뽑으면 다음 사람의 차례가 되기도 전에 곧 떠들어대서 자기 손안에 있는 것을 남에게 들켜버린다.

이에 비하면 중국인은 명수들이다. 어떤 난국에 부닥쳐도 표

정하나 바꾸지 않는다. 오히려 다른 사람이,

"아무 일도 없었나 보다."

하고 착각할 정도로 놀라운 솜씨다.

미국과 중공의 접근, 중공의 UN가입, 달러 쇼크, 엔화 절상 등의 대사건이 잇달아 일어나도 재일 중국인은,

"우리들은 1세기 동안에 몇 번씩이나 커다란 정변(政變)을 경험했는데……."

하고 텔레비전의 프로레슬링 같은 것을 열심히 들여다보고 있을 정도다.

이것은 일본인과 중국인과의 사고방식 중 시기에 관한 개념의 차이다. 그들은 언제나 여러 가지 가능성이 있을 만한 모든 것을 가정하여 사전에 그 대책을 강구하며 또 그것을 실행하고 있다. 그리고 자기가 카드를 뽑을 차례가 될 때까지는 털끝만한 동요를 보이면 안 된다고 자기 스스로를 강하게 타이르고 있다.

그때 까지에 무슨 표가 나올지 아무도 모르고 있기 때문이다. 그들은 결코 일희일우(一喜一憂)하지 않는 대단한 인간인 것이다.

미국과 중공의 접근 때도 그렇고, 달러 쇼크 때도 그들은 이미 예견하고 있었던 것 같다. 털끝만한 가능성이라도 있다고 생각되는 것에는 사전에 대비하고 있는 것이다.

경마의 경우를 예로 들면, 한 말에 대한 표만 사지는 않는다. 단순한 수법을 쓰는 일본인적인 기풍은 매우 결백하고 간단 명료하여 좋기는 하지만 대인다운 작전은 못 된다고 그들은 보고 있다. 이거다 하고 생각되는 것에는 주력을 기울이지만, 그것만으로는 부족하다는 것이다. 그래서 그들은 유력한

말 이외에도 마음에 드는 마권을 사둔다. 그러므로 재력이 있는 자는 여러 방면에 기부 또는 원조 같은 것을 하여 실적을 쌓아둔다. 그래서 세계 정세에 큰 변동이 있어도 어디선가 대접받을 수 있게 되어 거기를 기점으로 하여 재출발해나간다는 마음가짐이 그들에게는 되어 있다.

그것이 결정적인 단계에 대비될 수 있을 때까지는 서툴게 움직이거나 불필요하게 자기 뜻을 행동에 옮기거나 하지 않는다.

일본인은 이런 때, 즉 버스가 발차할 기세를 보이면,

"이봐! 버스가 뜬다."

하고 반사적으로 뛰어든다. 그러면서도 다른 쪽으로 바뀌면, 내가 언제 그랬느냐는 듯 그편으로 달려가버린다. 그리고 그렇게 해도 그들은 무표정이다.

"일본인은 참 행복하다."

중국인들은 이해할 수 없다는 듯한 표정을 지으면서도 한편으론 부러워한다. 그들은 서둘러 버스에 뛰어오르다가 체면을 잃을 뿐만 아니라 생명을 잃거나 불구자가 된 사람들의 예를 많이 보아왔다.

중국인은 여기저기에 친형제, 친구, 친척 또는 아는 사람들이 살고 있으므로 정보를 수집하는 데도 유리하다.

시집을 보내는 경우에 있어서도,

"큰아이는 로스엔젤레스에 있으니, 다음 아이는 싱가포르에 시집보내기로 하자."

라고 말하는 식이다.

의식적으로 육친을 세계의 이곳 저곳에 보내어 살게 하는 것도 그 밑바닥에는 만약의 경우에 대비한 속셈이 포함되어 있는 것이다. 한때 홍콩의 홍위병 폭동으로 혼란이 왔을 때, 그들은

피난국으로써 미국, 싱가포르, 일본, 남미 등을 후보국으로 하여,
"어디로 전재산을 가지고 가족을 데리고 갈까?"
하고 매우 심각하게 의논하며, 정보를 수집한 일이 있을 정도였다고 한다.

상대방에게 찬사를 아끼지 말라

중국인은 상대방을 칭찬하거나 기쁘게 해줄 때는 온갖 최상의 낱말을 연발하며 크게 추켜올린다. 하지만 결코 후환이 있을 만한 언약 같은 것은 하지 않는다. 용마가 하늘을 나는 것 같은 인사말을 늘어놓으면서도 이 일만은 염두에 두고 있다. 이는 거래를 위한 상담에도 적용되는데, 거짓말이 아닌 범위내에서의 겉치레 인사말이라면 별로 문제삼지 않는다. 잘 알고 있음에도 제삼자에게 소개할 때는 2계급이나 3계급 정도의 사회적 지위를 올려서 소개하는 따위는 보통이다. 만일 그 사람이 과장 보좌 또는 과장 대리라면 부장으로, 소령이라면 대령 정도로, 전무라면 사장이나 회장이라는 식으로 소개한다는 것이다. 당사자도 이것이 파티에서의 인사 소개 정도라면 구태여 그 말을 고쳐,
"아니, 지금의 소개로는 사장이라고 하셨습니다만, 실은 전무입니다. 앞으로 잘 부탁합니다." 라고는 하지 않는다.
상대방에 대한 칭찬은, 그것을 은연중에 바라는 마음이 엿보이기만 하면 최대한으로 대놓고 해주는 편이 인간관계를 부드럽게 하는 경우도 있는 것 같다.

돈벌이의 의식구조

벌면 기쁨으로 덕을 베풀라

이 '상(商)'자는 앉아서 물건을 쌓아놓고 장사를 한다는 뜻의 '매(賣)'에 대해서 행상(行商)을 한다는 의미이다.

주(周) 나라에게 멸망한 상나라 유신(遺臣)들은 주(周)의 노예가 되고 수많은 사람들이 집시가 되어 행상으로 호국지책을 삼아 고통을 견뎌 내야만 했었다. 그래서 각지를 다니며 행상을 하는 자를 '상인'이라 부르게 되었고, 그것은 결국 상인 일반을 으레 그렇게 부르게 되는 넓은 의미에서의 대명사가 된 것이다.

중국에서 상인의 활약이 본격화되기 시작한 것은 철제 농기구가 사용되고 농업 생산력이 급성장하고, 상공업이 발달해 금속 화폐가 통용되기 시작한 춘추전국시대의 중엽이었다. 이 시대에는 "의식(衣食)은 풍부하고 예절(禮節)은 바르다(관자：管

子).", "항산(恒産)이 없으면 항심(恒心)이 없다(맹자)."고 할 만
큼 도덕(정신)보다는 경제(물질)가 만연되고 있었다.

노자(老子)의 무위무욕(無爲無欲), 장자(莊子)의 무용지용(無
用之用)은 이(利), 즉 욕망을 부정하는 것처럼 보이지만 실은
그렇지 않다. 무욕(無欲)은 대욕(大欲)을 닮는다로 대치(代置)해
보면 알 수 있다. 욕망 추구가 하나의 기초가 됨으로써 여기에
서 박리다매(薄利多賣)의 발상이 나온 것이다.

춘추에서 전국에 걸쳐 대재벌로서 일찍이 월왕(越王) 구전(勾
戰)의 명재상이었던 범려(范蠡)를 비롯해서 공자의 제자인 자공
(子貢), 위(魏) 혜왕(惠王)의 대신 백규(白圭) 등 거상(巨商)이
나타난다.

범려는 춘추시대 말기, 월왕 구전을 보좌하며 오래된 원수
오(吳)나라를 끝내 무너뜨린 명재상이다. 월왕 구전은 회계산
(會稽山)에서 패한 후 '계연법(計然法)'이라는 정책을 써서 월
(越)의 부국강병에 성공하여 오(吳)를 무찌를 수가 있었는데,
이 계연법이란 물건을 전매(轉賣)해서 수익을 올리는 일종의 관
영상법(官營商法)으로 '물건이 귀할 땐 분토처럼 팔아치우라.
그러나 값이 쌀 때에는 주옥처럼 사들여라.' '화폐는 물처럼
물고를 만들어주라(돈과 물건은 흐르는 물처럼 원활하게 유통시키
라).'고 하는 유통정책도 들어 있다.

사기(史記) 월세가(越世家)에 의하면 범려는 오(吳)를 멸망시
키자 '쓸모없게 된 것은 버리는 것이 상책(狡兎死, 良狗蒸)'이라
고 해서 재상직을 버리고 진옥, 주옥류 등을 챙겨 가족들을 거
느리고서 배를 타고 제(齊) 나라로 건너갔다. 여기서 그는 계연
의 책(策) 일곱 가지 중, 월나라는 그 다섯 가지를 사용해서 뜻
을 이루었지만 자신은 나머지 두 가지를 가정에서 실천하고자

축재에 전력투구했다. 그리하여 얼마 안 돼서 수천만 냥의 재산을 모을 수가 있었다.

제나라에서는 비범한 인물로 알고 그를 재상으로 등용했다. 그러나 얼마 후 범려는,

"집에서 천금의 부(富)를 쌓고, 관도(官途)에서 정상이 되는 것은 인간으로서의 최고 극치다. 그러나 오래도록 높임을 받는 것은 상서롭지 못하다."

고 하면서 재상직을 미련없이 버렸다. 그런 후 재산을 모두 정리하여 공업의 중심지인 도(陶)로 가서 주공(朱公)이라 이름을 바꾸었다. 이 때부터 사업 경영으로 재산을 모으고 시간을 놓칠세라 판매 이익에 열을 올렸다. 그러나 남을 등친다거나 부정한 재산 축재는 결코 하지 않았다.

사마천은, "솜씨 좋게 생업을 경영하는 자는 사람을 능숙하게 부리고 시의(時宜)에 바로 적응할 수 있는 재치가 있다."고 했다.

범려는 19년 동안에 세 차례나 천만금의 재산을 모았다. 그 중 두 번은 가난한 친구나 먼 친척들에게 고루 나누어 주었다. 사마천은, "이것이 바로 돈을 벌면 기쁨으로 덕을 베푼다."라고 쓰고 있다.

범려는 그 후 노쇠하게 되자 자손에게 뒤를 잇게 했는데, 자손들 역시 대를 이어 가업에 전력을 다해서 억만장자가 되었다고 한다.

중국인은 억만장자를 '도기(陶猗)'라고 부르며, 부(富)를 가득 채우면 '도주기돈(陶朱猗頓)의 부(富)'라고 한다.

《사기》에 따르면 기돈(猗頓)은 염지(鹽池:山西省), 즉 염전(鹽田)으로 거부가 되었으며, 곽종(郭縱)이란 자는 철광으로 억

만장자가 되었다고 한다.

중국에는 해안지방 이외에 대륙 내지에 매장된 소금 산지가 있는데, 그래도 소금의 생산량이 적어 저마다 소금을 구하려고 아우성이었다. 그러므로 자연히 부정거래가 성장하게 되었고, 그래서 소금장사만 하면 백발백중 돈방석에 앉기 마련이었다.

기돈은 소금 산지에 감시소를 설치하고 소금의 암거래 방지와 감시 감독에 특별한 신경을 썼었다. 한(漢) 이후 소금은 전매품이 되어 정부의 중요한 재원이 되었는데, 흡사 고양이에게 생선 가게를 지키게 한 것과 같이 그들의 부정 축재가 이만저만이 아니었다.

소금은 또한 중요한 전력물자였다. 중국에서는 상인(商人)의 조국이었던 상대(商代)부터 소금산지를 제패하는 자가 곧 나라를 통치하는 것으로 상식화되어 있었다.

진(秦)의 시황제가 천하를 통일할 수 있었던 원인이 바로 기돈(猗頓)이 재산을 이룬 소금산지를 차지한 데에 있었다.

서아시아에서의 가나안 황무지 점령을 위한 수차에 걸친 전쟁 원인도 따지고 보면 사해(死海)에서 생산되는 소금에 기인되었다.

곽종(郭縱)이 철광 발굴에 관심을 가진 것은 당시 철제무기와 농기구가 점진적으로 보급되기 시작한 데 있었다. 그는 자원개발로 재산을 형성했을 뿐만 아니라 나아가서 제철업(製鐵業)을 시작해서 거부가 되었다.

소금과 철은 중국 경제사회의 2대 사업이 되었는데, 송대(宋代)에 코크스개발에 의한 제철기술의 진보로 공업근대화에의 발판을 굳혔고, 산업혁명을 향한 전망을 밝게 해주었다.

그러므로 '도주기돈의 부'란 단순한 억만장자의 대명사로서

가 아니라 고대 경제의 기초를 다지게 하는 상공업의 대명사로
도 이해되고 있다.

'도주기돈의 부'에 관해서는 이러한 이야기가 있다.

범려가 도주공(陶朱公)으로 불리었을 무렵, 노나라에 한 가난
뱅이가 있었다. 굶기를 밥먹듯 하는 목숨만 겨우 연명하는 그
였는데, 도주공의 소식을 듣고 즉시 찾아가 돈벌이의 축재 비
결을 물었다. 도주공은, "부자가 되려고 생각하면 무엇이든지
좋으니 짐승의 암놈을 치라."고 갸르쳤다.

하늘의 계시를 받았다고 생각한 이 가난뱅이는 곧장 기씨(猗
氏)로 가서 소와 양의 암컷을 사육해서 십년 동안에 막대한 돈
을 벌었다.

그는 다시 제염업에도 손을 대어 왕후를 능가하는 생활을
했다.

그 때문에 기돈(猗頓, 돈(頓)은 모은다는 뜻)이라 불리우게 되
었고, 도주(陶朱)와 더불어 억만장자의 대명사로 후세에까지 이
름을 남기게 된 것이다.

손자병법 상업의 비결

범려에게도 여러 가지 일화들이 많다. 특히 여기에 소개하는
것은 그 이야기 가운데 중국인의 바람이나 이상(理想)을 발견할
수 있기 때문이다.

범려가 이상적인 상인으로 추앙되는 것은 그가 부정한 상행
위를 하지 않았고, 빼어난 경영학적 발상 기본을 형성한 사람
이었다는 점이다.

"솜씨 좋게 생업을 경영하는 자는 사람을 능숙하게 다루고 시의에 바로 적응할 수 있는 센스가 있다."고 하는 것은 현재 우리나라의 경영자가 필요로 하고 있는 교훈 중의 하나이다.

"벌면 즐거이 덕을 베푼다."는 사상은 오늘날의 사회환원 사상과 같은 것으로 사회적 책임의 행사 등에까지 관련해서 생각할 수 있을 것이다.

중국인이 범려를 상업신(商業神)으로 추앙한 것은 그에게서 상업적 이상을 발견했기 때문이다. 우리는 이러한 민중의 발상이라든가 지혜 등을 간과하고만 있을 것이 아니라 도주공(陶朱公)을 보고 상도의(商道義)를 올바르게 정립했으면 하는 마음 간절하다.

중국인은 이상을 문장으로 표현하지만 운용은 지극히 현실적이다. 그러는 한편 이들 양자의 융화적 사용은 매우 적절하다. 이 밸런스를 취하는 발상은 중국인만이 갖는 뛰어난 영지(英知)에 있다.

자공(子貢)은 장사로 모은 재물로 값비싼 비단을 사서 사두마차에 싣고 제후(諸侯)들을 찾아다니며 교제했다. 이유는 정치와의 관계를 강화하기 위해서였다.

그러나 이런 행위는 스승인 공자가 무엇보다도 가장 싫어하는 행위였다. 그런데도 상업과 그것을 위한 교제를 했던 것으로 보아서 '이상은 이상'으로서 현실 운영에 지극히 능숙했었다는 것을 웅변적으로 말해주고 있다.

공자는 "현명하구나 회(回)야. 한 소쿠리의 밥, 한 표주박의 물, 좁고 지저분한 거리에 있구나. 사람은 걱정에 견딜 수 없는데 회야, 기쁨을 다시 한 번. 현명한 회야."라고 해서 칠십명의 제자 중 가난한 생활을 하면서 도(道)에 철저했던 안회(顔

回)를 가장 신뢰했다고 한다. 그러나 사마천은 달리 평가하기를, 당초 공자(孔子)의 이름이 천하에 알려지게 된 것은 자공이 물심양면으로 정성껏 보좌해서 공자를 잘 받들은 덕분이라 하고 있다.

유가(儒家)의 5경에 있는 《예기(禮記)》에, "예는 왕래를 존경한다."라는 예의법이 있는데, 이는 덕으로 사귈 것을 주장하는 한편 실제로는 자공처럼 물건을 가지고 방문하는 것이 바른 예의라는 것이다.

정승 백규(白圭)의 치부철학은 이렇다.

"돈을 늘리고 싶을 때에는 싼 곡물을 사들이고, 많은 수확을 바랄 때에는 가장 좋은 볍씨를 사용하라. 또한 변변찮은 음식일지언정 달게 먹을 것이며, 욕망일랑 최소한도로 억제하라. 또한 입는 옷은 검약하고, 일하는 노복과는 고락을 함께 하라."

백규는 자기가 장사하는 것은 손자(孫子)가 병(兵)을 사용하는 것과 같다고 해서 다음과 같은 장사 비결까지 제시하고 있다.

"정세 변화에 적응하는 데에는 지(智), 결단의 시기에는 용(勇), 남이 버리면 줍고 남이 가지려거든 주되 인(仁)으로 주고 참으며 기회를 기다리는 데에는 강(强)이 필요하다."

백규는 한대(漢代) 사업가의 조상으로 숭앙되고 있는데, 후세 도주(陶朱)와 함께 부자의 대명사가 되어 '부(富)는 도백(陶白)과 같다'는 말을 낳았다.

---

*절약은 큰 수입이다. ―키케로―

상술에는 정상형(政商型)과 실업가형이 있다

전국시대에는 모든 나라가 부국강병책(富國强兵策)으로 인한 경제발전의 불균형이 심했다. 그래서 투기와 상공업, 고리대금업 등의 고액소득자가 많았다. 누구나 재주만 있으면 막대한 돈을 벌 수 있었고, 부(富)로 왕후와 같은 명성과 특권을 소유할 수 있게 되었다.

이런 상인들 중에서 전국말(戰國末)에 드디어 황제의 지위까지 투기의 대상으로 하는 여불위(呂不韋)라는 거상이 등장하게 된다.

여불위는 소금, 옷감, 그밖에 당시 점차 보급되기 시작했던 철제무기, 농기구 등을 사들인 노예에게 자유를 주고, 화중(華中), 화북(華北)으로 행상을 하며 거액을 모았다. 행상 도중 인구 삼십만이었던 조(趙)나라 도읍 감담(邯鄲)에 들렀을 때, 진(秦)나라 태자의 서자(庶子)인 자초(子楚)가 인질이 되어 불우한 생활을 보내고 있는 것을 알았다.

'이 자는 뜻밖에 찾아낸 진귀한 물건이다.'라는 선물 매입(先物買入)의 직감력을 작용시킨 그는 자초를 찾아가 그를 태자로 만들어주면 진(秦)을 둘로 분할한다는 약속을 받았다. 그런 다음 다시 진에 가서 온갖 진귀한 선물로써 자녀가 없는 태자비에게 아첨을 했다. 그러면서 자초의 존재를 부각시켜 완전히 투기(投機)에 성공했다.

어느 날 연회에서 자초가 여불위의 애첩에게 한눈에 반해버렸다. 이것을 눈치챈 여불위는 괜찮은 장사라고 생각하여 이미 자기 아이를 배고 있는 애첩을 자초에게 넘겨주었다.

이 때 태어난 아이가 훗날 저 유명한 진의 시황제가 되었고,

여불위는 재상이 되어 막강한 권세를 마음껏 누렸다.

여불위는 후에 시황제로부터 의심을 받고 자결을 하지만, 투기로 성공을 한 당시 거상의 재력과 직관력을 그로 하여금 똑똑히 나타내 보인 것이다.

범려와 여불위는 춘추전국시대에 있어서 대조적인 거상으로 오늘날까지 실업가 또는 정상(政商)의 대명사로 인식되어지고 있다. 사실, 중국의 대표적인 거상은 정부의 특허상(特許商)이었던 소금장사가 아편전쟁시까지 우위를 유지하고 있었다. 이는 소금이 전매품으로 정부의 중요한 재원이기 때문이며, 남송시대(南宋時代)는 국고 수입의 절반가량을 차지하고 있었다고 한다.

중국의 거상이라면 여불위형 정상배(政商輩)가 청말까지 주류를 이루고 있었지만, 범려형의 이상적 경영방식 또한 오랜 전통으로 이어져 내려오고 있다.

부는 곧 왕자의 도

전국시대 상공업의 발전은 "옷 소매가 길면 안무(按舞)의 선이 곱고, 지참금이 많으면 벌이 또한 크다."라는 속담을 탄생시킬 정도다. 이 말은 벤자민 프랭클린의 "빈 주머니는 바로 서지 못한다."라는 격언과 같은 의미를 가지고 있다.

한비(韓非)는, "이것은 돈이 많으면 매사가 순조로이 진척된다."는 뜻이라고 해서 배격하고 있다.

그는 이 격언에 착안해서 부국강병(富國强兵)의 '왕업자본(王業資本)' 즉, 왕자가 되기 위한 자본을 축적하기 위해서 내정

(內政)의 강압, 법령·법규의 명확화, 신상필벌의 행사(行使),
토지 생산력의 극대화, 비축의 증대, 국방의 강화 등 '절대불
멸술(絶對不滅術)'을 써야만 했었고, 이 술(術)의 최대 지표는
'안을 다스림으로써 밖을 막는다'는 데 있었다.

은행 의존이란 전혀 없이 자기 자본 비율을 최대한 높여서
건전한 기업윤리를 바탕으로 합리적인 경영관리를 시행하는 우
수기업, 이것이 바로 '왕법자본'의 축적이라고 할 수 있다.

자신만만한 그룹들은 언제 어떠한 경제 불황이 닥쳐온다 해
도 수익의 패턴을 유지하고 높일 뿐만 아니라 모든 경영환경을
선취하는 선견지명을 가지고 있다. 그러므로 동업자 및 다른
업종 경영자와도 교제를 넓히고 정보수집에 심혈을 기울임으로
써 독자적인 기술 향상과 제품 개발에 온갖 힘을 다할 수 있는
것이다.

한비가 말하는 내부강화책(자조 노력)을 취한 기업경영자가
고성장, 고수입의 업적을 들어 '왕업자본'을 축적함으로써 난
세에 살아 남을 자신을 가지게 되었다. 말하자면 체험으로 확
립된 난세의 상법, 축적의 논리로서의 한비의 이 발상이 얼마
나 우월했었던가를 말해주고 있다.

한비의 내부강화론은 먼저 안[內]을 견고히 하고 난 다음 밖
으로 대응해나가는 방법인데, 이것이 훗날 대거상(大巨商)들의
상술과 동일한 기본원리로 되었다.

사마천은 한대(漢代)의 상인에 관해서 "천금을 모은 집은 한
도시를 차지한 군주와 같고, 백만금을 가진 부자는 임금과 기
쁨을 함께 한다."고 해서 상인과 부(富)의 힘이 커진 것을 숫자
를 들어 구체적으로 밝히고 있다.

이런 상인의 진출에 대해서 '사농공상(土農工商)의 등급(사회

적 계급)을 만든 것은 중농억상책(重農抑商策)을 취했던 전한(前漢)의 고조(高祖)이다. 고조는 상인이 비단옷을 입거나 무기를 소지하거나 마차에 타는 것을 금지시켰다.

그러나 운용은 별개의 것인 듯 "가난한 자가 돈벌기에는 농(農)은 공(工)만 못하고, 공(工)은 상(商)만 못하다."고 사마천은 말했다.

중국에서는 '무(武)'가 천시당한 것에 반하여 상인의 힘은 강했다. 명대(明代)에 견직물, 면직물, 도자기 등 수공업과 은경제(銀經濟)가 발달하면서 상인과 부(富)의 힘이 더욱 강해졌다. 그렇기 때문에 고급관료 중 상인 자제가 많이 생길 정도였다. 청대(淸代)에는 관상연합(官商聯合)이 사회의 중요한 지도세력으로 군림했었다.

한(漢)나라의 고명했던 '한신(韓信)의 가랭이 밑으로 빠져나가기'라는 것도 가난한 집에서 태어난 탓이다. 한신이 장사꾼이 될 자금이 없는데다가 그렇다고 선행이 없는 처지에 벼슬자리에도 오를 수 없어 이리저리 기식(寄食)하며 걷고 있을 때 생겼던 이야기이다.

무(武)를 경멸하는 중국 사회에서는 어린아이 생일에 붓과 주판을 놓고 그 아이가 어느 것을 집는가로 어린이의 장래를 점치는 풍습이 있다.

사마천은 당시의 거상들이 어떤 상술로 재물을 모았는가 그 실례를 몇 가지 들고 있다.

공씨(孔氏)라는 거상은 기병을 거느리고 제후를 방문해서 '유한공자(遊閑公子)의 선물'이라 불리었을 정도로 호화로운 것을 선물했다. 그런데도 그에게 들어오는 이익이란 그 몇 곱절로 엄청났다고 한다. 이것은 '인색하지 않고 버는 상술'이다.

노(魯)의 풍습에는 절약 근검의 풍조가 있었다. 조(曹)의 병씨는 특히 그러했다. 대장간으로 성공해서 거부가 되었지만 그는, "고개를 숙이면 무엇이든지 줏어라. 그러나 고개를 쳐들면 무엇이든지 따라."는 가훈을 정하고 온 식구가 이를 그대로 적용케 했다고 한다.

이는 '고개를 숙이면 물건을 차지하고, 고개를 쳐들면 물건을 취하는 상술'이다.

제(齊)에서는 노예를 천대하는 풍조가 있었다. 그런데 조간은 사람을 증오하는 교활한 노예를 모아놓고 조심스레 다루며 생선 또는 소금 장사를 시켜서 수천만 냥의 재물을 모으게 했다. 그런 후 "국록을 받는 관료의 신분이 될 것인가, 아니면 조간의 노예가 될 것인가."하고 말할 만큼 자신만만했다고 한다. 이것은 '악을 고용해서 돈을 버는 상술'이다.

주(周)나라 사람들은 대체적으로 검약가인데, 사사는 어느 누구보다 유별난 데가 있었다. 그는 수백 냥의 수레를 끌고 못 가는 곳이 없이 행상으로 천하를 두루 다녔다. 낙양(洛陽)은 모든 나라의 중심지였다. 그래서 낙양 사람들은 비록 빈한한 자라고 해도 거상의 상술을 배워서 다년간 행상에 종사하고 있는 것을 자랑으로 여겼다. 심지어는 향리의 거리를 지나가도 자기 집 대문을 들어서지 않은 경우가 흔히 있을 정도였다. 사사는 그들에게 책임을 맡겨서 장사를 잘하게 함으로써 칠천만 냥이라는 막대한 재산을 모을 수 있었다고 한다. 이것은 사풍(社風)을 만들어 벌어들이는 상술이다.

전한(前漢) 때에 오초칠국(吳楚七國)의 난이 일어났다. 수도 장안(長安)의 대소 제후가 토벌군비를 차용하려 했다. 그러나 대금업자(貸金業者)인 상인들은 반란 진압의 전망이 흐리다고

판단해서 어느 누구 한 사람 빌려주려 하지 않았다. 그런데 오직 한 사람 무염 씨(無鹽氏)만은 천금을 대부키로 했다. 이자는 무려 원금의 열 배였다.

3개월 후, 그 난은 다행히 평정되었다. 이 난의 덕택으로 불과 1년 동안에 원금의 열 배를 벌어들인 무염 씨는 관중(關中) 전체의 거부가 되었다. 이것은 상법이라 하기 보다는 모험적 투기의 한 사례라 하는 것이 옳을 것 같다.

선곡(宣曲) 땅 임 씨(任氏)의 선조는 독도(督道)라고 하는 토지의 창고직이었다. 진(秦)이 패전했을 때 호걸들은 앞을 다투어 금과 옥을 손에 넣기에 혈안이 되었었다. 그러나 임 씨만은 곡간에 들어 있는 곡물을 굴 속에 감추었다. 그 후 형양(滎陽)에서 한·초(漢楚)의 싸움이 벌어지게 되자 백성들은 농사일이 어렵게 되고 말았다. 그러자 쌀 한 섬이 1만 전으로 폭등하고는 품귀 현상까지 발생했다.

결과적으로 진(秦)이 패했을 때, 호걸들이 취했던 금옥은 이미 임 씨의 수중에 들어왔고 곡물상으로 부자가 된 임 씨는 신화적인 인물로 전쟁 거상이 된 것이다. 이것은 '물품을 음미해서 버는 방법'이다.

한(漢)이 흉노를 일소한 후에 변경지대가 안정되었다. 그러자 교요라는 사람이 그 기회를 놓칠세라 말 1천 두, 소 2천 두, 양 1만 두, 곡물 수만종을 소유하는 큰 부자가 되었다. 이것은 '때를 놓치지 않고 버는 상술'이다.

사마천은 이러한 사례의 인물들을 들고 나서 "법을 교묘히 이용하거나 나쁜 짓을 해서 부자가 되는 것은 결코 안 된다.", "부자는 반드시 정도(正道)가 아닌 것으로 남을 제압한다."고 했는데, 요는 '부(富)를 쌓는데 일정한 직업은 없고, 재화에 일정한 소유주도 있을 리 없다. 재능이 있는 자에게는 재화가 따르고 불초(不肖)한 자가 있는 곳에서는 재화가 흩어져가는 것을 보게 된다'는 결론이다.

바닷물이 흐르는 곳에는 화교가 있다

"바닷물이 흐르는 곳에는 화교가 있다."

문자 그대로 화교의 발자국은 5대양 6대주에 이른다.

화교는 전통적인 동족 동향의 개념적인 공동체를 이주지마다 조직하여 차이나타운을 이루고 '향방(鄕幇)'이라 하는 출신지별 자치집단을 이루고 있다.

'용강회(龍岡會)'라는 것도 그들 사회에서 간혹 눈에 띈다. 이는 '삼국지연의(三國志演義)' 중에서 유비, 관우, 장비 세 사람이 도원(挑園)에서 의형제를 맺은 '도원의 결의'와 이에 조운(趙雲)을 더한 충성의 고사에서 딴 유(劉) 씨, 관(關) 씨, 장(張) 씨, 조(趙) 씨가 모여 만든 성씨 단체이다. 재미있는 것은 제갈(諸葛)이란 복성은 드문 희성인지라 제갈량을 빼고 대신 제갈량이 허송 세월을 하고 있던 용강(龍岡)을 단체명으로 '용회'라 하였다.

거기에는 항상 적지만 많은 것을 모아 이익을 올려야 하겠다는 실리성이 저변에 작용하고 있다. 화교는 이런 전통적인 중국인의 지혜, 발상에 의해서 집단적 역량을 발휘하여 여러 가지 지적집적(知的集積)을 행사하고 있다. 중화요리 짜장면 장사에서 노벨물리학상 수상자에 이르기까지 그 분야는 엄청나게 넓고 다채롭다.

중국 상법의 기본 이론에 근검, 인내, 실리주의, 인간주의, 현세주의, 신용 등이 있다.

근검은 제자백가의 어느 책에서나 나오고 있는 사상인데, 심지어는 '근면과 근로를 사상의 토대로 하는 농가(農家)'라는 모임이 생겨날 정도였다. 이것은 아마도 중국의 토지가 근면과 성실로 가꾸기만 하면 작물이 되는 소농 경영에 적합하다는 점에서 연유되었을 것이다.

내가 자주 가는 식당에 젊은 중국인 청년이 있었다. 2, 3년 있더니 식당을 그만두고 마차를 끄는 마부가 되었다. 어느 추운 겨울날, 그를 거리에서 만나 어디에 사느냐고 물었더니 '땅속에서 살고 있다.'는 것이었다. 무슨 말인가 싶어 자세히 물으니 겨울이 되면 땅을 파서 토굴을 만든 다음 그 속에서 불을 피워 산다는 것이다. 그러다가 따뜻한 봄이 되면 지상에 판잣집을 짓고 살면서 저축을 한다는 것이었다.

그 마부는 수년내에 자금을 모아 시내 중국인 촌에 조그마한 잡화상을 차렸다. 근면, 절약으로 독립해가는 그들의 노력에는 혀를 내두를 수밖에 없다.

동남아시아 화교 중에는 낮에는 보석상을 경영하고 저녁에는 노점상을 하는 사람도 있다 한다. 사실 근면은 거의 중국인의 신념화로 고정된 것이다.

중국 상술의 '신용'을 말하자면 지면이 부족할 정도이다.

중국인은 인간관계나 거래상 윤리를 중시한다. 공자는 "인간에게 신(信)이 없다면, 그가 가진 가(可)는 불인(不認)하게 된다(인간관계, 인간 사회는 신의를 바탕으로 이루어져 있다. 신의가 없으면 인간관계도 성립되지 않는다. 그러므로 사람으로서 신의가 없는 자는 훌륭한 사람으로서 인정되지 않는다)."라고 말했다.

"말한 것은 거짓이 없이 반드시 실행한다(言必信行必果)."

이 말은 중월전쟁(中越戰爭)전 등소평(鄧小平)이 한 말로서, 예고전쟁을 일으켰다는 것으로 잘 알려지고 있다.

법가(法家)의 한비(韓非)도 성실과 신의는 인간이 가지고 태어난 미덕(美德)이라고 한 공자의 주장에는 반대를 하면서도 신(信)의 중요성에 관해서는 "작은 신의가 달성되면 크나큰 신의가 확립된다. 고로 명군(明君)은 신의를 쌓을지니라."고 말하고 있다. 중국인은 아마도 장구한 인간관계의 체험을 통해서 '신(信)'의 윤리에 도달했을 것이다.

화교와 유태인의 차이

화교와 유태인은 상재(商才)라든가 축재력(蓄財力)으로 돈을 번다는 점에서 매우 유사하다.

그들은 오랜 옛날부터 본국이 아닌 이방에서 충분한 보호도 받지 못한 채 단결력, 금전, 지력(知力) 이외에 의존할 것이 없는 처지였다. 그래서 오직 자연과 상재(商才)에 적응하고 활동함으로써 축재력을 발휘하게 되었고 또한 이들이 세계 시장을 석권하게 되었다는 공통적 특성을 가지고 있는 것이다.

그것은 자기 자본을 항시 움직이게 해두는 일, 끊임없이 새로운 비즈니스 찬스를 포착하려는 노력을 게을리하지 않은 일, 그러한 시도를 적극적으로 추진하고 개척에의 노력을 집중시키는 일 등에 있다고 할 수 있다. 그리고 수천 년에 걸친 역사와 민족의 영지(英智)가 그들에게 있어 체질화된 것이다.

화교는 동남아시아, 유태인은 미대륙과 유럽이라고 할 정도

로 정착지를 달리하고 있다. 여기에 인도 상인을 더하면 아프
리카 풍물이라 할 만큼 피부색으로 상호 구분할 정도다.

유태인과 화교들이 가진 또 하나의 공통점은 현지 국민들과
의 경합을 피해서 정착하기 쉬운 길을 택하는 지혜이다. 구미
제국과 경제적 마찰에 고민하는 일반 국가들이 배워야 할 기발
한 발상이라 아니할 수 없다.

그러나 화교와 유태인 간에는 근본적 차이가 하나 있다. 즉
유태인은 유태교를 믿고, 화교는 신(神)을 믿지 않는 현세주의
자들이라는 점이다. 그들이 신불(神佛)을 경외하는 것은 현세의
행복 때문이며 공자묘(孔子廟), 관우묘(關羽廟)를 참배하는 것은
철두철미하게 기복적(起福的)이며 인간적인 신뢰 관계에서 연유
된 것이 바로 중국인인 것이다.

그래서 중국에는 "세 번 속이면 부처도 속이게 된다."는 속
담이 나올 정도이다.

중국에는 또 이런 속담도 있다. "세 사람의 회회(回回)는 회
회(回回)다. 두 사람의 회회도 회회다. 그러나 한 사람의 회회
는 회회가 아니다."

회회(回回)란 이슬람교를 믿는 회족(回族)을 일컬음인데, 이
슬람교는 하루에 다섯 차례 동방 경배를 하며 돼지고기를 먹는
것이 금지되어 있다.

회족(回族)은 아라비아인과 페르시아인의 피를 받아 형성된
소수 민족인데, 그 조상은 7세기 중엽 동서 해상무역에 종사했
으며 광주(廣州), 천주(泉州), 양주(楊州) 등지에서 정착하고 살
던 아라비아인이다.

그 후 13세기 몽고원정에서 아라비아인과 페르시아인이 따라
오는 한편, 중앙아시아의 페르시아 상인과 아라비아 상인 역시

중국에 오게 되어 그들의 자손이 점차 회족을 형성하기에 이르른 것이다.

회족의 대부분은 이슬람교를 신앙하는데, 그들의 사원을 중국에서는 청진사(淸眞寺)라 부른다.

이 속담은 표면상으로는 이슬람교 신도인 체하지만 남의 눈만 피하면 예배를 태만히 하고 금지된 돼지고기도 스스럼없이 먹는다는 뜻으로 회족 이슬람교도의 허(虛)를 찌른 말이라고 할 수 있다.

제4장

졸(卒)을 잃으면서 이기는 상법

중국인의 뛰어난 암산능력

태국인은 계산이 느리기가 이루 말할 수 없다. 웃기는 것은 숫자 하나하나를 일일이 기록해가면서 계산한다. 심지어 어떤 가게는 산 물건과 정가표를 따로따로 기록하면서 계산하므로 쇼핑을 하자면 어지간히 속을 썩어야 한다. 화교처럼 한꺼번에 계산해내는 암산 능력이란 그들에게서는 도저히 찾아볼 수 없다. 더군다나 숫자의 암산이란 상상조차 할 수가 없다.

그런데 화교는 국민학교 3학년만 되면 모두가 2계단의 가격 몇 가지를 암산으로 계산해서 손님에게 대금을 요구한다.

순종이 아닌 혼혈 화교라 해도 능력은 태국인보다 훨씬 뛰어나고 우수하다.

동남아시아에서 혼혈인이 진출한 국가로 널리 알려진 나라는 태국과 필리핀이다.

 방콕 왕조의 초대국왕 라마 1세(1782~1809년)가 어느 날 궁정 관리를 향해서 중국인의 피가 섞여 있는 자는 오른쪽으로 가서라는 명을 내렸다. 그랬더니 아뿔사 관리(그것도 국가의 최고급 관리)의 90%가 오른쪽으로 가서 섰다는 이야기가 있다.

 수치계산(數値計算)에 관한 한, 중국인의 뛰어난 능력은 이미 갑골문(甲骨文)에 '구구단'이 남아 있는 것으로 보아서도 알 수 있다. 또한 《9장산술(九章算術)》이라는 한대수학(漢代數學)교본이 있는데, 당시의 수학은 관료 자제의 필수학문인 육예(六藝) 중 하나로 되어 있었다.

 《9장산술》에 있어서는 17세기의 데카르트에 앞서 산목(算木)에 의한 부수계산(負數計算)이 시행되었고, 《9장산술》에 주석을 단 서진시대(西晉時代)의 유휘(劉徽)는 '장산술'의 원둘레율〔圓周率〕 3에서 원둘레의 길이를 구한 결과 3·14를 원둘레율의 계산에 사용, 서구에 앞서 소수점을 사용하고 있었다고 한다.

 또 수 계산을 중심한 중국 수학의 패턴은 명대(明代) 만력년간(萬曆年間)에 정대위(程大位)가 《직지산법통종(直指算法統宗)》을 저술하여 상공업자에게 필요한 주판계산법을 포함한 대중수학으로서의 결실을 맺게 했다.

 명(明)의 만력년대는 인간 본능을 긍정한 시대로 《금병매》와 같은 인간의 색욕을 대담하게 묘사한 소설이 발표될 정도였다. 또한 상인의 세계를 파헤치기도 한 이 소설에는 이익 배당에 있어서 자본가 7할, 경영자 3할이라는 경영방식 등을 보여주고 있다. 또한 천자(天子) 측근의 고관에게 신고하는 선물 목록에서 '황미 5백 냥', '백미 5백 냥'은 '은 5백 냥'을 뜻하는 은어로서 부정상납이 공공연히 사용되었다는 점 등 여러 형태의 상업, 관상유착(官商癒着) 실태를 알아볼 수가 있다.

인간의 욕망(성욕, 금욕)을 적나라하게 파헤친 이 《금병매》는 중국문학사적 측면에서 공전의 걸작품으로 인정될 뿐만 아니라, 당시의 상인이 부력(富力)에 의한 막강한 실력자로 등장해 표면적인 권위 따위엔 전혀 두려워하지 않았었다는 증거를 여실히 폭로하고 있다.

실리에 철저, 법에 미숙

우리나라에서는 공무원이 '관리(官吏)'로 통하지만, 중국 근세 사회에서는 '관(官)'은 실무를 맡은 하급직을 뜻하는 말이었다. 그리고 '관'은 봉급이 나오고 '이'는 나오지 않았다.

'관'은 회피제(回避制)라 해서 자기 고향에 부임할 수 없고, 3년마다 근무평정을 받아 반드시 임지를 바꾸어야만 했다.

'이(吏)'는 현청(縣廳)에서만도 1천 명에서 3천 명 가량 근무했다. 여기에 중앙의 '이'를 합치면 전국에 일백만 명이 넘었는데, 이들은 무보수로 봉사했다.

물론 무보수인지라 먹고 살 수 없었다. 그래서 여러 가지 수수료 명목으로 민간에게서 착취했는데, 이(吏)는 세금의 몇 배를 부과해서 제멋대로 거두어들였다. '관'은 봉직 3년이면 또 이동해야 하니까 재임기간중 이(吏)들로부터 상납을 받았다.

혹시 지방에 무슨 일이 생기면 이(吏)가 무마하는 조건으로 뇌물을 받아 중앙의 이(吏)와 협상을 한다. 이 때 관(官)은 이를 해결해준다는 조건으로 뇌물을 무자비하게 받아내는 것이 당시의 관료세계였다. 이른바 웃돈 붙이기이다. 이러한 폐해는 관(官)의 봉급이 적은 점에서 발생하는 것이라 할 수 있었다.

조정에서는 이를 막고 오직(汚職)을 하지 못하게 한다는 명목으로 본봉 외에 '양렴은(養廉銀)'이라는 수당까지 지급할 정도였다.

그러나 3년간의 부정 수탈행위는 그들에게 충분히 축재(蓄)가 될 수 있었다.

이러한 관료주의사회의 부정부패는 현대 중국에서도 부분적으로 통용되고 있다.

형사 사건에 흔히 볼 수 있는 것은 간부의 지위를 이용한 오직이다. 전국(戰國)말에 이러한 인간 악을 논리적으로 정리한 한비(韓非)는 역시 뛰어난 사상가였다고 하지 않을 수 없다.

중국에는 사대부(士大夫)라는 지식계급이 있었는데, 송대(宋代)이후 교육의 확산으로 사대부적 관료가 많이 배출되었다.

이들은 관료이면서도 지주계급으로 전국의 토지의 대부분을 이들 신흥계급이 점유하고 있었고, 세론(世論) 역시 이들 사대부에 의해서 조성되었다. 당시 사대부에는 이(吏)나 도시 상인도 포함되어 있었다.

명대(明代)에는 셈·나눗셈 외에 면적계산(面積計算), 체적계산(體積計算), 이자계산(利子計算) 등의 공식을 노래로 만들어 외우기 쉽게 해서 민간에게 보급했다. 《금병매》는 당시 은경제(銀經濟)가 시작된 금전 감각의 산물로서 〈소판소패(小判小唄)〉라고도 하는 소곡(小曲)이 연회에서 흥겹게 불려졌다고 했다.

《금병매》에 다음과 같이 이야기가 나오는 것으로 보아서 중국인＝돈〔金錢〕이라는 공식을 새삼 인식할 만도 하다.

난봉꾼 주인공 서문경에게 의동생 응백작이 들려주는 호랑이 이야기가 있다.

어떤 백뇌광 같은 숙맥이 범한테 물려 갔더랍니다.
그의 아들이 구하려고 쫓아가다 창으로 범을 찌르려니까
이미 범의 뱃속에 들어가 있던 아버지가
아들에게 소리 지르기를,
얘, 범을 창으로 찔러 죽이진 말아라.
가죽이 상하면 비싼 값으로는 못 팔 게 아니냐?
하더랍니다.

이 해학 속에 번쩍이는 금전 감각은 참으로 놀랍고 여유자적하다.

서학(西鶴)의 소설에는 '숫자(數字)'가 있다고 한 것처럼 《금병매》에도 역시 그와 같은 숫자가 있으므로 경제 소설의 성격도 아울러 띠고 있는 작품이다.

이런 숫자의 세계를 통해서 중국인은 법에 소홀하고 추상적인 방법을 싫어하는 대신 지극히 실리적이며 실제적인 민족임을 알 수 있다. 그래서 이들 체질은 보다 더 실리적인 면에서 도박을 즐기는지도 모른다.

전통적인 도박꾼들

중국에는 노동자 몇 사람이 모이면 으레 길가에 모여 앉아서 도박을 시작하는 모습을 흔히 볼 수가 있다. 이 도박은 심지어 교도소 안에서도 공공연히 벌어질 정도라 하니 중국인의 괴벽이란 여간 이만저만이 아닌 것 같다.

지금으로부터 1,300년 전, 중국에 온 아라비아인은 중국인이 주사위 노름에서 손가락 거는 것을 보고 깜짝 놀랐다고 한다.

미국의 작가 롤드 달이 쓴 《남에서 온 사람》이란 작품은 이 기록에서 힌트를 얻은 도박 풍경을 묘사하고 있다. 라이터를 번쩍번쩍 열 번 계속해 켜면 캐딜락이 손에 들어오지만, 켜지지 않을 경우 새끼손가락이 절단되어 떨어진다고 하는 잔인한 내기인 것이다.

노름빚, 즉 좋게 말해서 '도박 계산법'은 1개월 후 갚겠다는 추상적 방법은 통하지 않고 한꺼번에 청산하는 것이 당연한 상식으로 되어 있다. 이른바 노름빚은 '외상사절'이다. 자기 빌딩을 판 돈으로 걸었던 어느 중국인 도박꾼이 그 도박에서 패하자 자살해버린 예도 있었다지만, 벌써 3백 년쯤 전에 도박에 남근(男根)을 걸었다는 야화도 있을 정도이다.

이 사나이는 위진충(魏進忠)이라는 자로, 원래 무례한 깡패로 승마와 궁술에 뛰어났고 도박을 즐겼단다.

어느 날 항상 다니는 거리에서 건달 친구들과 어울려 도박을 하다 지게 되었다. 진충은 그날 따라서 판돈이 없었다. 건달들은 협박조로 판돈 지불을 재촉했다. 이러지도 저러지도 못하게 된 진충은 왈칵 울화가 치밀자 그 장소에서 자기 남근을 뚝 잘라 내밀어 보상을 했다고 한다.

그 후 환관(宦官)이 되어 명조(明朝)를 떠들썩하게 했다. 그 악명 높은 위충현(魏忠賢)이란 인물이 바로 그다.

이 사람처럼 자기 자신이 자원해서 환관이 되는 자를 자궁환관(自宮宦官)이라고 한다. 본래 환관을 지원하는 것은 궁중에 들어가서 부(富)를 얻으려는 것이 첫째 목적인데, 이것은 실리주의자들의 자학이라고 할 수도 있을 것이다.

---

*돈은 좋은 머슴이기는 하지만 나쁜 주인이기도 하다. ─베이컨─

합리적 축재 정신

중국인의 금전 감각과 축재 관념을 가리킨 실례로서 3세기 후반 서진시대(西晉時代)의 귀족이었던 왕융(王戎)이란 사람을 들 수 있다.

왕융은 위진남북조(魏晋南北朝)에서 당대(唐代)에 이르기까지 번창했던 낭야(琅邪)의 왕가 일족인데 재상, 장군을 잇달아 배출해낸 중국사상 최대의 문벌로서 '왕마(왕 씨와 진왕조의 사마 씨) 천하를 함께 하다'고 할 정도의 귀족이다.

그들의 부(富)는 후한(後漢)이래 장원 경영(莊園經營)으로 축적되었다. 왕융이 살던 시대는 노장학(老莊學)이 유행해서 청담(淸談)이 일세를 풍미했지만, 실사회에서는 관료 사회를 능가하는 사치풍조가 성행하는 한편 부(富)에 대한 집착이 금전만능주의를 태동시키고 있었다.

왕융이 젊었을 때에는 죽림칠현(竹林七賢) 중의 한 사람이었지만, 후에 사도(司徒)라는 최고의 관직에 올랐다.

당시 벼슬아치들은 사람 젖을 먹여 기른 돼지고기를 즐길 정도로 사치에 급급했지만 왕융은 축재에 혈안이 되어 있었다. 심지어는 자기 소유의 장원에서 재배한 자두씨가 다른 사람에 의해서 심어지지 못하도록 씨알맹이에 송곳으로 구멍을 뚫어놓을 정도였다.

고리대금업을 겸했던 그는 매일 밤 고리대금 차용증서를 산더미처럼 쌓아놓고는 부인과 주판알을 놓는 것에 낙을 삼았다. 시집보낸 딸에게도 이잣돈을 빌려주고, 그 돈을 반환 받을 때까지는 딸의 얼굴을 못 본 척할 정도였다고 한다.

당시의 사회는 왕융과 같은 귀족이 있는가 하면 글을 읽을 등잔기름조차도 살 수 없는 차윤(車胤)이나 손강(孫康)과 같은 청빈거사도 있었다. 그들은 여름에는 반딧불로, 겨울에는 눈〔雪〕빛으로 공부를 했다고 해서 '형설의 공'이라는 말까지 생겨났다.

이런 세상을 비관한 남양(南陽) 사람 노보는 익명으로《전신론(錢神論)》이란 풍자소설을 썼다.

전(錢 : 돈)은 날개 없이 날으며 발 없이 달린다. 청담(淸談)으로 포화가 되어 졸고 있는 낙양(洛陽)의 귀공자도 별명이 공방(孔方 : 한대부터 엽전에는 네모난 구멍(孔)이 뚫려 있었다)이란 친형님을 보자마자 높이 날아가고 만다. 전(錢)은 근엄한 얼굴도 융통성 없는 얼굴로 흐트러놓고, 굳게 닫힌 입도 열게 한다. …… 속담에 돈이 있으면 귀신도 부릴 수 있다고 한다.

세상을 증오한 자는 돈을 풍자한 이 문장을 즐겨 읽었다고 한다.

불타나게 잘 팔리는 것을 '날개 돋치듯 팔린다'고 하는데, 이는 후세의 상인들이 '날개 없이 난다'는 구절에서 원용한 말이다.

노보가 비판한 사회의 부(富)에 대한 불공평한 분배는 틀림없는 사실이지만, 왕융(王戎)의 축재를 근검 절약이 아닌 인색이라고 보는 것은 큰 잘못이다. 오히려 축재에 관한 한 왕융이 취했던 방식이 합리주의적인 사고이다.

왕융처럼 실리에 철저하지 않으면 자급자족의 장원 경영(莊園經營)은 잘 운영되지 않았을 것이다.

장원 경제(莊園經濟)에는 대토지소유경제, 자급자족경제, 노예(계약 농업노동자)경제의 3대 요소가 있는데, 장원 경제를 운

영해나가는 데 철저한 실리주의와 저축 증대의 근대화 외에는
다른 방법이 없었다.

맹자는 "검자(儉者)는 남의 것을 빼앗지 않는다."라고 했다.
그런데 왕융(王戎)의 축재 방법은 그러한 테두리를 벗어난 보다
진취적인 합리주의적 발상이라 할 수 있다.

인내 검약 근면의 축재 논리

중국인의 축재 논리는 검약, 인내, 근면 등이다. 이 점은 모
든 중국인 공통의 논리인데, 이것을 극대화하기 위하여 동족
(同族), 동향(同鄕), 동업(同業) 등의 집단력을 이용한다.

이런 축재 논리는 신용, 성실, 노력 등을 근거로 하는 중국
인 상법(商法)의 기본으로 실리주의, 합리주의, 인간주의를 존
중하는 민족적인 장구한 체험에 바탕을 두고 있다.

중국에는 예로부터 '본처로 하여금 열심히 절약케 하면 하늘
도 가난을 허락치 않는다'는 사상이 있어서 일찍이 절약이 축
재의 기본으로 통용되고 있었다.

일반적으로 화교는 자산의 위험 분산을 목적으로 그 2할은
외국은행에 예금해서 축재의 안전을 기하는 것이 통례로 되어
있다.

화교 재산가들이 그들의 자녀들을 구미대학(歐美大學)으로 유
학시키는 것은 인류 또는 국가 공헌에서가 아니라 거주국의 정
세 여하에 따라서 없어질 위험성이 있는 불안정한 재산의 일부
분이나마 '지식'으로 바꾸어 자녀의 머릿속에 무형 재산으로
저축시키기 위해서이다. 그토록 애타게 벌어놓고도 불안전한

돈을 그저 억울하게 없앨 수 없으니 유형 무형의 자산으로 환불해두자는 장기적인 속셈인 것이다.

자식의 고등 교육은 후손과 국가를 위해서가 아니라 재산 보호의 안전 창고로 간주하고 있는 셈이 된다.

화교 중에는 기한이 경과된 반신 엽서를 모아 우체국에 가지고 가서 한 장에 얼마인지 가격을 따져서 환불 요청을 하는 지독형이 있는가 하면, 회사 안에서 사용하는 사내 봉투는 다른 외부에서 온 봉투를 뒤집어 다시 만들어 쓰는 절약형 등이 많다. 그래서 청요릿집 그릇은 깨진 것이 오히려 미덕으로 통용될 정도다.

이렇듯 일견 비능률, 비현실적인 절약이 전체에 파급 효과를 초래했을 때, 어떻게 될 것인가를 나타내고 있는 것이 그들의 일반적인 재무 체질(財務體質)인 것이다.

인내심의 오천 년 사(史)

《순자(荀子)》에는 "부(富)를 바란다면 부끄러움을 참아라. 그리고 친구를 버리고 의리를 버리라."라는 구절이 있다.

순자는 그래서는 안 된다고 훈계하면서 의리, 수치, 사정의 냉정한 단절 없이는 돈을 모을 수 없다고 역설하고 있다.

중국인의 축재 관념은 인내를 중시한다. 차곡차곡 모아가는 방식이다.

중국인의 역사는 황하(黃河)의 치수 역사(治水歷史)에서 시작되었다. 황하의 범람은 중국인에게 있어서 공포의 대상, 바로 그것이었다. 그러나 이것은 천재(天災)임과 동시에 인재(人災)

에 유래하는 경우도 많았다.

이미 전국시대(戰國時代)에 청동기, 철기 등 제작에 대량의 목탄용 목재가 필요했기 때문에 벌목을 함부로 했다. 그리하여 산은 벌거숭이가 되었는데, 심지어는 관(棺)을 짤 나무조차 구할 수 없는 황량한 산하로 변하고 말았다.

식목을 하지 않은 관계로 화북(華北)은 완전히 폐허된 황토층의 세계로 되어 홍수가 나고 황진(黃塵)이 일어났다. 여기에 설상가상으로 연간 강우량 2백밀리라는 극심한 가뭄 현상 등 말로 표현할 수 없는 자연의 시련이 농민들을 괴롭혔다.

산림의 폐허는 황하에 흘러들어오는 토사(土砂)를 증대시켰고 그 토사는 하천의 바닥을 높였기 때문에 홍수의 범람을 발생하게 했던 것이다.

이런 황하와의 기나긴 투쟁이 중국인에게 끈질긴 인내력을 깊이 박히게 한 것이다.

중국인의 인내심은 인간관계, 가족관계와 깊은 연관성을 맺고 있다.

당나라 초에 장공예라는 재상이 있었는데, 그의 집안은 9대가 한 지붕 밑에서 함께 사는 복(福)을 받았다고 모두 부러워하였다. 하루는 황제 고종(高宗)이 장가(張家)를 친히 방문하여 어떻게 그런 복을 받았는지 비결을 물었을 때 그는 묵묵히 필묵을 준비하더니 '忍(참을 인)'자를 백 번이나 써서 임금께 바쳤다는 일화가 있다.

중국인들은 이것을 가족 제도에 대한 서글픈 표현으로 생각하지 않고 오히려 그의 경우를 부러워하여 '백 번 참는다(百忍)'는 말을 현재까지 도덕적 금언으로 받아들이고 있다. 뿐만 아니라 정월 초하룻날 아침에 붉은 종이에 "평온은 행복을 가

져온다.", "참는 것이 제일 좋은 보물이다."등을 써서 집집
마다 대문에 붙여놓는다.

중국 사회에서는 참을성이 '생존하기 위한 이유'가 된다. 그
러므로 중국인의 인내력은 인생이란 오직 한 번뿐이라고 하는
현세주의(現世主義)와도 깊은 관계를 가지고 있다. 또한 중국인
은 참을성, 즉 인내력에서 뛰어날 뿐만 아니라 무관심한 것도
유명하다. 이것 역시 사회적 환경의 산물이다.

"인간은 마땅히 할 바를 다한 후에 천명(天命)을 기다린다."
라는 것도 일종의 체관철학(諦觀哲學)에서 나온 말이다. 이 이
상으로는 죽음의 공포에서 피할 수 없기 때문에 유교에서는 천
재 후(千載後)에 이름을 남긴다는 형태로 불사(不死)를 실현하
려 했고, 도가(道家)의 장자(莊子)는 '생사를 동등히 한다'는 철
학을 개진하면서 생사를 초월해서 죽음의 공포를 피하려 했다.
그러나 죽음이란 인간에게 누구나 찾아온다.

그래서 가급적 생명을 연장하고자 양생술(養生術 : 체조, 호흡
법, 체내정화, 약물복용 방중술)을 연구하게 되었고, 더불어 불사
장생(不死長生)을 구하는 신선술(神仙術)이 생겨났다. 진(秦)의
시황제(始皇帝)가 불사의 약을 구하려 했다든가, 전한(前漢) 무
제(武帝) 이후의 불사약 '금단(金丹)'제조 등이 바로 그것이다.

그러나 민중은 그러한 사치를 용납하지 않는다. 그래서 죽음
을 면하려고 질병의 치료, 죽음을 재촉하는 빈곤에서의 탈출이
라는 민중의 소망에 응하여 태평도(太平道)와 오두미도(五斗米
道 : 종교 결사)가 생겨났다. 이것은 신선술(神仙術)이 농민 결사
(農民結社)를 촉진케 하고, 무술적(巫術的) 색채가 강한 도교(道
敎)를 성립케 한 점에서 매우 주목되는 점이다.

중국인은 50세쯤만 되면 벌써 죽음을 준비한다. 자기가 묻힐

묘지를 물색하고, 관(棺)을 맞추고, 수의를 마련하고, 지전(紙錢)을 태워 생전부터 명토(冥土 : 저승)에 재물을 쌓아두는 방법을 쓰고, 자손을 길러서 매년 공양할 음식을 먹을 수 있도록 준비해둔다.

지전(紙錢)이란 은종이를 돈 모양으로 자른 모조화폐로서, 사자(死者)를 위해 태워 저승에 가지고 가게 한다는 것이다. 진짜는 아까워서 가짜 돈으로 실컷 원이나 풀어보자는 착상이다.

그래서 중국인의 왕성한 축재심은 저승에까지 미친다고 하는 것이다.

재산을 이룬 중국인, 예를 들어 화교가 돈을 모은 과정을 보면, 시운(時運), 지혜 등에 얼마간의 차이는 있지만 공통점이 뚜렷하게 있다. 그것은 재물을 모으는 데 있어서 무엇보다도 저력과 초인간적인 인내력, 무익을 제거하는 지혜와 노력이 필요하다는 점으로 집약된다.

재산은 '모이는 것'이 아니라 '모으는 것'이다. 아무튼 중국인은 돈에 대해서는 끈질기기로 소문난 민족이다. 그러면서도 무관심도의 국제성 역시 타의 추종을 불허한다는 것을 앞서 말한 바 있다.

영국의 고전 작품인 《톰 브라운의 학창시절》에서 보이듯이 톰 브라운의 어머니는 유언으로 '머리를 똑바로 들고 올바르게 대답하라'고 한 데에 비해 중국의 어머니들은 한결같이 '세상 일에 뛰어들지 말라'고 유언하다시피 좋은 대조를 이루는 것 같다.

이처럼 개인의 권리에 대해 법적인 보호 조치가 없는 사회에서는 무관심은 항상 안전한 방법이라 할 수 있는데, 서양인이 쉽사리 이해할 수 없는 흥미있는 일이다.

"이 무관심의 성격은 중국인 원래부터가 가졌던 성격이 아니라 특별한 상황 아래서 우리의 옛날 지혜가 의식적으로 만든 문화의 산물이다."라고 임어당(林語堂)은 말하고 있다.

무관심은 곧 '생존의 가치'가 있다는 것으로 인식되어지고 있는 것은 개인의 권리를 보장받지 못하고 공사(公事), 즉 우리가 '공공지사(公公之事)'라 부르는 일에 너무 관심을 갖는다는 것 자체가 바로 화(禍)를 자초하고 위험하다는 이유에서이다.

그래서 중국에서 가장 성공한 신문기자는 민완성을 인정받았다거나, 직필(直筆)의 용기를 가졌다거나, 논평의 필치가 뛰어난 것이 아니라 아무런 자기 의견이 없는 사람을 뜻한다.

그러므로 중국인에게 있어서 무관심은 도덕적인 것이 아니라 법적인 보호가 없기 때문에 생긴 사회적 현상이라고 하는 것이 옳을 것 같다. 그것은 거북이가 제 껍질을 만들듯이 만들어진 자기 보호의 한 형태인 것이다.

경합을 피하고 진출하는 화교

세계 어느 곳을 가든지 중국인이 살고 있는 곳은 어느 곳이나 중국인의 집단 조직이 형성되어 있고, 화교가 다섯 가정 이상 모이면 반드시 동족, 동향, 동업을 불문하고 집단 조직과 금융기관이 탄생되고 경제 사회가 이루어진다.

중국인의 상업 자본은 합자 회사와도 흡사한 '합고(合股)'라 불리우는 제도로 십중팔구 결성된다. 이 기업 형태는 운영은 경영자에게 맡기지만, 출자율의 관계없이 자산 처분은 집단 다수결에 따라서만 처리할 수 있게 되어 있다. 그러므로 친족 회

사 또는 친족적인 회사에서 흔히 있을 수 있는 경영자의 독재
에 제재를 가할 수 있다.

《금병매》를 보면 주인공 서문경이 출자를 해서 실(絲)가게를
차리는 부분이 있다. 이 때 한(韓)이라고 하는 고용 책임자에게
경영권을 맡겨서 이익 배당은 자본주인 서문경이 7할, 경영자
인 한이란 자에게는 3할의 배당을 받게 한다.

'합고'는 출자가 다수로 형성되지만 역시 출자자가 우선
이다. 그래서 혹자는 '화교의 자본에는 발이 달려 있다'고 말
하는 것이다.

어찌 생각하면 돈보다 사람이 우선한 것처럼 보이지만 실상
은 전체의 돈이 개인의 돈에 우선해서 집단의 축적을 증대하려
하고 있는 것이다. 그러므로 중국인 자본은 곧 상업 자본인 것
이다. 이들의 공통점은 친족 회사인 점이며, 그러면서 외국과
의 경합은 교묘히 피하면서 착실히 재산을 증대해간다는 것
이다. 참으로 축재술이 신묘할 정도로 놀랍다.

꼭 이긴다 '두터운 바둑' 상법

중국인의 고리대금업은 매우 장기적이다. 차분히 시간을 두
고 짜는데, 채무자가 몸을 숨기지 못하도록 교묘히 그리고 철
두철미하게 점점 조여간다. 1920년대 동남아시아 화교의 예를
들어보자.

당시 동남아 화교 행상인 중―현지 농민이 현금을 가지고
있지 않기 때문에―수입품 외상 판매 소매상이 되어 현지 특
산품의 집하(集荷)와 쌀겨 중개인을 겸한 사람들이 많았다.

저울이라는 것이 통일된 것도 아니고 공정시세(公正時勢) 또한 매입자에게 결정권이 있어서 큰소리 치며 당당히 돈을 빌려주었다.

농민과 구면이 되면 술 한잔 걸친다. 몇 잔 술이 돌면 화투판을 벌린다. 화투놀이 역시 상법의 하나이다. 상대편의 돈을 모조리 따게 되면 기분 좋게 판돈을 다시 빌려준다. 그러나 이 돈에는 반드시 이자가 붙어 설령 반환일이 경과하거나 또는 일이 늦어진다 해도 독촉을 한다든지 하는 일은 절대 없다. 날자를 계산해서 채권을 불려가다가 농산물 출하기에 현물로 징수할뿐만 아니라 농산품, 특산품의 생산마저 저지시키고 만다.

채무자인 농민에게 가면 빈손으로는 절대 돌아오지 않는다. 눈물방울만큼의 쌀겨라도 가지고 나오는 경우도 있는가 하면, 품속에 새로운 계약서나 토지증서를 넣고 오는 경우도 있다.

1930년, 홍콩 신문은 이러한 화교들의 생활방식을 이렇게 기술하고 있다.

"중국인은 냉혹한, 그리고 우둔한 말과 동작으로 채무자를 화나게 한다거나 반항심을 일으키게 하는 그러한 짓은 결코 하지 않는다. 하지만 훗날 반제받을 이자 손해라든가 위험성에 관해서는 금리 결정에 이르기까지 신중을 기한다."

중국인의 장점은 그들이 정중하고 매사에 침착하면서도 상황에 동요치 않고 목전의 이익만을 추구한다는 점이다. 그러나 그들은 놀랄 만한 속도로 축재를 한다. 어느 말레이지아인은 "나는 오랜 세월을 이 토지에서 계속 지내고 있지만, 차례차례 이곳으로 이사 온 중국인이 얼마나 돈을 모았는지 그 엄청난 사실을 도저히 설명할 수가 없다. 그들은 불과 1년 몇 달 만에 재산을 이루어서 놀랍게 변해가고 있다."고 말하고 있다.

이것은 전형적인 중국인의 '두터운 바둑' 상법에 의한 축재법인 것이다.

중국인의 바둑은 1이냐 8이냐 하는 승부에 연연하지 않고 마지막에 이길 것을 노린다. 포석으로 시작해서 중반에 들어서면 점차 본격적으로 차분히 두어 종국에 용이주도한 승부를 낸다. 그 때에는 상대는 전신 타박상을 당한 것처럼 손발을 감히 내놓을 수 없게 되어버린다. 말하자면 마지막 한 점이나 두 점으로 끝내주는 것이다.

'졸(卒)을 빼앗기면서 장기에 이긴다'는 이 전법(戰法)은 실로 무섭다. 이들의 상법은 '대번에'가 아닌 '차차'의 논리이며 이것이 인간주의, 가족주의, 씨족주의와 더불어 돈벌기 대작전의 일대 교향곡인 것이다.

돈벌이에는 지혜와 분수가 있어야 한다

공자는 "부(富)와 귀(貴)는 사람의 원하는 바이다. 그 도(道)로써 얻는 것이 아니면 이에 머물지 아니한다."라고 했다.

이는 누구나 다 자기가 잘살고 귀한 사람이 되기를 바란다는 뜻인데, 공자는 그 조건으로,

"그러나 그 잘살고 귀하게 되는 것은 바란다고 해서 우리 인간들에게 찾아오는 것은 아니다. 그래서 흔히들 부와 귀를 지나치게 바라는 나머지 본의 아닌 욕심도 부리고 또 때에 따라서 실수도 범한다. 설사 그렇게 해서 다소 부를 얻었다 하더라도 그게 무슨 소용이 있겠는가. 군자로서 도저히 있을 수 없는 일이다."라고 했다.

공자도 금전에 대한 인간의 욕망을 인정했고, 재산과 지위를
구하는 것은 인간의 본능이라고 말했다. 다만 돈벌이에는 지혜
와 운수가 있어야 하는데, 이를 넘은 부도덕한 방법으로 벌어
들인 재산과 지위는 결코 오래가지 못한다고 선언했다.

유태인은 《탈무드》를 통하여 "돈은 인간에게 참된 명예를 안
겨주지 않는다. 제아무리 돈을 벌어도 그것만으로는 인간의 참
된 명예를 살 수 없다."고 가르친다.

중국인도 '실실(實實)한 장사'로 집요하기는 하지만 재(財)를
이루면 명(名)과 실(實)의 일치를 구하고자 향리와 지역사회에
사회 환원하는 것을 이상(理想)으로 삼고 있다.

어느 나라 상인이나 일단 재산을 이루면 상황에 따라 기부
행위는 하지만 중국인의 경우 기부 행위가 지극히 당연한 것으
로 체질화되어 버렸다. 이 사실은 중국인에게 '명(名)'이 후세
에 '체면'으로 존중시되고 있는 것을 본다면 확실히 이해가 빠
를 것이다.

유태인의 돈버는 법과
중국인의 돈버는 법

2017년 4월 5일   인쇄
2017년 4월 10일   발행
2022년 2월 10일   재판

글쓴이 | 후지다덴 외 2인
옮긴이 | 허   억
펴낸이 | 김 용 성
펴낸곳 | 지성문화사
등 록 | 제5-14호(1976.10.21)
주 소 | 서울 동대문구 신설동 117-8 예일빌딩
전 화 | 02)2236-0654
팩 스 | 02)2236-0655

정가 14,000원